Francisco Ferrer

Die Moderne Schule

Neu herausgegeben
und mit einem Beitrag zum Kontext
und zur Rezeption der libertären
Reformpädagogik
Francisco Ferrers
von Ulrich Klemm

Edition AV Verlag

Bibliografische Information Der Deutschen Bibliothek

Die Deutsche Bibliothek verzeichnet diese Publikation in der Deutschen Nationalbibliothek; detaillierte bibliografische Daten sind im Internet über http://dnb.ddb.de abrufbar

Das Porträt von Francisco Ferrer auf dem Umschlag stammt von Hans Humbaur und erschien in Pierre Ramus: Francisco Ferrer. Wien-Klosterneuburg: Verlag „Erkenntnis und Befreiung" 1921, S. 3

1. Auflage 2003

Druck und Bindung: Druckerei Kleb GmbH, Wangen/Allg.
Umschlag: Verlag Edition AV, Frankfurt a.M.

ISBN 3-936049-21-1

Inhalt

Francisco Ferrer: Die Moderne Schule. Nachgelassene Erklärungen und Betrachtungen über die rationalistische Lehrmethode

Ulrich Klemm: Zum Kontext und zur Rezeption der libertären Reformpädagogik Francisco Ferrers

Francisco Ferrer

Die Moderne Schule

Nachgelassene Erklärungen und Betrachtungen über die rationalistische Lehrmethode

Einleitung des Herausgebers zur Neuausgabe

„Als am 13. Oktober 1909 der Blitz des weißen Schreckens aus der tiefsten Finsternis der sozialen Hölle, dem spanischen Folterhaus herausschoß und in den Graben von Montjuich eine Menschengestalt hinstreckte, die noch den Augenblick zuvor die Verkörperung der Mannheit in der Blüte des Lebens, in der Stärke und dem Stolz eines ausgeglichenen Geistes gewesen war, der sich ganz dem Ziel eines großen und wachsenden Unternehmens – der Modernen Schulen – zugewandt hatte, da empfing die Menschheit als Ganzes ein Schlag ins Gesicht, den sie nicht fassen konnte. Entsetzt, betäubt, erstarrt wich sie zurück und stand regungslos im Staunen da. Wie sollte man das verstehen?“ (de Cleyre 1914).

Auch wenn hier Voltairine de Cleyre in ihrem Beitrag in der Zeitschrift „Der Sozialist“[(1)] sehr treffend die Reaktion auf den Mord an Francisco Ferrer beschreibt, war die Welt zwar „entsetzt und betäubt“, jedoch keineswegs „erstarrt“. Im Gegenteil: Selten zuvor hat der Justizmord an einen Sozialisten und Pädagogen weltweit und unmittelbar eine so große Protestreaktion erlebt wie nach der Erschießung des Spaniers Francisco Ferrer am 13. Oktober 1909. William Archer schreibt dazu 1911: „In fast allen bedeutenden Städten Europas erhob sich sofort ein Sturm des Protests. In Paris gab es Straßenkämpfe, bei denen ein Mensch getötet und viele verletzt wurden. In London fand auf dem Trafalgar Square eine Demonstration statt, und die Polizei hatte erhebliche Schwierigkeiten, die spanische Botschaft vor einem Angriff zu schützen. In Rom, Lissabon, Berlin, Brüssel, Zürich und vielen anderen Orten fanden große Protestkundgebungen statt. In fast jeder Hafenstadt in Frankreich und Italien gab es große Demonstrationen vor den spanischen Konsulaten. Die Hinrichtung wurde öffentlich als Justizverbrechen der schlimmsten Art angeprangert, und Ferrer galt als Märtyrer des freien Denkens, der von einem finsteren

und rachesüchtigen Klerus ermordet worden war" (Archer 1911, hier 1982, S. 18).
Dieser Mord an Ferrer war es, der ihn zum Märtyrer des Anarchismus machte und ihn in die unglaubliche aber reale Liste von Justizmorden an Sozialisten und insbesondere Anarchisten einreiht[(2)].
Es ist in diesem Sinne tragisch, dass Ferrer und seine Pädagogik erst durch seine Hinrichtung weltweit bekannt wurde bzw. zu einer internationalen Schulbewegung führte, die von ihm zuvor zwar mit der 1908 gegründeten Vereinigung „Internationale Liga für rationelle Erziehung der Jugend" bereits intendiert war, jedoch noch nicht über eine breite Resonanz verfügte. So standen denn auch noch Jahre nach seinem Tod vor allem der Justizmord und der Terror der Spanischen Regierung im Mittelpunkt der internationalen journalistischen und politischen Rezeption. Sein pädagogisches Werk und Wirken blieb dabei in vielen Fällen im Hintergrund. Trotz allem müssen wir gerade heute Ferrer einerseits als einen bedeutenden spanischen Reformpädagogen zu Beginn des 20. Jahrhunderts würdigen, ihm einen Platz in der internationalen reformpädagogischen Bewegung zuweisen und ihn andererseits aber auch in die Arbeiterbewegung jener Zeit einordnen.
Ebenso gilt es, ihn als den vielleicht wichtigsten Vertreter einer anarchistischen Pädagogik (Baumann 1982, Grunder 1993, Klemm 1995, Heinlein 1998) zu definieren, der dominant die Bildungspraxis und Schulpolitik von Anarchisten international in der ersten Hälfte des 20. Jahrhunderts beeinflusst hat und als Begründer einer anarchistischen Schulbewegung in diesem Zeitraum zu sehen ist.
Obgleich Ferrer selbst kein umfangreiches theoretisches und publiziertes Werk hinterließ – er schrieb ab 1901 vor allem Beiträge in Zeitschriften, gründete verschiedene (pädagogische) Zeitschriften und schuf Organisationsstrukturen für eine internationale Schulbewegung – und auch „nur" im Zeitraum von 1901 bis 1909 über umfangreiche Erfahrungen mit einer

libertären Reformpädagogik verfügte – anders als Alexander S. Neill (1883-1973) beispielsweise, der von 1921 bis zu seinem Tod in Summerhill wirkte – gilt er heute als *der* bekannteste Vertreter einer libertären Reformpädagogik.
Seit Ferrers Tod gibt es nicht nur eine über viele Jahrzehnte verfolgbare internationale Ferrer-Schulbewegung – analog anderer bürgerlicher und sozialistischer pädagogischer Reformmodellen ab Ende des 19. Jahrhunderts (vgl. z.B. Röhrs (Hg.) 1965) -, sondern auch eine pädagogisch orientierte Rezeption und Forschung, die allerdings in Deutschland bislang weniger stark ausgeprägt ist und mit der ansonsten auch eher zurückhaltenden deutschen Anarchismusforschung insgesamt zusammenhängt (Klemm 1995, Lösche 1987).

Die publizierten Texte und Studien zur Pädagogik Ferrers sind seit 1945 in Deutschland sehr überschaubar und zeigen in den letzten Jahren keine wesentliche Weiterentwicklung. Ferrers zentrale und weltweit veröffentlichte nachgelassene Schrift (siehe Quellenverzeichnis) – eine Sammlung verschiedener Aufsätze von ihm - wurde in Deutschland erstmalig unter dem Titel „Die Moderne Schule“ im anarcho-syndikalistisch orientierten Verlag *Der Syndikalist* (Berlin) 1923 herausgebracht und nach 1945 in zwei unterschiedlichen Reprintausgaben im Verlag *Karin Kramer* (Berlin) 1970 und in einer zweiten, erweiterten und überarbeiteten Auflage 1975 erneut verlegt. Abgesehen von einigen unveröffentlichten Examensarbeiten (siehe Quellenverzeichnis) liegen bislang in Deutschland keine publizierten Monografien zur Reformpädagogik Ferrers vor.

Vor diesem Hintergrund soll mit dieser kommentierten Wiederveröffentlichung von Ferrers nachgelassener Schrift nicht nur an einen wenig beachteten Reformpädagogen erinnert werden, sondern auch ein Impuls für eine weiterführende erziehungswissenschaftliche und bildungshistorische Auseinandersetzung mit der Ferrer-Pädagogik im Besonderen und der anarchistischen Reformpädagogik im Allgemeinen gesetzt werden. Der vorliegende Band versucht damit nicht nur eine Anschlussfähigkeit an die aktuelle Anarchismus-Forschung herzustellen, sondern vor allem auch an die pädagogische Forschung. Ziel ist es, Ferrer als einen libertären Pädagogen in den Kontext der internationalen reformpädagogischen Diskussion seit dem 19. Jahrhundert einzuordnen. So gesehen findet die Aufarbeitung vor allem aus dem Blickwinkel der Pädagogik statt und nicht aus der Perspektive anarchistischer Ideen-, Personen-, oder Sozialgeschichte. Ziel der Textausgabe ist es, einen derzeit weitgehend unbekannten und nur schwer zugänglichen Text eines bedeutenden libertären Reformpädagogen wieder für die pädagogische Diskussion zur Verfügung zu stellen und Anregungen für eine vertiefende Weiterbeschäftigung zu bieten. Dazu liefert diese Ausgabe historische, systematische und bibliografische Hinweise, Anmerkungen und Rekonstruktionen.

Dabei soll libertäre Pädagogik als eine Konzeption verstanden werden, die als Theorieofferte einen historischen und systematischen Charakter erhält. Wie bereits ansatzweise bei Hans-Ulrich Grunder (1993) und Barbara Sturzenegger (1989) angedeutet, kann der Zusammenhang von Anarchismus und Pädagogik als ein pädagogisches Modell definiert werden,

- das entschieden für die Abschaffung der staatlichen Schulpflicht und dem damit verbundenen staatlichen Regelschulsystem plädiert;
- das personelle sowie strukturelle Autorität und Herrschaft über Menschen im „pädagogischen Bezug“ ablehnt;
- das Bildung unabhängig von festgelegten Plänen durch „beiläufiges Lernen“ ermöglichen will;
- das eine Individualisierung, Entinstitutionalisierung und Entbürokratisierung von Bildungs- und Erziehungsprozessen fordert;

- das Erziehung zur Solidarität und „gegenseitige Hilfe" (Peter Kropotkin) in den Mittelpunkt von Erziehungszielen stellt;
- das anthropologisch gesehen den Menschen – und damit auch das Kinder – als selbstbewusstes Individuum mit der Fähigkeit zur Eigenverantwortung definiert und dem Menschen in jedem Lebensalter Autonomie und Selbstverantwortung zuschreibt;
- das als politische Leitidee eine egalitär, föderalistisch und staatenlos verfasste Gesellschaft hat und sich als eine politisch nicht neutrale Pädagogik versteht;
- das Freiheit und Freiwilligkeit zur obersten Maxime für Bildungs-, Erziehungs- und Lernprozesse macht.

Unklar bei zahlreichen Definitionsversuchen bleibt, wie eng oder weit sie aufzufassen sind, d.h. ob damit ausschließlich eine explizit anarchistische Pädagogik – eine Pädagogik, die aus der politischen und sozialen Bewegung des Anarchismus hervorgeht – gemeint ist, oder ob die Bezeichnungen „libertäre Pädagogik", „anarchistische Erziehung" und „anarchistische Pädagogik" auch auf Konzeptionen zutreffen, die politisch mit dem existierenden Anarchismus als Bewegung nur wenige Berührungspunkte haben. Diese definitorischen Abgrenzungen wurden bislang in der Forschung und Literatur nur ungenau herausgearbeitet.

„Libertäre Pädagogik" soll hier im Kontext des Zusammenhangs von Anarchismus und Pädagogik definiert werden. Dabei soll der Begriff „libertäre Pädagogik" weit gefasst werden und sich nicht allein auf eine explizit der Politik des Anarchismus als soziale Bewegung verpflichteten Pädagogik beziehen. Zum wichtigsten theoretischen und praktischen Axiom einer libertären Pädagogik wird der Freiheitsbegriff. Unter libertärer Pädagogik soll eine Tradition verstanden werden, die zwar vorrangig im Zusammenhang mit dem historischen Verlauf des modernen Anarchismus der letzten 200 Jahre zu verorten und zu verzeiten ist, jedoch auch als Prinzip einer Freiheitspädagogik bewertet werden muss, die über die Politik und Philosophie des Anarchismus hinausgeht.

Vorwort der spanischen Ausgabe von Anselmo Lorenzo

Verbunden mit dem Werke Ferrers seit einigen Monaten vor der Begründung der Modernen Schule (als Übersetzer seiner Lehrbücher), bin ich in der glücklichen Lage, die Geistesgröße jenes hervorragenden Menschen zu kennen, der mich auszeichnete und ehrte durch seine Freundschaft und sein Vertrauen.

Es war auf einem Feste der rationalistischen Lehrer Barcelonas, das zu Ehren Ferrers gefeiert wurde, um seine Freisprechung in der Sache des Attentates gegen den König zu feiern, wo ich meiner Auffassung über die rationalistische und wissenschaftliche Lehrmethode in folgender Weise Ausdruck gab:

In dieser Tatsache feiern wir den Triumph des menschlichen Fortschrittes und eine Niederlage der Macht des Privilegiums.

Es ist wichtig, dass wir uns dieses gut ins Gedächtnis rufen, damit wir imstande sind, uns klar zu machen, welche Macht es ist, die uns hilft, welche Vernunft uns beisteht und welchen, sowohl persönlichen wie gemeinsamen Einfluss wir ausüben können, bei zukünftigen Niederlagen des Gegners und in einer unendlichen Reihe von Siegen, die uns in einem Leben der Vollendung, einem Erkennen der Wahrheit und einem Befleißigen der Gerechtigkeit erwarten.

In einem Volke von Massen von Analphabeten, die den größten Prozentsatz aller Ungebildeten in Europa und Amerika stellen, hat man die rationalistische Lehrmethode errichtet, deren Ziel auf das Klarste in folgenden Worten des Programmes der modernen Schule umschrieben ist:

„Weder Dogmen noch Systeme, Modelle, die das Leben auf die enge Basis einer Übergangszeit der Gesellschaft herabdrücken, sondern durch Tatsachen erhärtete Lösungen, durch die Vernunft erkannte Theorien, durch Beweise belegte Wahrheiten: das ist es, was unsere Lehrmethode ausmacht, die danach trachtet, jedes Gehirn zur Triebkraft eines Willens zu machen, die Wahrheiten in sich ruhen und in der Tiefe des Erkennens wurzeln zu sehen; und die in der Praxis angewendet, der gesamten Menschheit ohne Ausnahmen und ohne unwürdige widerliche Ausschließungen zugute kommt."

Diese Lehrmethode bestand bisher nicht in Spanien, noch besteht sie offiziell innerhalb der übrigen Nationen; so fortgeschritten diese auch zu sein scheinen, so groß ihr Budget für Erziehung auch immer sein möge! Denn es handelt sich hier um mehr: darum wird der Staat diese Lehrmethode niemals anwenden, weder in Spanien, noch in irgend einem anderen Lande der Erde! Es ist nicht gut möglich, dass eine Staatsschule daran gehen könnte, jenes Wort: „Jedes Gehirn sei die Triebkraft eines Willens" verwirklichen zu wollen: die Schule des Staates, dessen Wesenheit es ist, die Irrtümer aller Epochen und die Sonderinteressen der bevorzugten Klassen in Gesetzen zu verdichten und als Ausdruck der Wahrheit und Gerechtigkeit zu verewigen, und der darum die Gehirne einseitig knetet im Interesse der Einheitlichkeit des Glaubens und der Anerkennung der sozialen Beraubung, d.h. im Interesse des Glaubens und des Gehorsams.

Aber was der Staat nicht tun kann, weil es den Grundlagen seiner Existenz widerspricht, das kann die Gesellschaft tun, und hier sehen wir, wie Staat und Gesellschaft Wesenheiten sind, die, wenn sie auch vielen ein und dasselbe bedeuten, in Wirklichkeit schroffe Gegensätze bilden. Der Staat repräsentiert in seiner Theorie die Gesamtsumme der Verneinung aller persönlichen Freiheiten, oder das Opfer, das alle Mitglieder des Staates bringen, indem sie einen Teil ihrer Freiheit für das allgemeine Wohl aufgeben. Im praktischen Leben resultiert hieraus, was Bastiat folgendermaßen formulierte: „Der Staat ist die große Einbildung, durch die alle Welt es versucht, auf Kosten der anderen zu leben." Oder wie Renan sagt: „Der Staat ist ein Selbstherrscher ohnegleichen, der allen gegenüber Rechte besitzt; niemand aber besitzt sie ihm gegenüber". Die Gesellschaft hingegen ist die natürliche Existenzweise der

Menschheit; diese richtet sich nach Volksgewohnheiten und traditionellen Sitten, aber nicht nach geschriebenen und früher aufgezwungenen Gesetzen, und sie entwickelt sich nach dem Anstoß, den sie von individueller Initiative erhält, nie aber durch die Ideen, noch durch den Willen der Gesetzgeber. Die einzigen Gesetze, denen sie sich unterwirft, sind die Naturgesetze, die sowohl der sozialen Körperschaft wie auch den physischen Körpern eingeboren sind, jene Gesetze, die die Wissenschaft entdeckt -, die die Gesetzgeber und Regierungen aber verkennen oder denen sie systematisch entgegen handeln.

In der Lage der fortschrittlichen Entwicklung, in der wir uns gegenwärtig befinden, muss individuelle Initiative das tun, was der Staat nicht tun will und die Gesellschaft, gehemmt durch den Staat, noch nicht tun kann. Und das ist bei unserer Sache der Fall. Ohne außer acht zu lassen, was in anderen Ländern für die rationalistische Lehrmethode getan wird, wo man meistens jener weltlichen Schule anhängt, die, wennschon sie den Unterricht von der Tyrannei der Kirche befreit, sie ihn dem Staate überlässt; die, wenn sie die religiöse Fetische aus der Schule entfernt, dafür neue, die Symbole des Patriotismus, einsetzt, haben wir anzuerkennen, dass die reine rationalistische Methode, die als vorbildlich gelten kann, diejenige ist, die in der Modernen Schule in Barcelona durch die Initiative Francisco Ferrers begründet wurde. Ich will hier keine Manifestation patriotischen Ruhmes ausdrücken und noch weniger ein persönliches Lob aussprechen; ich gehe weiter, ich erstrebe und fordere das Einholen der rationalistischen Lehrmethode auf gesellschaftlichem, auf revolutionärem, auf menschlichem Gebiete. Ich erinnere mich, dass ich in der gegenwärtigen „Pro-Ferrer"-Bewegung in der internationalen Presse fortwährend von europäischen und amerikanischen Kapazitäten gelesen habe, dass die Moderne Schule in Barcelona eine ursprüngliche Initiative auf dem Gebiete der Erziehung bedeutet.

Und deshalb habe ich den Glauben an den Sieg unserer Tat, von dem ich anfangs sprach.

Die Privilegierten - und nicht nur die dogmatisch Eingestellten, sondern alle, die den Raub des sozialen Reichtums repräsentieren, waren einig in ihrem Widerwillen gegen die Moderne Schule und ihren Begründer, und bei der ersten Gelegenheit fielen sie über dieselben her mit aller Macht, die zu ihrer Verfügung stand. Ihre Macht aber zerschellte an jener Kraft, die scheinbar unzusammenhängend und ohne organischen Zusammenschluss sich äußerte, und zwar nur in Artikeln, Versammlungen und Berichten in Zeitschriften der französischen, deutschen, englischen, italienischen, portugiesischen und spanischen Sprache. Diese Willenskundgebungen, die mit bewunderungswürdiger Beständigkeit sich manifestierten, genügten, um die Macht Loyolas, der, wie man weiß, ein ungeheuerlicher Polyp ist und seine klebrigen Saugarme über die ganze Welt ausstreckt, zu erdrücken und aufzulösen. Das heißt, das bekannterweise Schwache, das aber die Vernunft auf seiner Seite hatte, triumphierte dieses Mal über das für stark Gehaltene, das daran war, eine Ungerechtigkeit zu begehen. So haben die Rollen sich schon vertauscht. Wir sind stark durch Recht und Gerechtigkeit; sie aber sind schwach durch Ungerechtigkeit und Lüge.

Durch die Freisprechung Ferrers erhält die rationalistische Lehrmethode eine größere Beachtung und Bedeutung, die, von Barcelona ausgehend, heute in der ganzen Welt widerstrahlt, und nicht anders, als allgemein anerkannt werden kann. Mit der Absage des Gesuches Beccerra del Toros führt sich gleichsam der vollständige Abschied vom kindlichen Glauben an Dogmen ein, wie ebenfalls die Befreiung von der Unterwerfung unter jegliche Tyrannei heuchlerischer gesellschaftlicher Formen, die die Einbildung über die Wirklichkeit stellen. Und diese Emanzipation wird jene vorurteilsfreien, bewussten Generationen hervorrufen, deren Aufgabe es ist, die Menschheit zu erheben.

Jene Freisprechung und Absage bedeutet das Ende einer Entwicklung und den Beginn einer neuen Ära. Ich bin dahingekommen, diese für wichtiger zu halten, wie viele jener historischen Ereignisse, die man Revolutionen genannt hat, denn hierdurch wird die Erziehung zu einer außerordentlich gesellschaftlichen Funktion erhoben. Bis hierher war die Erziehung der Kirche unterworfen, die nach dem treffenden Ausspruche Bakunins es unternahm, aus dem Menschen einen Heiligen zu machen. Oder sie war dem Staate unterworfen, der aus jedem einen Bürger machen wollte und bei diesem Versuche jedem einzelnen sein Prokrustesbett herrichtete. Es wird die natürliche Aufgabe der Erziehung sein, der Jugend ihren Anteil an dem Schatze menschlichen Wissens zu sichern, der ihr zukommt als Nachfolger der dahingegangenen und der gegenwärtigen Generationen. Die moderne Erziehung bedeutet den Abschied von überirdischen Geheimnissen, den Glauben für Unwissende, der nur gut für jene ist, die da behaupten, dass ein Gott notwendig sei für die Bösen. Und sie bedeutet gleichzeitig die Einführung von allen in die Schönheiten und Wunder einer inwendigen Welt, die bisher für die Befriedigung der Mächtigen geheim gehalten wurde.

Und ihr, die ihr Lehrer der rationalistischen Schule seid, ihr seid berufen, den Beginn einer Rechtfertigung der menschlichen Gesellschaft zu verwirklichen, die nicht rasten wird, bis sie aller Weit das gemeinsame Erbe zur Verfügung gestellt haben wird, das sich aus den Naturschätzen und den Resultaten der Forschung, des Studiums, des Denkens und der Arbeit aller Länder und Zeiten zusammensetzt -, ihr seid Beginn einer Rechtfertigung, die nicht ruhen wird, bis dieser Reichtum, von dem eine dreimal so große Menschheit wie die gegenwärtige in Frieden und Wohlhabenheit leben könnte, in den Besitz von allen übergegangen sein wird.

Ihr habt die Erziehung zu befreien und zu verallgemeinern, die nicht, wie bis zum heutigen Tage, eine Pflanzschule von ungebildeten Kirchenhörigen sein darf, noch eine Kaserne für die Zähmung revolutionärer Energien, oder ein Geschäft, aus dem man auf Kosten der Verwirrung der Geister Renten bezieht. Ihr seid bestimmt, das wahrhafte Gleichgewicht herzustellen zwischen dem Wissen und dem Glauben, und in dieser Aufgabe werdet ihr der Menschheit jenes solide Fundament geben, das sie bisher vergebens gesucht hat.

Eine schöne Mission habt ihr, und es gibt keine andere in der Welt, die bedeutender wäre. Während die Privilegierten internationale Bündnisse abschließen, um sich gegen die Erneuerer zu sichern, während sie Ausnahmegesetze für die Verfolgung von Revolutionären erlassen, sie ihre Heere mit neuen und mächtigen Mitteln der Zerstörung ausrüsten und neue Sophismen und Lügen ausdenken, um ihr Tun zu rechtfertigen, seid ihr daran, den Aberglauben zu zerstören, lehrt ihr Wahrheiten, formt Charaktere, verhindert die Bildung von einseitigen und unwissenden Massen und trachtet danach, aus jedem Menschen ein denkendes und aktives Wesen zu machen, das weder falschen Ruf, noch unberechtigte Autoritäten anerkennen wird, und infolgedessen Gerechtigkeit der menschlichen Beziehungen das einfache und praktische Resultat der Gewohnheiten sein wird.

Um euer Werk vorwärts zu bringen, blickt nicht nach den Machthabern, denn die Machthaber sind im wesentlichen eure Feinde, was nicht ausschließt, dass ihr individuelle Hilfe unter ihnen finden könnt, wie der Fall des Begründers der Freien Schule es auf das beste beweist. Schreitet fort, das Proletariat zu interessieren, denn das ist heute die fortschrittlichste soziale Klasse. Zum Unterschied vom Bürgertum, das sich widerrechtlich in den Besitz der sozialen Reichtümer gesetzt hat, hat das Proletariat, das in Elend und Unterdrückung lebt, seine Güter und Reichtümer in der Zukunft liegen und ihr seid die hauptsächlichen Erwecker dieser Reichtümer.

So werdet ihr die Bedeutung eurer Mission begreifen und ihretwegen eure Kräfte entwickeln, die hervorgerufen wurden von lebendiger Begeisterung und die sich auszeichneten durch die Tugend der Beständigkeit; euch ist die Verwirklichung jenes hohen Ideales übertragen, das das mächtige Können eines Pi y Margall folgendermaßen formulierte:

„Der Mensch ist nicht dazu verdammt, ewig jene Übel zu erleiden, die ihn heute peinigen. Sein Wissen zerstreut von Tag zu Tag immer mehr jene Nebel, die ihn umgeben und verwirren, sein Willen ist immer entschlossener und seine Freiheit nimmt immer festere Form an. Unzweifelhaft wird jene Zeit kommen, in der die Naturgesetze der Menschheit bekannt sein werden, und dann werden ihre Beziehungen vollständig in Harmonie mit den Bestimmungen der menschlichen Rasse sich abwickeln. Dann wird Freiheit und Schicksal ein und dasselbe sein; keine Ursachen für Kämpfe wird es mehr geben und ein unauslöschliches Licht des Friedens wird schon die Stirn des Kindes bei seiner Geburt umgeben."

Im Juni des Jahres 1908 verbrachte Ferrer seine Ferien in Amelié-les-Bains; er lud mich ein, ihn nach dorthin zu begleiten, was ich mit großem Vergnügen annahm. Und in der Stille jener schönen Pyrenäenschlucht, in einem Moment der Ruhe nach vielen Jahren unaufhörlicher Tätigkeit, und einem Jahre der Freiheitsberaubung und furchtbarer Gefahr, erinnerten wir uns der einzelnen Schritte unseres Lebens, das dem Fortschritt gewidmet war und dort einigten wir uns über Vorschläge, die das Weiterführen unserer Arbeiten unter Zugrundelegen unserer Erfahrungen angingen.

Dort war es auch, wo Ferrer sich entschloss, angesichts all dessen, was sowohl Freunde wie auch Gegner über die Ziele der Modernen Schule während der Kampagne um seine Befreiung phantasiert hatten, eine erklärende Arbeit über die Ziele derselben zu verfassen, die man in der spanischen und französischen Presse veröffentlichen würde und die klar und eindeutig Auffassung, Anwendung und Ausdehnung der rationalistischen Lehrmethode festlege.

Um sein Vorhaben auszuführen, bedurfte er meiner Mitarbeit. Und in jener schönen Oase, in einer kurzen Pause im Kampfe für Fortschritt und Gerechtigkeit, im Frieden einer herrlichen Landschaft, die angefüllt war von aromatischen Düften und dem harmonischen Gezwitscher von Vögeln, an den Ufern eines kleinen Flüsschens, schrieb er die vorliegende Arbeit, die, da sie von ihm stammt und die von ihm in jener tragischen und feierlichen Stunde in Montjuich vor der Rotte von Henkern bestätigt wurde, imstande ist, Irrtümer zu beseitigen und Wahrheiten zu bestätigen, und die als Leitfaden für jene dienen kann, die das Werk einer die Menschheit errettenden und befreienden Initiative weiter fortsetzen.

In jener Umgebung, im Beisein Ferrers und unter dem Einfluss seiner Worte, die inspiriert waren von edelmütigem Altruismus, empfand ich jene Gemütsbewegungen, die unser Gefühl und unseren Geist erheben; und hier schrieb ich folgende Zeilen nieder, von denen ich glaube, dass sie in das Vorwort des nachgelassenen Werkes Ferrers mit eingefügt werden sollten.

Die Moderne Schule

Es besteht ein natürlicher Schatz, der nicht von Menschen geschaffen wurde und ein weiterer künstlicher Reichtum, der angehäuft wurde von den Beobachtern, Denkern und Arbeitern aller Zeiten und Länder.

Durch die Existenz des Naturschatzes leben die Menschen, durch die Existenz des anderen künstlichen lebt die Menschheit. Es ist einleuchtend, dass ohne die notwendigen, und darüber hinaus, sogar ohne die überzähligen Lebensbedingungen, die unteren Arten sich weder bis zur Bildung des menschlichen Organismus hätten entwickeln können, noch hätte ohne den Vorzug des Überflusses, die Wissenschaft, die Kunst, die Industrie nicht werden können, die Wissen, Wollen und Können von allen in solcher Weise vereinigt, dass sie durch die Annahme der Solidarität die Menschheit begründet.

Wenn diese Reichtümer weder von der vorhergehenden noch von der bestehenden Generation geschaffen wurden, so ist es klar, dass die individuelle Aneignung, die Übernahme der gesamten menschlichen Erbschaft und der Genuss aller Vorteile durch eine gewisse Anzahl von Privilegierten unter Ausschluss einer anderen unendlich größeren Anzahl, die elend, unwissend und enterbt bleiben, falsch ist und ein solcher Zustand Widersinn und Raub bedeutet.

Das ist so! Und es hat keinen Zweck, Schuldige und Verantwortliche zu suchen: begnügen wir uns nicht mit der eitlen Befriedigung des Gefühls, den Feind gefunden zu haben, auf den wir unseren Groll abladen wollen oder den unser Zorn vernichten soll, sondern erkennen wir die Tatsache in ihrem ganzen Umfange: der große Reichtum der Natur und der nicht weniger große soziale Reichtum, die zusammen das Erbe jenes großen solidarisch verbundenen Blockes bilden, der Menschheit heißt, - dieses Erbe wird von einer verhältnismäßig kleinen Anzahl von Privilegierten, angefangen vom Brahmanen bis zum Bürger, der Welt vorenthalten, und zwar zum Schaden von allen Ausgebeuteten und Unterdrückten der Erde, vom Paria bis zum Tagelöhner, um die Benennungen jener Klasse anzuwenden, die die mehr oder weniger eingestandenen Ungleichheiten unter den Menschen repräsentieren.

Menschenwerk ist der Dualismus, der uns soviel Schaden zufügt. Menschenwerk muss ebenfalls der rettende Monismus sein, der uns zu helfen hat!

Noch ehe die Gesetzgeber jene Ungerechtigkeit zum Recht erhoben hatten, das Raub und Beute rechtsgültig erklärt, waren die Priester da, die mit ihren überirdischen Geheimnissen, die Unwissenheit heilig sprachen und hierdurch das Wissen zu ihrem irdischen Privilegium erhoben. Und so wurde jene unsinnige Unsolidarität geboren, die repräsentiert wird durch den Dualismus, der uns teilt und Ursache jener Interessengegensätze ist, die die menschliche Gesellschaft zersplittern.

Die Wissenschaft, die wie jedes Denken vorläufig ist, geht der Tat notwendigerweise als Schrittmacher des Willens voran; aus eigener Macht gab sie sich ihre Weihe und ließ den

Tempel hinter sich liegen, in den Priester sie geschleppt hatten, auch die Universität, wo Bürger sie festhalten. Als aber einmal das Symbol gedeutet war, alles Sagenhafte verschwunden und alle Götzenbilder (die letzte Zuflucht der überirdischen Ungerechtigkeit) niedergerissen waren, da blieb die Wissenschaft auch nicht mehr in der Universität; sie ging über zur Rationalistischen Schule, der wahrhaften und wirklichen Universität, in der allen lebendige Wissenschaft gereicht wird, die die Natur in ganzem Umfange den jugendlichen Seelen bekannt macht und alle Äußerungen menschlichen Wissens und Könnens als Lehrstoff verwendet.

Eingangstor des neuen Weges der menschlichen Freiheit zu sein: das ist Aufgabe der Modernen Schule.

Anselmo Lorenzo

I. Kapitel

Einleitung

Meine Anteilnahme an den politischen Kämpfen zu Ende des letzten Jahrhunderts stellte meine Überzeugung auf eine harte Probe. Erfüllt von revolutionären Ideen für die Sache der Gerechtigkeit glaubte ich, dass Freiheit, Gleichheit und Brüderlichkeit die logischen und gewissen Früchte der Republik sein würden. Die politische Aktion zum Zweck eines Wechsels der Regierungsform schien mir das Mittel zur Erreichung dieser Ziele. Einen anderen Weg sah ich nicht und so stellte ich mich mit allen meinen Fähigkeiten und meinem ganzen Wollen in den Dienst der republikanischen Propaganda.

Meine Beziehungen zu D. Manuel Ruiz Zorilla, der eine der leitenden Persönlichkeiten in der revolutionären Bewegung war, brachten mich in Fühlung mit einer Anzahl spanischer Revolutionäre, wie auch mit vielen bedeutenden französischen Republikanern. Aber diese Verbindungen brachten mir eine tiefgehende Enttäuschung. In einigen von diesen Menschen sah ich nackten engherzigen Egoismus, den sie heuchlerisch zu verbergen trachteten; wiederum andere, die aufrichtiger waren, hatten durchaus ungenügende Ideale: Ziele, die nicht weit genug gesteckt waren. In niemand erkannte ich den Willen zu einem radikalen Wechsel der bestehenden Ordnung, einem Wechsel, der bis an die Wurzel der Dinge, bis auf den Grund dieser Ordnung, die keine ist, hinunter gereicht hätte, und so eine Garantie geboten hätte für eine vollständige Neuerung der Gesellschaft.

Die Erfahrungen, die ich während meines fünfzehnjährigen Aufenthaltes in Paris machte - ich erlebte in dieser Zeit die Krisen des Boulangismus, Dreyfusismus und des Nationalismus, und sah die Gefahren, die sie für die Republik bedeuteten - überzeugten mich, dass das Problem der Volkserziehung noch nicht gelöst sei. Und war solches nicht der Fall in Frankreich, so war in der Tat wenig Hoffnung vorhanden, dass spanischer Republikanismus diese Frage würde lösen können, um so weniger, als die republikanische Partei Spaniens immer eine beklagenswerte Unfähigkeit gezeigt hat, die Wichtigkeit zu erkennen, die ein Erziehungssystem für ein Volk bedeutet.

Man denke sich nur aus, welche Höhe des Menschentums die gegenwärtige Generation erreicht hätte, wenn die spanische republikanische Partei nach der Verbannung Zorillas (1885) daran gegangen wäre, rationalistische Schulen an der Seite jedes Komitees, jeder Freidenkergruppe und jeder Freimaurerloge zu errichten, wenn die Präsidenten, Sekretäre und Mitglieder der Komitees anstatt an die Positionen zu denken, die sie in der zukünftigen republikanischen Gesellschaft einnehmen würden, eine machtvolle Tätigkeit entfaltet hätten im Interesse der öffentlichen Belehrung. In den dreißig Jahren, die seither vergangen sind, würde ein beträchtlicher Fortschritt in der Gründung von Tagesschulen für Kinder, und Abendkursen für Jünglinge und Mädchen erreicht worden sein.

Würde ein Volk, das so erzogen worden ist, sich damit zufrieden geben, Mitglieder ins Parlament zu senden, die ein Assoziationsgesetz annehmen, das ihnen von Monarchisten vorgelegt wird? Würde solch ein Volk sich darauf beschränken, in Versammlungen Preisabbau für das Brot zu verlangen, ohne sich gleichzeitig gegen Unterdrückungen, gegen Mangel und Not zu erheben, die den Arbeitern aufgezwungen werden von jenen, die auf Kosten der Arbeitenden in Reichtum und Überfluss schwelgen?

Würden solche Menschen ihre Zeit verschwenden in Protestkundgebungen und Versammlungen, anstatt ihre Kräfte zu organisieren für die Beseitigung aller Privilegien?

Meine Stellung als Lehrer der spanischen Sprache in der Philotechnischen Gesellschaft und der Grand Orient in Frankreich brachte mich in Berührung mit Menschen aller Klassen, sowohl hinsichtlich des Charakters wie der sozialen Stellung. Und wenn ich alle diese Menschen betrachtete auf den Einfluss hin, den sie möglicherweise auf die menschliche Rasse ausüben könnten, sah ich, dass sie alle nur bestrebt waren in rein individualistischem Sinne, das Leben zu genießen. Einige studierten Spanisch, um dadurch in ihrem Berufe vorwärts zu kommen, andere wollten die spanische Literatur bemeistern und sich große Karrieren dadurch sichern, noch andere lernten die spanische Sprache nur, um auf ihren Reisen in spanisch sprechenden Ländern sich größere Vergnügungen verschaffen zu können.

Niemand fühlte den Widerspruch, der da klafft zwischen Glauben und Wissen; noch beteiligte sich einer von diesen Menschen an Bestrebungen zur Organisierung einer gerechten und vernunftmäßigen Form des Zusammenlebens, die jedem einzelnen Mitglieder der menschlichen Gesellschaft seinen verhältnismäßigen Anteil am gemeinsamen Erbe geben würde, das vorhergehende Generationen geschaffen haben. Der Fortschritt wurde als eine Art Fatalismus betrachtet, der unabhängig ist vom Wissen und dem guten Willen der Individuen, und der Schwankungen und Zufällen unterworfen ist, auf die die Taten menschlichen Bewusstseins und menschlicher Energien keinen Einfluss haben. Das Einzelindividuum, aufgezogen im Schoße von Familien, in denen ein zügelloser Atavismus und traditionelle Irrtümer durch unwissende Mütter verewigt werden und in Schulen, die noch schlechteres bieten als Irrtümer, nämlich Lügen, die heilig gesprochen worden sind von Männern, die im Namen göttlicher Beziehungen wirken -, solch ein Individuum ist bei seinem Eintritt in die Gesellschaft selbstverständlich entstellt und degeneriert; und keine Folgerungen von Ursache zu Wirkung ist von ihm zu erwarten, sondern nur vernunftwidrige irrtümliche Schlüsse. Durchdrungen von glühendem Bekehrungseifer sprach ich ständig zu den Personen, die Ruiz Zorilla umgaben, aber ich musste mich sehr bald überzeugen, dass alle diese Politiker unfähig waren, am Aufbau meines Ideales zu helfen. Mit wenigen ehrenwerten Ausnahmen waren alle diese Männer nichts anderes als politische Abenteurer. Dies war die Veranlassung einer Bezeichnung, die Zorilla, der ein Mensch von hervorragenden Eigenschaften und Ansichten war, aber der nicht genügend mit menschlichen Schlechtigkeiten rechnete, jedes Mal auf mich anwendete, wenn er sah, wie ich ein Problem in logischer Weise löste. Er nannte mich einen „Anarchisten", welchen Ausdruck später in einer Zeit großer Gefahr und Ernsthaftigkeit die gerichtlichen Autoritäten gegen mich anwendeten. Immer hielt er mich für einen wirklich Radikalen, der ein Gegner aller opportunistischen Anschauungen und des äußerlichen Radikalismus der spanischen Revolutionäre war, die ihn umgaben und sowohl ihn wie die französischen Republikaner ausbeuteten. Diese letzteren betrieben eine durchaus kleinbürgerliche Politik und unter dem Vorwande, kein Vertrauen zu utopistischen Ideen zu haben, vermieden sie alles, was dem enterbten Proletariat hätte von Nutzen sein können.

In der ersten Zeit politischer Neuorientierung gingen Männer mit Ruiz Zorilla, die seitdem sich zu überzeugten Monarchisten und Konservativen erklärt haben. Jener wertvolle Mensch aber, der ernsthaft gegen den Staatsstreich vom 3. Januar 1874 protestierte, vertraute seinen falschen Freunden. Das Resultat war (in der Welt der Politik durchaus nichts Ungewöhnliches), dass die meisten von ihnen ihn und ihre Überzeugungen aufgaben, um irgendein Amt oder Posten im Staate einnehmen zu können. Am Ende konnte er nur noch auf einige wenige zählen, die zu ehrenhaft waren, ihre Überzeugung zu verkaufen; diesen aber fehlte die notwendige Logik, seine Ideen weiter zu entwickeln und die Energie zur Ausführung von Taten.

Infolgedessen beschränkte ich mich auf meine Schüler und wählte für meinen Zweck jene aus, die ich für am befähigsten und am besten geeignet hielt. Da ich nun eine klare Idee des Zieles hatte, das ich mir gesteckt habe und auch ein gewisses Ansehen besaß durch meinen expansiven Charakter und meine Stellung als Lehrer, ging ich daran, nach den Lektionen verschiedene Gegenstände mit meinen Schülern zu besprechen. Manchmal sprachen wir über spanische Sitten, dann über Politik, Religion, Kunst oder Philosophie. Immer versuchte ich die Übertreibungen ihres Urteiles zu korrigieren, und ich zeigte ihnen, wie schädlich es ist, wenn man sein eigenes Urteil dem Dogma einer Sekte, Schule oder Partei unterordnet, wie es leider so oft geschieht. Auf diese Weise brachte ich es fertig, eine gewisse Übereinstimmung zwischen Menschen hervorzurufen, die in ihren Ansichten und in ihrem Glaubensbekenntnis ganz verschieden waren. Ich brachte sie dazu, ihre Annahme, die sie bis dahin aus Glauben, Gehorsam oder bloßer Unwissenheit als etwas Gegebenes, Undiskutables hingenommen hatten, zu bemeistern. Und meine Schüler und Freunde waren glücklich, so einige ihrer alten Irrtümer aufzugeben und ihren Geist auf Wahrheiten einstellen zu können, die sie größer, reicher und edler machten.

Eine strenge Logik, bei gegebenen Gelegenheiten unbegrenzt angewendet, beseitigte fanatische Bitterkeit, errichtete eine geistige Harmonie und begünstigte fortschrittliche Gedanken. Freidenker, die der Kirche widersprachen, die die Schöpfungslegende ablehnten, die unvollkommene Moral der Evangelien und die geistlichen Zeremonien -, Republikaner, mit mehr oder weniger opportunistischen Ansichten oder Radikale, die sich mit der demokratischen Gleichheit zufrieden gaben, die in dem Titel „Bürger“ gipfelt, aber nicht im mindesten Klassenunterschiede verwischt -, Philosophen, die da glaubten, dass sie die Ursache aller Dinge in ihren metaphysischen Labyrinthen entdeckt hätten -: sie alle waren auf diese Weise fähig, den fremden sowohl wie den eigenen Irrtum zu erkennen, und sie alle, oder doch der größte Teil von ihnen, ließen sich mehr und mehr von den Grundsätzen des gesunden Menschenverstandes leiten.

Als ich im späteren Verlaufe meines Lebens von diesen Freunden getrennt war und im Gefängnis saß, erhielt ich viele Ausdrücke des Vertrauens und der Freundschaft von ihnen. Von ihnen allen erwarte ich gute und eingreifende Taten für die Sache des Fortschrittes und es befriedigt mich zu wissen, dass ich die bestimmende Ursache der rationellen Orientierung ihrer Gedanken und Bemühungen gewesen bin.

II. Kapitel

Fräulein Meunié

Unter meinen Schülern befand sich ein Fräulein Meunié, eine vermögende Dame ohne Familie, die großes Vergnügen am Reisen hatte und Spanisch studierte, in der Absicht, eine Reise nach Spanien zu machen. Sie war eine überzeugte Katholikin und beobachtete streng die Regeln ihrer Kirche. Für sie war Religion und Moral dasselbe, und Unglauben oder Gottlosigkeit, wie die Gläubigen es nennen, war ihr ein untrügliches Zeichen für Sünde und Verbrechen.

Sie verabscheute Revolutionäre und hatte einen ausgesprochenen Widerwillen und Abneigung gegen alle Erscheinungen der Unkultur des Volkes. Dies war nicht nur eine Folge ihrer Erziehung und sozialen Stellung, sondern lag zum großen Teile an dem Umstande, dass während der Zeit der Pariser Kommune, als sie einmal mit ihrer Mutter auf den Wege zur Kirche war, sie auf der Straße von Kindern beleidigt worden war. Aufrichtig und sympathisch, wie sie war, gab sie ihrer dogmatischen Überzeugung immer und überall in der freiesten Weise Ausdruck, ohne irgendwie Rücksicht zu nehmen auf die Anwesenden, die Hinzukommenden oder die aus ihrem Auftreten erwachsenden Folgen; und so hatte ich sehr oft Gelegenheit, sie auf die Fehlerhaftigkeit ihrer Meinungen aufmerksam zu machen.

In den vielen Unterhaltungen, die wir miteinander pflogen, nahm ich davon Abstand, den Standpunkt einer bestimmten Anschauung einzunehmen; so sah sie in mir nicht den Bekenner oder Anwalt eines fest umrissenen Glaubens, sondern hielt mich lediglich für einen vorsichtigen Vernunftmenschen, mit dem sie sehr gern disputierte. Nach und nach bildete sie sich eine derartig hohe Meinung von mir, dass sie mir all ihr Vertrauen und ihre ganze Freundschaft entgegenbrachte und mich einlud, sie auf ihren Reisen zu begleiten.

Diesen Vorschlag nahm ich an und wir bereisten verschiedene Länder. Mein Betragen und unsere fortwährende Unterhaltung zwangen sie bald, den Irrtum ihrer Annahme, dass jeder Ungläubige widernatürlich und jeder Atheist ein verhärteter Verbrecher sei, einzusehen. Sehr oft war ich, der ich ein überzeugter Atheist bin, ihr ein lebendiges Beispiel für Gefühle, die ihr religiöses Vorurteil bei einem Atheisten für unmöglich hielt.

Sie glaubte jedoch, dass mein Benehmen eine Ausnahme sei und erinnerte mich daran, dass die Ausnahme die Regel bestätige. Doch am Ende überzeugten die Ausdauer und Logik meiner Beweisführungen sie und als ihr Vorurteil einmal beseitigt war, war sie überzeugt, dass eine rationelle und wissenschaftliche Erziehung Kinder vor Irrtum behüten würde, dass sie alle Menschen mit Güte begeistern und ihnen das Erkennen geben würde, das notwendig ist, zum Neuaufbau der Gesellschaft nach Grundsätzen der Gerechtigkeit. Einen tiefen Eindruck machte es auf sie, wenn sie sich ausdachte, dass sie auf gleicher Stufe mit jenen Kindern, die sie beleidigt hatten, stehen würde, wenn sie im gleichen Alter unter gleichen Bedingungen und Verhältnissen aufgewachsen wäre. Nachdem sie ihren Glauben an angeborenen Ideen aufgegeben hatte, war sie sehr mit folgendem Gedanken beschäftigt: Wenn ein Kind aufgezogen würde, ohne etwas über Religion zu hören, welche Vorstellung Gottes würde es bei Erreichung des vernünftigen Alters besitzen?

Nach einer gewissen Zeit schien es mir Zeitverschwendung zu sein, wenn wir uns nicht daran machten, von Worten zu Taten überzugehen. Sich durch die unvollkommene Organisation der Gesellschaft und den Zufall der Geburt im Besitz bedeutender Privilegien zu befinden und trotz empfangener erneuernden Ideen weiter untätig und indifferent zu bleiben, um ein ungestörtes, frohes Leben zu genießen, erschien mir gleichbedeutend mit der Handlung eines Menschen, der es ablehnt, einem Mitmenschen, den er vor Gefahr erretten kann, seine Hand zu reichen. Darum sagte ich eines Tages zu Fräulein Meunié:

„Fräulein, wir sind an einem Punkte unserer Bekanntschaft angelangt, an dem es notwendig ist, uns neu zu orientieren. Die Welt verlangt unsere Hilfe, die wir in gutem Bewusstsein nicht ablehnen können. Mir scheint, dass das Ausgeben von Mitteln, die ein Teil der allgemeinen Erbschaft der Menschheit sind, und die vollauf genügen würden, zur Begründung einer nützlichen Institution -, solche Mittel ausschließlich für Vergnügungen und Annehmlichkeiten auszugeben, scheint mir gleichbedeutend mit dem Verüben einer Unterschlagung, die weder von Gläubigen noch von Ungläubigen gebilligt werden kann. Darum muss ich Ihnen mitteilen, dass ich Sie auf Ihren Reisen nicht weiter begleiten kann. Mein Leben gehört meinen Ideen und der Menschheit und ich denke, dass Sie, die Sie jetzt Ihren Glauben in rationelle Grundsätze umgewandelt haben, dieselben Gefühle haben sollten."

Sie war überrascht über meinen Entschluss, aber sie erkannte seine Berechtigung an, und ohne eine weitere Anregung wie die ihrer eigenen Anlage und die ihres eigenen feinen Gefühles gab sie mir die Mittel zur Errichtung eines Institutes für rationelle Erziehung. Diese großmütige Tat sicherte die Verwirklichung der Modernen Schule, die als Idee mich schon lange beschäftigte.

Alle hässlichen Äußerungen, die gemacht worden sind hinsichtlich dieser Angelegenheit - z.B., dass ich mich hätte einer gerichtlichen Untersuchung unterziehen müssen - sind bloße Verleumdungen. Man hat gesagt, dass ich mich einer suggestiven Macht bedient hätte, um Fräulein Meunié für meine Zwecke zu beeinflussen. Das ist sowohl ein unberechtigter Angriff gegen meine Person, wie es beleidigend für Fräulein Meunié ist, und es beschmutzt das Andenken jener wertvollen, ausgezeichneten Persönlichkeit. Diese Äußerung ist eine Lüge, nichts sonst! Ich habe es nicht notwendig, mich zu verteidigen; die Rechtfertigung überlasse ich meinen Taten, meinem Leben und dem unparteiischen Urteil meiner Zeitgenossen. Aber Fräulein Meunié hat Anspruch auf den Respekt aller Menschen, die die Gerechtigkeit lieben, wie auf die Achtung aller jener, die befreit worden sind von der Herrschaft der Sekten und Dogmen, die alle Verbindung mit Irrtum abgebrochen haben und sich nicht mehr statt an das Licht der Vernunft an die Dunkelheit des Glaubens, oder statt an die Würde der Freiheit an die Schmach des Gehorsams hingeben -

Sie glaubte mit ehrlichem Vertrauen. Man hatte ihr gelehrt, dass zwischen dem Schöpfer und dem Geschöpf eine Hierarchie von Mittelspersonen stände, der man gehorchen müsse, und dass man sich vor einer Anzahl Mysterien beugen müsse, die in den Dogmen der von Gott eingesetzten Kirche enthalten sind. In diesem Glauben war sie vollständig ruhig. Die Bemerkungen, die ich ihr gegenüber machte und die Ratschläge, die ich ihr hier und da gab, waren keine spontane Kommentare über ihren Glauben, sondern sie waren ganz natürliche Antworten, die ich ihren Versuchen, mich zu bekehren, entgegensetzte. Und ihr Mangel an Logik war es und ihre schwache Beweisführung, die sie zusammenbrechen machte unter dem Gewicht meiner Beweisgründe. Sie konnte mich nicht für einen Versucher ansehen, da sie es war, die immerwährend meine Überzeugungen angriff. Und am Ende wurde sie besiegt vom Kampfe ihres Glaubens mit ihrer eigenen Vernunft, die erweckt worden war dadurch, dass sie die Überzeugung eines Menschen angegriffen hatte, die ihren Glaubenssätzen widersprach.

Nun versuchte sie in aufrichtiger Weise, die Kommunarden als Arme und Unerzogene darzustellen, als Kinder des Verbrechens, Störer der sozialen Ordnung, die geworden sind durch Privilegien, die anderen ebenso großen Störern der sozialen Ordnung ermöglichen, ein unproduktives Leben zu führen, großen Reichtum aufzuhäufen und Unwissenheit und Elend auszubeuten, welches Leben sie auf Grund ihrer Hingebung an die Kirche und ihre Werke der Barmherzigkeit in Ewigkeit fortzuführen gedenken. Die Ideen einer Belohnung für eine bequeme Tugend und der Strafe für eine unvermeidliche Sünde beunruhigte ihr Gemüt, machte ihre religiösen Gefühle bescheidener, half ihr, die atavistischen Ketten zu durchbrechen, die so sehr jeden Versuch einer Erneuerung verhindern, und bestimmten sie endlich, ihren Teil beizutragen zur Gründung eines nützlichen Werkes, das die Jugend in natürlicher Weise erziehen würde, und unter Verhältnissen, die es ihnen ermöglicht, alle Schätze des Wissens sich anzueignen, die die Menschheit durch Arbeit, Studium, Beobachtungen und durch methodische Anordnung ihrer allgemeinen Schlussfolgerungen erreicht hat.

Sie dachte, in dieser Weise würde mit Hilfe einer höheren Intelligenz, die sich dem Geiste des Menschen geheimnisvoll verbirgt, oder durch ein Wissen, das die Menschheit auf ihrem Wege über Leiden, Widersprüche und Zweifel sich angeeignet hat, eine bessere Zukunft verwirklicht werden. Und sie fand eine innere Befriedigung und Rechtfertigung ihres Gewissens in der Idee, an einem Werke von großer Bedeutung durch Hingabe ihres Vermögens beigetragen zu haben.

III. Kapitel

Ich übernehme die Verantwortung

Im Besitze der Mittel für die Verwirklichung meiner Pläne entschloss ich mich ohne Verzögerung an die Arbeit zu gehen. Nun war es Zeit, den vagen Vorstellungen meiner Einbildung bestimmte Formen zu geben und darum suchte ich, im Bewusstsein der Unvollkommenheit meines pädagogischen Wissens, den Rat von anderen auf. Ich hatte kein großes Vertrauen zu den offiziellen Pädagogen; diese schienen mir sehr beeinflusst von Vorurteilen; darum suchte ich nach fähigen Personen, deren Ansichten und Benehmen mit meinen Idealen übereinstimmten. Mit ihrem Beistande wollte ich das Programm der freien Schule formulieren. Nach meiner Meinung konnte sie nicht durchaus der Typus der zukünftigen Schule in einem rationellen Zustande der Gesellschaft sein; nur ein Vorläufer davon konnte sie sein, die bestmögliche Anpassung unserer Mittel, d.h. eine ausdrückliche Ablehnung des alten Typus der Schule, der noch immer das Feld beherrscht und ein sorgfältiger Versuch nach der Richtung hin, den Kindern der Zukunft die wesentlichen Wahrheiten der Wissenschaft beizubringen.

Ich war überzeugt, dass ein Kind ohne angeborene Ideen zur Welt kommt, und dass es im Laufe seines Lebens die Ideen jener aufnimmt, die ihm am nächsten sind, und dass es die so angenommenen Ideen angemessen seiner eigenen Beobachtung und seines eigenen Lesens verändert. Wenn das so ist, so ist es klar, dass ein Kind positive und wahre Ideen aller Dinge erhalten, dass ihm gelehrt werden sollte, um Irrtümer zu vermeiden, sei es vor allem wesentlich, nichts aus Glauben, sondern alles erst nach der Erfahrung, einer rationellen Demonstration hinzunehmen. Ausgestattet mit einer solchen Übung wird das Kind ein sorgfältiger Beobachter werden und wird es vorbereitet sein, alle möglichen Arten von Studien zu betreiben.

Nachdem ich eine befähigte Person gefunden hatte und wir die ersten Umrisse unseres Arbeitsplanes gezogen hatten, wurden in Barcelona die ersten Schritte zur Gründung des Unternehmens gemacht. Das Gebäude wurde ausgewählt und hergerichtet, Material und Lehrkräfte angeschafft und Propaganda gemacht. In weniger als einem Jahr war alles fertig, obgleich ich durch den Vertrauensbruch eines gewissen Menschen einen großen Verlust erlitten hatte. Wie es nicht anders zu erwarten war, hatten wir uns mit vielen Schwierigkeiten abzufinden. Und zwar nicht nur durch die Feinde rationeller Erziehung hatten wir Hindernisse zu überwinden, sondern zum Teil auch durch eine gewisse Klasse von Theoretikern, die mir nachdrücklichst die Früchte ihres Wissens und ihrer Erfahrungen aufdrängten, welche ich jedoch nur als Früchte ihrer Vorurteile anerkennen konnte. Da war beispielsweise ein Mann, der aus Lokalpatriotismus darauf bestand, den Unterricht in Katalonisch, im Dialekt der Provinz Barcelona, zu geben, und der so die Menschheit und die ganze Welt auf die paar tausend Menschen beschränken wollte, die zwischen dem Ebro und den Pyrenäen leben. „Nicht einmal in spanischer Sprache würde ich den Unterricht geben“, antwortete ich dem Fanatiker des katalonischen Dialektes, „wenn irgendeine universelle Sprache schon so weit entwickelt sein würde, dass man sie praktisch anwenden könnte. Hundertmal lieber würde ich in Esperanto unterrichten wie in Katalonisch“.

Dieser Vorfall befestigte mich in meinem Vorsatz, die Ausführung meines Planes nicht der Autorität „hervorragender“ Männer zu überlassen; die trotz ihres Rufes keinen einzigen freiwilligen Schritt für den Fortschritt unternommen haben. Ich fühlte die Last der Verantwortlichkeit, die ich übernommen hatte, und ich versuchte, mich ihrer so zu entledigen, wie mein Gewissen es von mir verlangte.

Feind der sozialen Ungleichheit, konnte es mir nicht genügen, ihre Folgen zu bejammern. In ihren Ursachen hatte ich sie zu bekämpfen und an jenen Grundsatz der Gerechtigkeit hatte ich zu appellieren, der die ideale Gleichheit in sich birgt und allen revolutionären Elan inspiriert.

Wenn die Materie einzig ist, unerschaffen und ewig, wenn wir auf einem verhältnismäßig kleinen Fleck im Weltraum leben, der nur ein Punkt ist im Vergleich mit den unzählbaren Gestirnen um uns herum -: wenn das alles so ist, wie es an den Universitäten gelehrt wird, wie jene privilegierten Wenigen es lernen können, die teilhaben an dem Monopol der Wissenschaft, dann haben wir kein Recht und keine Entschuldigung für die Lehre in den Elementarschulen, die den Menschen sagt, dass Gott die Welt in sechs Tagen aus nichts geschaffen habe. Kein Recht haben wir, diese und andere Absurditäten alter Legenden als Wahrheit auszugeben. Die Wahrheit ist universell und wir schulden sie jedermann. Sie zu einem Monopol für einige Wenige machen, die den Preis dafür bezahlen können, und die tieferen Volksschichten in systematischer Unwissenheit halten, oder sogar ihnen in offizieller Weise eine dogmatische Lehre aufzwingen, die in Widerspruch steht mit der Erkenntnis der Wissenschaft, um sie gefügig zu machen, ihre tiefen und jämmerlichen Lebensbedingungen geduldig hinzunehmen: ein solches Tun bedeutet nur eine unerträgliche Würdelosigkeit. Ich für meinen Teil halte es für den wirkungsvollsten Protest und für die am meisten versprechende Form einer revolutionären Aktion, die den Unterdrückten und Enterbten und allen jenen, die das Verlangen nach Gerechtigkeit haben, soviel Wahrheit gibt, wie sie empfangen können, und zwar im Vertrauen, dass das ihre Energien auf das große Werk der Erneuerung der menschlichen Gesellschaft richten wird.

So wurde die erste Ankündigung der Modernen Schule der Öffentlichkeit übergeben. Sie lautete folgendermaßen:

Programm

Aufgabe der modernen Schule ist es, alle ihr anvertrauten Knaben und Mädchen gut, wahr, gerecht und frei von Vorurteilen zu erziehen.

Zu diesem Zwecke wird die alte dogmatische Erziehungsweise ersetzt von einer rationellen naturwissenschaftlichen Unterrichtsmethode. Diese wird die natürliche Veranlagung eines jeden Schülers oder Schülerin anregen, entwickeln und lenken, dass sie nicht nur nützliche Mitglieder der Gesellschaft werden, die ihre individuellen Anlagen vollständig entwickelt haben, sondern die in notwendiger Folge für die Hebung der gesamten Gemeinschaft wirken werden.

Sie wird in der Jugend gesunde gesellschaftliche Pflichten wachrufen, Pflichten, die in Übereinstimmung stehen mit dem gerechten Grundsatz: „Keine Pflichten ohne Rechte und keine Rechte ohne Pflichten".

Hinsichtlich der guten Resultate, die in anderen Ländern mit der gemischten Erziehung erreicht worden sind, und besonders um das große Ziel der Freien Schule verwirklichen zu können (Bildung eines durchaus brüderlichen Verhältnisses zwischen Männern und Frauen, in denen weder Geschlechts- noch Klassenunterschiede sprechen), wurden Kinder beiderlei Geschlechts von fünf Jahren an aufwärts aufgenommen.

In weiterer Entwicklung ihrer Arbeit wird die Freie Schule Sonntags morgens geöffnet sein, in welcher Zeit Kurse abgehalten werden über die Leiden der Menschheit im Verlaufe der Geschichte der Völker; ebenfalls über Männer und Frauen, die sich ausgezeichnet haben in Wissenschaft, Kunst oder im

Kampf für den Fortschritt. Die Eltern der Kinder können an diesen Klassen teilnehmen.

In der Hoffnung, dass die intellektuelle Arbeit der Schule fruchtbar sein wird, haben wir nebenher, um gesundheitliche Verhältnisse in der Schule zu sichern, es unternommen, eine ärztliche Untersuchung der Kinder bei ihrem Schuleintritt einzuführen. Das Resultat dieser Untersuchungen wird den Eltern, wenn es notwendig erscheint, mitgeteilt werden. Weitere Untersuchungen werden periodisch unternommen werden, um so die Verbreitung von Krankheiten während der Schulstunden zu verhüten.

In der Woche, die der Eröffnung der Freien Schule folgte, lud ich die Vertreter der Presse ein, das Institut zu besuchen und es bekannt zu machen. Einige der Zeitungen brachten würdigende Berichte über die geleistete Arbeit. Es mag von historischer Bedeutung sein, einige Sätze aus dem „El Diluvio" anzuführen: -

> In der Schule liegt die Zukunft. Auf anderem Grunde wie dem der Schule aufbauen, heißt, auf Sand bauen. Unglücklicherweise kann die Schule sowohl den Zwecken der Tyrannei wie denen der Freiheit dienen und kann darum sowohl Mittel des Barbarismus wie auch der Kultur sein.
>
> Wir begrüßen darum sehr eine Gruppe von Patrioten und Menschenfreunden, die die hohe Bedeutung dieser sozialen Funktion erkannt haben, welche unsere Regierung systematisch übersieht, und die dieses brennende Bedürfnis zu befriedigen suchen, indem sie eine Freie Schule gründeten, eine Schule, die nicht ihren Zweck darin sieht, das Interesse irgend einer Sekte zu fördern, und die nicht in der althergebrachten Routine wirkt, sondern die tatsächlich daran geht, eine Grundlage zu schaffen, aus der die neuen Generationen alle Ideen und Impulse schöpfen können, die der Strom des Fortschrittes immerwährend bringt.
>
> Nur von einem Privatunternehmen kann ein solches Ziel erreicht werden. Unsere bestehenden Institutionen, die

durchsetzt sind mit allen Schwächen der Vergangenheit und degeneriert unter dem Einflusse von tausend Nebensächlichkeiten des Tages, können diese nützliche Funktion nicht erfüllen. Männern edelmütigen Geistes und selbstlosen Gefühles ist es überlassen, der kommenden Menschheit die Tore aufzustoßen, durch die sie zu höheren Zielen schreiten wird.

Und solches ist getan worden, oder wird getan werden von den Gründern der Freien Schule. Diese Schule ist kein Geschäftsunternehmen wie die meisten Lehrinstitute es sind, sondern sie bedeutet ein Experiment auf dem Gebiete der Pädagogik, von deren Art es in Spanien nur noch eines gibt: „Die freie Institution für Erziehung“ in Madrid.

Señor Salus Anton entwickelte in glänzender Weise das Programm der Freien Schule vor dem kleinen Auditorium von Journalisten und anderen Interessenten, die der Eröffnungsfestlichkeit beiwohnten. In breitester Weise ging er auf den Leitsatz des Schulunternehmens ein: den Schülern Wahrheit und nichts als Wahrheit, oder was als solche erwiesen ist, zu geben. Sein Hauptthema war, dass die Gründer der Schule nicht beabsichtigen, die große Anzahl jener Institute zu vermehren, die als „Weltliche Schulen“ bekannt sind, und die einem leidenschaftlichen Dogmatismus huldigen, sondern, führte er aus, eine klare Beobachtungsstätte soll sie sein, geöffnet nach allen vier Richtungen des Himmels und keine Wolke duldend zwischen dem Licht und dem Geiste des Menschen.

IV. Kapitel

Das erste Programm

Die Zeit war gekommen, um an die Einführung der Modernen Schule heranzugehen. Einige Zeit vorher hatte ich eine Anzahl Männer hervorragender Bedeutung und fortschrittlichen Charakters eingeladen, mir mit ihrem Rate zur Seite zu stehen und eine Art Beratungskomitee zu bilden. Meine Beziehungen zu ihnen waren in Barcelona von großer Bedeutung für mich und viele von ihnen blieben auch später in dauernder Verbindung mit mir, wofür ich ihnen an dieser Stelle meinen Dank ausspreche. Diese Männer waren der Meinung, dass die Moderne Schule mit einigem Aufsehen eröffnet werden müsse, mit Einladungskarten, einem Rundschreiben an die Presse, einem großen Saal, Musik, Ansprachen von hervorragenden liberalen Politikern und dergleichen. mehr. Es würde ein leichtes gewesen sein, solches zu tun, und gewiss hätten wir Hunderte von Leuten angezogen, die uns reichlich Beifall gespendet hätten mit jenem momentanen Enthusiasmus, der so sehr alle öffentlichen Handlungen Spaniens kennzeichnet. Aber diese Idee verführte mich nicht. Positivist und Idealist, der ich war, wollte ich ein Werk, das von der umfassendsten tiefgreifendsten revolutionären Bedeutung sein musste, mit einfachster Bescheidenheit einführen. Jede andere Methode schien mir unangebracht: eine Konzession an abschwächende Konventionen und an dasselbe Übel, das ich beseitigen wollte. Darum war der Vorschlag des Komitees meinem Bewusstsein und meinem Gefühle zuwider. Und ich war in dieser wie in allen anderen Angelegenheiten der modernen Schule der bestimmende Faktor.

In der ersten Nummer des Mitteilungsblattes der Modernen Schule, die am 30. Oktober 1901 herausgegeben wurde, veröffentlichte ich eine allgemeine Übersicht über die Grundprinzipien der Schule, die ich im folgenden wiederhole:

> Jene ausgeklügelten Produkte des Geistes, voreingenommene Ideen und alle die absurden und phantastischen Einbildungen, die bis zum heutigen Tage für Wahrheiten gehalten wurden und der Menschheit als Richtlinien aufgezwungen worden sind, haben seit langem schon Ablehnung von Seiten unseres Verstandes und Widerwillen seitens unserer Vernunft sich zugezogen. Aber die Zeit ist gekommen, da das

Sonnenlicht nicht nur die Gipfel der Berge küsst, es durchflutet die Täler und wir stehen im Licht des Mittags, des Menschheitsmittags. Nicht mehr ist die Wissenschaft das alleinige Erbe einer kleinen bevorrechteten Gruppe von Menschen; mehr oder weniger bewusst werdend, durchdringen ihre Strahlen alle Reihen der Gesellschaft. Allerorten werden traditionelle Irrtümer aufgelöst; durch vertrauensvolle Anwendung unserer Erfahrung und Beobachtung befähigt die Wissenschaft uns zu einem korrekten Wissen und Kriterium hinsichtlich der Naturerscheinungen und ihrer Gesetze, mit undiskutabler Autorität bestimmt sie den Menschen, für immer alle Exklusivitäten und Privilegien beiseite zu legen und sie selbst einzusetzen als das kontrollierende Prinzip menschlichen Lebens. So versucht sie alle mit einem Gefühle der Menschlichkeit zu durchdringen.

Mit bescheidenen Hilfsmitteln, aber gleichzeitig getragen von einem starken und rationellen Glauben und einem Geiste, der weit entfernt davon ist, sich entmutigen zu lassen, wie groß die Hindernisse auch immer sein mögen, die sich ihm entgegenstellen, - unter solchem Geiste und solchen Bedingungen wurde die moderne Schule gegründet. Ihre Ziele sind, ohne Konzessionen an traditionelle Methoden zu machen, eine Erziehung zu sichern, die begründet ist auf naturwissenschaftliche Erkenntnisse. Diese Methode, die, obwohl sie neu ist, die einzige wirkliche positive Pädagogik ist, hat sich in der ganzen zivilisierten Welt verbreitet und besitzt eine unzählbare Anzahl von ausgezeichneten und hervorragenden Förderern.

Voll bewusst sind wir uns der vielen Feinde, die um uns herum leben. Wir wissen um die aus einer mittelalterlichen, subjektiven, dogmatischen Erziehungsmethode heraus geborenen unzählbaren Vorurteile, die das soziale Verantwortlichkeitsgefühl in unserem Lande niederhalten und die den lächerlichen Anspruch auf Unfehlbarkeit erhebt. Wir wissen weiter, dass auf Grund des Vererbungsgesetzes, das unterstützt wird durch den Einfluss der Umgebung, passive Tendenzen, die schon natürlich und spontan in dem kleinen Kinde vorhanden sind, im Jüngling mit außergewöhnlicher Wucht durchbrechen. Der Kampf wird hart sein, die Arbeit schwierig, aber mit einem fortwährenden unerschütterlichen Willen, der die einzige Vorsehung in der moralischen Welt ist, glauben wir den Sieg zu erringen, nach dem wir streben: *Entwicklung lebendiger Gehirne, die fähig sind, auf äußere Eindrücke zu reagieren, die immer Feinde aller Vorurteile sein werden; Erwecken von freien, festbegründeten Geistern, die über alle Dinge und Erscheinungen des Lebens sich ihre eigene Meinung bilden können.*

Das soll nicht heißen, dass wir das Kind gleich im Anbeginn seiner Erziehung ausschließlich seinen eignen Ideenbildungen überlassen wollen. Die Sokratische Methode wird zum Irrtum, wenn man sie zu buchstäblich auffasst. Die Konstruktion des menschlichen Verstandes im ersten Stadium seiner Entfaltung bedingt es ganz von selbst, dass die Erziehung in diesen ersten Phasen des Lebens auf die Vermittlung äußerer Eindrücke eingestellt werden muss. Es ist die Aufgabe des Lehrers, dem Kinde Ideenkeime einzupflanzen, die später, wenn das Gehirn kräftiger und reifer sein wird, Blüten und Früchte zeitigen werden und zwar je nach dem Grade der Initiative und der besonderen geistigen Veranlagung des betreffenden Schülers.

Andererseits dürfen wir sagen, dass die weit verbreitete Ansicht, dass eine auf naturwissenschaftlicher Basis begründete Erziehung die idealistischen Fähigkeiten im Menschen schädigt, eine Absurdität ist. Wir sind vom Gegenteil überzeugt. Die Wissenschaft korrigiert und dirigiert den Idealismus und gibt ihm ein tatsächliches Gefühl für die Wirklichkeit. Aufgabe der menschlichen Gehirnkräfte ist es, das Ideal mit Hilfe von Kunst und Philosophie zu erschaffen. Aber damit dieses Ideal nicht zum bloßen Märchen wird und sich in nebelhaften Träumen verliert, ist es durchaus notwendig, ihm eine sichere und unerschütterliche Grundlage in den exakten und positiven Lehren der Naturwissenschaft zu geben.

Überdies besteht die Erziehung eines Menschen nicht nur in der Entwicklung seiner Intelligenz, ohne gleichzeitig auf Herz und Wille Rücksicht zu nehmen. Trotz der Verschiedenartigkeit seiner Funktionen ist der Mensch ein vollständiges und einheitliches Ganzes. Gewiss repräsentiert er verschiedenartige fundamentale Anlagen; letzten Endes aber stellt er eine einzige Energie dar, welche Dinge wahrnimmt und liebt und die mit allen ihren Mitteln zu verwirklichen trachtet, was sie für richtig erkannt hat. Es ist ein krankhafter Zustand, eine Übertretung der Gesetze der menschlichen Natur, einen Abgrund zu errichten, wo eine gesunde harmonische Übereinstimmung sein sollte. Die Trennung zwischen Denken und Wollen ist ein unglückliches Zeichen unserer Zeit. Und zu welchen fatalen Folgen hat es uns schon geführt! Wir brauchen nur auf unsere politischen Führer verweisen und auf die verschiedenen Ordnungen des Gesellschaftslebens: diese sind bis ins innerste durchtränkt vom oben erwähnten verderblichen Dualismus. Viele Politiker sind gewiss stark genug hinsichtlich ihrer geistigen Fähigkeiten und haben einen Überfluss an Ideen, aber was ihnen fehlt, ist eine gesunde Orientierung und jene feinen Gedanken, welche die Wissenschaft sowohl dem Leben der Individuen, wie auch dem Leben der Völker gibt. Ihr rastloser Egoismus und der Wunsch, die Gleichgesinnten unterzubringen im Verein mit traditionellen Gefühlen richten eine unübersteigbare Barriere um ihre Herzen auf und verhindern das Eindringen fortschrittlicher Ideen, wie auch das Werden jener Gefühlskraft, die die bestimmende und entscheidende Macht in dem Benehmen eines Menschen ist. Daher stammt der Versuch, den Fortschritt aufzuhalten, daher die Hindernisse auf dem Wege neuer Ideen, daher, als ein Resultat all dieser Versuche, der Skeptizismus der Massen, der Tod der

Völker und die unabwendbare Verzweiflung der Unterdrückten.

Als einen der Hauptgrundsätze unserer pädagogischen Mission haben wir die Verneinung des Dualismus im Charakter des Individuums zu betrachten. Wir verneinen die Annahme, dass einige Menschen das Gute und Wahre erkennen und würdigen, andere hingegen das Böse anerkennen und ausüben. Und da wir die Naturwissenschaften als führende Macht in der Erziehung erkannt haben, ergibt sich eine weitere Folgerung: Eindrücke der Wissenschaft auf den Intellekt des Schülers werden sich in ihm zu Gefühlsmomenten verdichten. Und wenn das Gefühl stark ist, durchdringt und durchtränkt es den Menschen in seinem tiefinnersten Wesen und gibt dem Charakter seine besondere Färbung.

Und da das Tun und Lassen eines Menschen sich immer in den Linien seines Charakters halten muss, ist es als gewiss anzunehmen, dass ein in der oben gezeichneten Weise erzogener junger Mensch, wenn er seine Lebensgeschicke selbst in die Hand nimmt, er die Wissenschaft als den einzigen hilfreichen Meister seines Lebens anerkennen wird.

Am 8. September 1901 wurde die Schule mit 30 Schülern (12 Mädchen und 18 Knaben) eröffnet. Diese Anzahl genügte dem Zwecke unseres Experimentes und wir hatten nicht die Absicht, die Anzahl der Schüler fürs erste zu erhöhen, um dadurch fähig zu sein, die Schüler und unsere Lehrmethode eingehender beobachten zu können. Wir konnten sicher sein, dass die Feinde der neuen Schule die erste Gelegenheit ergreifen würden, unser Unternehmen der gemeinschaftlichen Erziehung von Knaben und Mädchen zu kritisieren.

Die am Eröffnungstage anwesenden Personen waren zum Teil von den in der Presse veröffentlichten Notizen über unsere Arbeit angezogen worden; zum andern Teil waren es die Eltern unserer Schüler und Delegierte der verschiedenen Arbeitervereinigungen, die ich eingeladen hatte mit dem Ersuchen, uns in unserer Arbeit beizustehen.

Die Lehrer und das Schulkomitee, von dem zwei Mitglieder das System und die Ziele der Schule dem Auditorium zeichneten, wählten mich zum Präsidenten.

In dieser stillen Weise führten wir eine Arbeit ein, die bestimmt war, zu dauern. Wir schufen die moderne, wissenschaftliche und rationelle Schule, deren Ruf sich bald über Europa und Amerika verbreitete. Es mag eine Zeit kommen, in der der Name „Moderne Schule“ sich verändert hat, aber die Bezeichnungen „wissenschaftlich und rationell“ werden dauern und immer mehr und mehr gerechtfertigt werden.

V. Kapitel

Die gemeinschaftliche Erziehung der Geschlechter

Der wichtigste Punkt in unserem Programm rationeller Erziehung hinsichtlich der geistigen Vorbedingungen des Landes, und der Punkt, der am meisten geeignet war, mit den Vorurteilen und Gewohnheiten des Landes zu kollidieren, war der der gemeinsamen Erziehung von Knaben und Mädchen.

Die Idee war nicht durchaus neu in Spanien. Sie war heraus geboren aus der Notwendigkeit und aus primitiven Verhältnissen. Es gab Dörfer in abgelegenen Tälern und in entlegenen Berggegenden, in denen irgendein gutherziger Nachbar, ein Geistlicher oder Küster Knaben und Mädchen gemeinsam die Sätze des Katechismus lehrte, und manchmal auch Schreiben und Lesen. Tatsächlich war diese Lehrmethode manchmal vom Staat gesetzlich eingeführt unter kleinen Bevölkerungen, die nicht die Mittel hatten, neben dem Lehrer noch eine Lehrerin bezahlen zu können. In solchen Fällen gibt entweder der Lehrer oder die Lehrerin Knaben und Mädchen gemeinsame

Lektionen; so habe ich es beispielsweise in einem Dorfe in der Nähe Barcelonas gesehen. In Städten und Großstädten jedoch wurde diese gemischte Erziehungsmethode nicht anerkannt. Manchmal liest man von der Anwendung dieser Erziehungsweise in fremden Ländern, aber noch nie hat jemand vorgeschlagen, sie in Spanien einzuführen. Ein solcher Vorschlag wäre unzweifelhaft als ein sehr utopistischer Neuerungsversuch abgetan worden.

Da ich dies wusste, sah ich davon ab, diesen Gegenstand öffentlich zu propagieren und beschränkte mich auf Privatdiskussionen mit einzelnen Persönlichkeiten.

Wir fragten jeden Vater, der seinen Knaben in unsere Schule schicken wollte, ob er auch Mädchen in seiner Familie habe, und es war notwendig, jedem einzelnen die Gründe für die gemeinschaftliche Erziehung anzuführen. Überall, wo wir solches taten, war das Resultat ein befriedigendes. Hätten wir unsere Absicht öffentlich angekündigt, so hätten wir damit einen Sturm des Vorurteils hervorgerufen. Die Presse hätte eine Diskussion über diesen Gegenstand begonnen; konventionelle Gefühle wären herausgefordert worden, und die Furcht vor dem „Was werden die Leute sagen“, diesem Hindernis aller guten Absichten, wäre stärker gewesen als die Vernunft. Letzten Endes wäre unser Projekt so außerordentlich erschwert, wenn nicht gar unmöglich gemacht worden. So hingegen, wie wir die Sache anfassten, waren wir imstande, die Schule mit einer genügenden Anzahl von Mädchen und Knaben zu eröffnen, und wir konnten später, wie das Mitteilungsblatt der Schule nachweist, die Anzahl stetig vermehren.

Nach meiner Meinung war die gemeinschaftliche Erziehung von wesentlicher Bedeutung. Es war nicht nur eine unumgängliche Vorbedingung zur Verwirklichung des idealen Resultates rationeller Erziehung, sondern es gehört zum Ideal selbst; es war seine Einführung in das Leben der Modernen Schule, war seine allmähliche Entwicklung und begeisterte mit einem Vertrauen und Glauben an die endliche Erreichung unseres Zieles. Die Naturwissenschaften, die Philosophie und die Geschichte vereinigen sich im Gegensatz zu allen Vorurteilen in der Lehre, dass Mann und Weib zwei ergänzende Faktoren der menschlichen Natur sind, und dass die Verkennung dieser wesentlichen und bedeutungsvollen Tatsache die unheilvollsten Folgen nach sich zieht.

Darum veröffentlichte ich in der zweiten Nummer des Mitteilungsblattes unter dem Titel „Notwendigkeit der gemischten Erziehung" folgende sorgfältige Begründung dieser meiner Idee:

> Eine gemischte Erziehung verbreitet sich unter allen Kulturvölkern, und viele Völker haben seit langem schon vorzügliche Resultate damit erreicht. Das Prinzip dieser neuen Erziehungsmethode gründet sich auf die Erteilung gemeinschaftlicher und gleicher Lektionen für Kinder beiderlei Geschlechts, auf dass so ihre geistigen Kräfte in gleicher Weise entwickelt, ihre Herzen gleichmäßig gereinigt und ihre Willen in gleichem Maße gestählt werden; damit die Geschlechter, von frühester Jugend an, in Fühlung miteinander sind und das Weib in der Tat, nicht nur dem Namen nach, der Kamerad des Mannes werde.
>
> Eine ehrwürdige Institution, die das Denken unseres Volkes beherrscht, erklärt in einem der feierlichsten Momente des Lebens, wenn unter zeremoniellem Pomp Mann und Weib in der Ehe vereinigt werden, dass das Weib der Kamerad des Mannes sei. Das sind heilige Worte ohne Sinn, ohne lebendige und rationelle Bedeutung im Leben, besonders da wir wissen, dass die christliche Kirche, ganz besonders aber der Katholizismus, das gerade Gegenteil dieser Idee vertritt. Es ist noch nicht lange her, da eine fein empfindsame und ernsthafte christliche Frau sich bitterlich beklagte über die moralische Erniedrigung, die ihrem Geschlechte durch die Kirche zuteil wird. „Es würde einer Frau als gottlose Unverschämtheit angerechnet werden, auch nur nach der gerings-

ten Position in der Kirche zu trachten, und sei es die Stelle des letzten Kirchendieners."

Ein Mensch muss geistig blind sein, um nicht zu sehen, dass unter der Inspiration des Christentums die Stellung des Weibes um nichts besser geworden ist, als sie es vorher in den alten Zivilisationen war: sie ist in der Tat schlechter und noch mehr erschwert worden. Es ist eine sichtbare Tatsache in unserer modernen christlichen Gesellschaft, ein Resultat und Gipfelpunkt unserer patriarchalischen Entwicklung, dass das Weib nicht mehr sich selbst gehört; es ist weder mehr noch weniger als ein Anhängsel des Mannes, immerwährend seiner Herrschaft unterworfen, an ihn gebunden, sei es auch mit Ketten von Gold. Der Mann hat es zu einem minderwertigen Geschöpf gemacht. Als dies geschehen war, sah sich das Weib vor die Alternative zweier Fragen gestellt: Entweder ließ es sich vom Manne unterdrücken, oder es ließ sich von ihm behandeln wie ein Kind, das man überreden, dem man schmeicheln muss. Die betreffende Behandlungsweise hing ab vom Wollen ihres Gebieters. Wenn wir heute im Weibe Zeichen eines neuen Geistes entdecken, wenn es beginnt, seinen eigenen Willen zu haben und Unabhängigkeit fordert, und wenn wir sehen, mit welcher irritierenden Langsamkeit es sich vom Zustand des Sklaven zur Stellung eines beachteten Wächters und Hüters entwickelt, so ist das alles dem versöhnenden Geiste der Wissenschaft zu verdanken, dem die Gewohnheiten der Völker und die Bestimmungen der gesellschaftlichen Herrscher unterstehen.

Das Werk des Menschen zum Heile einer größeren Glücklichkeit der Rasse war bis heute fehlerhaft; in Zukunft muss es eine vereinigte Tat beider Geschlechter sein. Es ist das eine Aufgabe des Mannes wie des Weibes, eine Mission, die jedes von seinem Standpunkte ausgehend zu erfüllen hat. Es ist wichtig zu erkennen, dass angesichts der Zwecke des Lebens, der Mann weder besser noch schlechter als das Weib ist. Beide haben verschiedene Eigenschaften, und zwischen verschiedenartigen Dingen ist ein Vergleich nicht möglich.

Wie viele Psychologen und Soziologen beobachtet haben, zeigt die menschliche Natur zwei fundamentale Erscheinungen: das aktive und das konservative Element. Der Mann verkörpert die Herrschaft des Gedankens und des fortschrittlichen Geistes: das Weib trägt in seiner moralischen Veranlagung die charakteristische Note intensiven Gefühls und konservativen, d.h. erhaltenden Geistes. Jedoch ist diese Ansicht über die Geschlechter keine Bejahung reaktionärer Ideen. Wenn die Vorherrschaft des konservativen Elementes und des Gefühls durch Naturgesetze im Weibe bestimmt ist, so macht das das Weib um nichts weniger geeignet, der Kamerad des Mannes zu sein. Seine Natur verhindert es nicht, über Dinge von Bedeutung nachzudenken, noch ist es notwendig, dass das Weib seine geistigen Kräfte, im Gegensatz zu den Lehren der Wissenschaft anwendet und alle möglichen Arten von Aberglauben und Fabeln annimmt. Im Besitz einer konservativen Veranlagung zu sein bedeutet durchaus nicht, dass man gezwungen ist, in einem bestimmten Zustand des Denkens zu versteinern oder hinsichtlich der Wirklichkeit von Vorurteilen eingeschlossen zu sein.

Zu konservieren bedeutet nur das Gegebene oder das, was wir selbst hervorgebracht haben, zu erhalten. Der Autor von „Die Religion der Zukunft“ sagt vom Weibe in dieser Beziehung: „Der konservative Geist kann sowohl auf Wahrheiten als auch auf Irrtümer angewendet werden; es hängt davon ab, was es ist, das man konservieren, das man erhalten will. Wenn das Weib in philosophischen und wissenschaftlichen Dingen erzogen wird, wird seine konservative Kraft zum Vorteil und nicht zum Nachteil des Fortschrittes wirken.“

Auf der anderen Seite ist angeführt worden, dass das Schwergewicht des Weibes im Gefühlsleben liegt. Es ist Tatsache, dass es nicht in selbstsüchtiger Weise für sich behält, was es empfängt. Seinen Glauben, seine Ideen und all das Gute und Böse, das seine moralischen Schätze ausmacht, verbreitet es um sich herum in freigiebigster Weise; es besteht darauf, alle jene daran teilhaben zu lassen, mit denen es sich durch die geheimnisvollen Kräfte seines Gefühls verbunden fühlt. Mit ausgezeichneter Kunst und unveränderlicher Unbewusstheit drückt es seine ganze moralische Physiognomie und seine ganze Seele allen jenen auf, die es liebt.

Wenn die ersten Ideen, die vom Lehrer in den Geist des Kindes eingepflanzt werden, Keimzellen der Wahrheit und des positiven Wissens sind, wenn der Lehrer selbst in Verbindung steht mit dem wissenschaftlichen Geist der Zeit, dann wird das Resultat der Erziehung in jeder Beziehung ein gutes sein. Aber wenn ein Mensch im ersten Zustand seiner geistigen Entwicklung mit Fabeln gefüttert wird, mit Irrtümern und anderen Dingen, die im Gegensatz zum Geist der Wissenschaft stehen, was wird man von einem solchen Menschen in der Zukunft erwarten können? Nichts! Wenn ein so erzogener Knabe ein Mann wird, wird er dem Fortschritt ein Hindernis sein. Das menschliche Bewusstsein ist in der Kindheit vom gleichen natürlichen Gewebe, wie das des körperlichen Organismus; es ist weich und biegsam. Willig nimmt es alle von außen kommenden Eindrücke auf. Im Laufe der Zeit aber macht diese Biegsamkeit einer gewissen Unbeugsamkeit und Härte Platz. Mit ihrem Verschwinden wird das Bewusstsein verhältnismäßig gefestigt. Von dieser Zeit an werden die von der Natur übermittelten Ideen eingehüllt und identifiziert mit dem Bewusstsein des jungen Menschen.

Rationellere Ideen, welche der junge Mensch durch seinen gesellschaftlichen Verkehr oder durch privates Studium empfängt, können manchmal den Geist von irrtümlichen in der Kindheit eingepflanzten Ideen befreien. Aber wir müssen uns fragen, welches wird höchstwahrscheinlich das praktische Resultat dieser Verwandlung des Geistes sein?

Bei der Beantwortung dieser Frage dürfen wir die Gefühlsmomente nicht vergessen, die in den meisten Fällen mit den zuerst eingepflanzten Ideen in den tieferen Falten des Bewusstseins verborgen liegen. Sie sind die Ursache des abscheulichen und beklagenswerten Widerspruchs zwischen Denken und Tun, der Intelligenz und dem Willen, den wir in vielen Menschen vorfinden. Und das ist es, das sehr oft zu einem Zusammenbruch des guten Wollens und einer Verzögerung des Fortschrittes führt.

Dieser primäre Gedankenniederschlag, den wir unseren Müttern verdanken, ist so beharrlich, so zäh und dauernd; er wirkt sich so in das Innerste unseres Wesens hinein, dass sogar energische Charaktere, die eine ernsthafte Erneuerung ihres Geistes und Willens erreicht haben, sehr oft die Demütigung erleben müssen, dieses von ihren Müttern abgeleitete jesuitische Moment in ihren Ideen wieder zu finden.

Das Weib darf nicht auf das Haus beschränkt werden. Das Gebiet seiner Fähigkeit muss weit über das Haus hinausgreifen; es muss sich bis zu den letzten Grenzen des Gesellschaftslebens ausdehnen. Und um wirklich hilfreiche Resultate aus seiner Fähigkeit ziehen zu können, dürfen wir die Menge des Wissens, die wir dem Weibe übermitteln, nicht begrenzen; es muss sowohl hinsichtlich der Quantität als auch der Qualität das gleiche lernen wie der Mann. Wenn die Wissenschaft ihren Einzug in den Geist des Weibes hält, wird diese es sein, die sein reiches Gefühlsleben, dieses charakteristische Element seiner innersten Natur, den frohen Vorboten von Frieden und Glück unter den Menschen, bestimmen wird.

Man hat gesagt, dass das Weib Dauer repräsentiert, der Mann hingegen repräsentiere Wandlung: Der Mann sei das Individuum, das Weib die Art. Die Wandlung jedoch würde zwecklos, flüchtig und unbeständig sein, wenn sie keine solide Grundlage in der Wirklichkeit hätte, wenn die Arbeit des Weibes die Unternehmungen des Mannes nicht stärken und stützen würde. Das Individuum als solches ist die Blume des Tages, ein Ding vergänglicher Bedeutung im Leben. Das Weib, das die Art repräsentiert, hat die Funktion, jene Elemente zu erhalten, welche das Leben der Art verbessern; und um diese Funktion auszuüben, braucht es selbstverständlich eine wissenschaftliche Erziehung.

Schneller und vertrauensvoller wird die Menschheit auf ihrem Wege fortschreiten und hundertfältig wird sie ihre Quellen vermehren, wenn sie die durch ihre Wissenschaft erworbenen Ideen mit der Gefühlsstärke des Weibes verbindet. Ribot bemerkt hierzu, dass eine Idee eine bloße Idee bleibt, ein Akt der Intelligenz, der unfähig ist, irgend etwas zu produzieren, wenn er nicht von einem Gefühlszustand, einem tragenden, bewegenden Element bekleidet wird. So ist also als eine wissenschaftliche Wahrheit anzunehmen, dass zum Vorteile des Fortschrittes eine Idee nicht lange in einem rein beschaulichen, nachdenklichen Zustande verbleiben kann. Dem wird denn auch tatsächlich vorgebeugt durch die Verbindung aller Ideen mit dem Gefühl und der Liebe, die ihren Teil dazu beitragen, sie in lebendige Taten umzuwandeln.

Wann wird alles dieses auf großer allgemeiner Basis erreicht werden? Wann werden wir die Verbindung der Ideen mit dem leidenschaftlichen Herzen des Weibes erschauen? Von diesem Tage an werden wir ein moralisches Matriarchat unter zivilisierten Nationen haben und auf der anderen Seite einen Apostel und begeisterten Verkünder, der dem Geiste der Menschen den Wert der Freiheit und den Völkern der Erde die Notwendigkeit der gemeinschaftlichen Arbeit lehren wird.

VI. Kapitel

Gemeinschaftliche Erziehung der sozialen Klassen

Genau so notwendig wie die gemeinsame Erziehung der Geschlechter ist eine gemeinsame Erziehung der verschiedenen sozialen Klassen. Ich hätte eine Schule gründen können, in der ich den Unterricht unentgeltlich hätte erteilen können, aber eine Schule für arme Kinder würde nicht nur eine nicht rationelle Schule sein, sondern wenn sie nicht Unterwürfigkeit und Glauben, wie die alte Schule lehren würde, müsste sie stark unter dem Einflusse des Geistes der Rebellion stehen und würde instinktiv Gefühle des Hasses nähren.

Es gibt keinen Ausweg aus diesem Dilemma. Es gibt keine Mittelform für die Schule der enterbten Klasse allein: Entweder besteht man durch die Mittel einer falschen Lehre auf Irrtum und Unwissenheit oder auf Hass gegen jene, die herrschen und ausbeuten. Es ist ein sehr delikater Punkt und es ist wichtig, sich hierüber klar zu werden. Rebellion und Auflehnung gegen Unterdrückung ist nur eine Frage des Gleichgewichtes. Zwischen zwei Menschen, die vollständig gleich sind, wie es der unsterbliche erste Satz der berühmten Deklaration der französischen Revolution verlangt („die Menschen sind frei geboren und bleiben frei und gleich in ihren Rechten"), - zwischen zwei solchen Menschen können keine sozialen Unterschiede bestehen. Wenn Unterschiede bestehen, so werden die einen herrschen und tyrannisieren, die anderen hingegen protestieren und hassen. Die Rebellion ist eine gleichmachende Tendenz und darum natürlich und rationell, wie sehr sie auch immer durch die Justiz, durch Gesetz und Religion in Verruf gebracht wird.

Ich will klar und deutlich aussprechen: Die Unterdrückten und Ausgebeuteten haben das Recht zu rebellieren, denn sie haben ihre geraubten Rechte zurückzuverlangen; sie haben das

Recht zu rebellieren, bis sie ihren vollen Anteil an der gemeinsamen Erbschaft der Menschheit besitzen. Die moderne Schule jedoch hat es mit Kindern zu tun, die sie durch Unterricht zum Menschentum vorbereiten soll; darum darf sie nicht dem Wollen, dem Sehnen, dem Hass, weder dem Geist der Abhängigkeit noch dem der Rebellion, vorgreifen. In anderen Worten: sie darf nicht versuchen Früchte zu sammeln, ehe sie produziert worden sind durch Kultivierung, noch darf sie versuchen, ein Gefühl der Verantwortlichkeit einzupflanzen, ehe ein solches Gefühl die notwendige Unterlage im Bewusstsein, in den fundamentalen Vorbedingungen gefunden hat. Die Schule lehre den Kindern, Mensch zu sein. Und wenn sie Mensch geworden sind, dann werden sie sich in der gegebenen Stunde selbst zu Rebellen erklären.

Die Behauptung, dass eine nur für die Kinder reicher Leute eingerichtete Schule keine rationelle sein kann, bedarf kaum besonderer Beweise. Es liegt in der Natur der Dinge, dass ihre Lehre sich auf die Erhaltung der Vorrechte und der Sicherung der hieraus erwachsenen Vorteile einstellen wird.

Die gemeinschaftliche Erziehung der Armen und Reichen, die die Kinder beider Klassen unter unschuldiger Gleichheit der Kindheit und vermittels der systematischen Gleichheit des rationellen Schulsystems in Kontakt miteinander bringt: das ist die wahrhafte Schule, die Schule, die notwendig und erneuernd ist.

Unter solchen Gesichtspunkten entschloss ich mich, Schüler aus allen gesellschaftlichen Klassen aufzunehmen, um sie in einer gemeinsamen Klasse zu erziehen; so übernahm ich ein System, das den Verhältnissen der Eltern oder Hüter der Kinder angepasst war. Ich setzte kein festes unveränderliches Schulgeld fest, sondern richtete eine Art gleitender Bezahlungen ein, mit Freistunden für die einen und verschieden hohem Schulgeld für die anderen.

Der folgende Artikel, den ich im Mai 1905 in „La Publicidad“ und später im „Mitteilungsblatt“ veröffentlichte, beschäftigt sich mit demselben Thema:

Unser Freund D. R. C. hielt am letzten Sonntag im republikanischen Klub einen Vortrag unter dem Thema „Moderne Pädagogik“. Er erklärte seiner Zuhörerschaft, was wir unter dem Begriff der modernen Erziehung verstehen und was für Vorteile die Gesellschaft davon ableiten kann. Da ich der Meinung bin, dass dieser Gegenstand von sehr großem allgemeinen Interesse und er völlig geeignet ist, die öffentliche Aufmerksamkeit auf sich zu ziehen, lege ich folgende Gedanken und Betrachtungen über dieses Thema nieder.

Es scheint mir, dass der Redner glücklich war in seinen Schilderungen des Ideals, nicht aber war er es in den Suggestionen, die er machte hinsichtlich seiner Verwirklichung, noch darin, die Schulen Frankreichs und Belgiens als nachahmungswerte Vorbilder hinzustellen.

Sen. C. steht in der Tat auf dem Boden des Staates, des Parlamentes und der Gemeindeverwaltungen, wenn er vom Bauen, dem Einrichten und der Leitung von Erziehungsinstituten spricht. Und das scheint mir ein großer Irrtum zu sein. Wenn die moderne Pädagogik eine Anstrengung hinsichtlich der Verwirklichung einer neuen und gerechteren Form der Gesellschaft bedeutet, wenn sie die Erziehung der aufsteigenden Generation in den Linien jener Wirkungen, die der Mangel an sozialem Gleichgewicht hervorgebracht hat und erhält, bedeutet, wenn sie meint, dass es ihr Ziel ist, die Rasse auf bessere Tage vorzubereiten, sie zu befreien von religiösen Einbildungen und allen Ideen der Unterwürfigkeit unter eine unvermeidliche sozialökonomische Ungleichheit: wenn das der Fall ist, dann können wir sie nicht dem Staate anvertrauen, noch irgendeinem anderen offiziellen Organismus, die notwendigerweise die bestehenden Privilegien erhalten und die Gesetze, welche gegenwärtig die Ausbeutung des Menschen durch den Menschen, diese verderbliche Quelle der schlechtesten aller Missbräuche, heiligen.

Beweise für die Wahrheit dieser Behauptung sind so reichlich vorhanden, dass jeder sie mit Leichtigkeit finden kann, wenn er die Fabriken besucht, die Werkstätten und andere Zentren bezahlter Arbeiter. Er braucht sich nur erkundigen, wie die Menschen in den höheren und in den niederen Gesellschaftsklassen leben; er braucht nur so genannte Gerichtshöfe zu besuchen, und die Gefangenen in unseren Strafanstalten zu fragen, welches die Motive ihrer schlechten Führung waren. Wenn alles dieses nicht genügen sollte, um zu beweisen, dass der Staat jene, die im Besitztum und Wohlstand sind, vorzieht und jenen anderen, die gegen Ungerechtigkeit rebellieren, die Zähne zeigt, so dürfte es nützlich sein hinzuweisen auf das, was in Belgien geschehen ist. Nach den Ausführungen von Sen. C. hat sich die Regierung dort so eingehend mit Erziehungsfragen beschäftigt und dieses Problem so vorzüglich gelöst, dass Privatschulen ganz unmöglich geworden sind. In den offiziellen Schulen, sagt er, sind die Kinder der Reichen bunt gemischt mit den Kindern der Armen, und oft kann man die Schüler wohlhabender Eltern Arm in Arm mit armen und niedrigen Schulgefährten sehen. Ich gebe zu, dass es wahr ist, dass Kinder aller Klassen die belgischen Schulen besuchen, aber der Unterricht, der dort erteilt wird, ist auf die Voraussetzung der ewigen Notwendigkeit einer Einteilung in arm und reich aufgebaut, und auf dem Prinzip, dass die soziale Harmonie in der Erfüllung der Gesetze besteht.

Es ist nur natürlich, dass die Herrschenden diese Art Erziehung überall gerne einführen. Es ist ein Mittel, jene zur Vernunft zu bringen, die eines Tages versucht werden könnten zu rebellieren. Nicht lange ist es her, seitdem in Brüssel und anderen belgischen Städten bewaffnete und in nationale Truppen organisierte Söhne der Reichen, die Söhne der Armen, die eine universelle Befreiung verlangten, niedergeschossen haben. Andererseits sagt meine Kenntnis der Qualität der belgischen Erziehungsmethode mir ganz anderes, als der Redner. Ich habe vor mir verschiedene Ausgaben einer belgischen Zeitung (L'Express de Liège) liegen, welche sich in einem Artikel, benannt „Die Zerstörung unseres nationalen Erziehungssystems" mit diesem Gegenstand befassen. Die Tatsachen, die hier angeführt werden, sind unglücklicherweise den Tatsachen, die über die Erziehung in Spanien bekannt sind, sehr verwandt, obgleich in diesem Lande eine religiöse Erziehung, die wie jedermann weiß, eine Systematisierung der Unwissenheit bedeutet, sich sehr entwickelt hat. Schließlich ist nicht zu vergessen, dass eine gewalttätige, klerikale Regierung in Belgien ihre Herrschaft ausübt.

Und was die moderne Erziehung anbelangt, die in französischen Schulen ausgeübt wird, so können wir behaupten, dass nicht eines von allen den Büchern, die dort gebraucht werden, dem Zweck einer wirklich weltlichen Erziehung gerecht wird. An demselben Tag, an dem Senior C. seinen Vortrag in Gracia hielt, veröffentlichte das Pariser Journal L'Action einen Artikel mit dem Titel „Wie weltliche Moral gelehrt wird", in diesem Artikel nahm man Bezug auf ein Buch: „Recueil de maximes et pensées morales", und führte daraus gewisse lächerliche, widersprechende Ideen an, die den allerelementarsten, gesunden Menschenverstand beleidigen.

Wir werden gefragt werden, was sollen wir tun, wenn wir nicht auf die Hilfe des Staates, des Parlamentes oder der Stadtverwaltung bauen können? Wir müssen uns an jene wenden, in deren Interesse die Erneuerung der Schule liegt, in erster Stelle an die Arbeiter, dann an kultivierte und privilegierte Personen, die teilhaben an Gefühlen der Gerechtigkeit. Es mag sein, dass solche Menschen nicht zahlreich sind, aber sie sind da. Ich persönlich kenne verschiedene. Der Redner klagte, dass die bürgerlichen Autoritäten so langsam und verschleppend handeln im Garantieren der notwendigen Reformen. Dessen bin ich gewiss, dass er besser tun würde, seine Zeit nicht an diese zu verschwenden, sondern sich direkt an die Arbeiter zu wenden.

Das Feld ist gut vorbereitet. Lasst ihn die verschiedenen Arbeitervereinigungen besuchen, die republikanischen Bruderschaften, die Mittelpunkte der Erziehung, die Arbeiterbörsen und alle jene Körperschaften, welche tatsächlich im Dienste einer Erneuerung arbeiten und lasst ihn mit offenen Ohren die Sprache der Wahrheit, die Aufforderung zur Vereinigung und Ausdauer hören. Lasst ihn die Aufmerksamkeit beachten, die dem Problem der rationellen und wissenschaftlichen Erziehung (einer Art Erziehung, die die Ungerechtigkeit der Privilegierten und die Möglichkeit ihres Verschwindens zeichnet) geschenkt wird. Wenn die Individuen und Gesellschaften fortfahren, ihre Kräfte zu vereinen für die endliche Befreiung jener, die leiden - und es sind nicht nur die Arbeiter, die leiden -, dann mag Senior C. versichert sein, dass ein positives, wirkliches und schnelles Resultat erreicht werden wird. Was auch immer unternommen werden wird von Seiten der Regierung wird verzögernd und hinschleppend sein und wird nur den Zweck haben, zu verdummen, Ideen zu verwischen, und wird letzten Endes jenen Zustand der Beherrschung einer Klasse durch die andere zu verewigen suchen.

VII. Kapitel

Schulhygiene

Hinsichtlich der Hygiene werden wir in Spanien von den widerwärtigsten Ideen der katholischen Kirche beherrscht. Der heilige Aloysius und der heilige Benedict J. Labrá sind weder die einzigen noch die charakteristischsten Schweine auf der

Liste der eingebildeten Bürger des Himmelreiches, aber sie sind einige der volkstümlichsten unter den unzählbaren Meistern der Unreinlichkeit.

Unter solchen Vorbildern der Vollkommenheit, in einer Atmosphäre der Unwissenheit, die listig und heimtückisch von der Geistlichkeit und der liberalen Mittelklasse erhalten wird, konnte man nichts anderes erwarten, als dass die Kinder, die unsere Schule besuchten, hinsichtlich der Reinlichkeit sehr mangelhaft waren; Schmutz war eine Tradition ihrer Welt.

Wir waren gezwungen, einen diskreten und systematischen Feldzug gegen den Schmutz zu beginnen. Wir machten den Kindern klar, wie schmutzige Personen und Gegenstände Widerwillen hervorrufen und die Reinlichkeit Achtung und Sympathie herausfordert, wie man sich instinktiv zu Personen hingezogen fühlt, die sauber sind, und wie andere, die schmutzig und übel riechend sind, uns abstoßen, und wie angenehm es ist, die Beachtung jener zu gewinnen, die uns sehen, und wie es auf der anderen Seite beschämend ist, Missfallen zu erregen.

Dann stellten wir die Reinlichkeit dar als ein Symbol der Schönheit und die Unsauberkeit als einen Teil der Hässlichkeit. Und zuletzt betraten wir nachdrücklichst das Gebiet der Hygiene. Wir zeigten, dass Schmutz die Ursache von Krankheiten und eine dauernd mögliche Quelle von Ansteckungen und Epidemien ist, während Reinlichkeit zu den Hauptbedingungen der Gesundheit zählt. So hatten wir bald Erfolg, den Kindern die Vorteile der Reinlichkeit klar zu machen und sie in die wissenschaftlichen Grundsätze der Hygiene einzuführen.

Der Einfluss dieser Lektionen verbreitete sich bald über die betreffenden Familien; und das neue Verlangen der Kinder störte traditionelle Gewohnheiten. Ein Kind verlangte, dass man ihm die Füße wasche, ein anderes wollte gebadet werden, noch ein anderes wollte Bürste und Zahnpulver zur Reinigung seiner Zähne, ein weiteres wollte neue Kleider und Schuhe oder dergleichen haben. Die armen Mütter, belastet mit ihren täglichen Aufgaben und manchmal erdrückt unter der Härte der Umstände, unter denen ihr Leben dahingegangen war, und wahrscheinlich auch unter dem Einfluss kirchlicher Lehren, versuchten, solche Wünsche zum Schweigen zu bringen; aber letzten Endes triumphierte das neue Leben, das so durch die Kinder in die Heimstätten eingeführt wurde und war so eine willkommene Ankündigung der Erneuerung, die die rationelle Erziehung eines Tages verwirklichen wird.

Ich will die weiteren Ausführungen über Schulhygiene Männern überlassen, die vollständig auf diesem Gebiete zu Hause sind und schalte darum die beiden folgenden Artikel ein, die im Mitteilungsblatt der Modernen Schule veröffentlicht wurden.

Hygienischer Schutz in den Schulen - Einzelheiten über ihre Einführung

Die Klage ist allgemein. Überall erhebt sich derselbe Ruf: „Von 18 Millionen Spaniern sind 10 Millionen Analphabeten; uns Spaniern fehlt Bildung und Erziehung." Und dieser Ruf ist wirklich begründet und durchaus berechtigt. Ich möchte noch hinzufügen: Wir Spanier haben die Übung und den Glauben an die Arbeit verloren. Darum sind ganze Landstriche unserer Halbinsel mit jener grauen, unfruchtbaren Kruste überzogen, auf der kaum ein Strohhalm wächst, und die so spärliche Früchte hervorbringt, dass unser Land beinahe den Weiten einer Wüste gleicht. Weder Pflug noch Spaten haben während vieler Jahre den Boden gelockert, und zum Nachteil ihrer Besitzer und zur Schande der besungenen Fruchtbarkeit liegen Tausende von Hektaren unserer Erde unfruchtbar da. Ich sage dies nicht den Kataloniern, denn hier ist man erfreut, an den abschüssigsten Hängen und auf den höchst gelegensten Geländen die Olive zu sehen, den Weinstock, den Weizen und den Johannisbrotbaum als Zeichen der Arbeit und jenes Kampfes, der nicht ruhen wird, bis er auch die Felsen fruchtbar gemacht haben wird.

In dieser Zeit, in der viel über Erziehung und über deren gesetzliche Einführung für jene trägen Mitbürger gesprochen wird, scheint es mir wichtig zu sein, darauf hinzuweisen, dass die Einführung eines Gesetzes, ohne es an die Erfüllung gewisser Garantien zu binden, sehr ungenügend ist. Als Arzt habe ich sehr oft Gelegenheit gehabt, die Schutzlosigkeit zu beobachten, denen viele Kinder in hygienischer Beziehung in den Schulen ausgesetzt sind. Und die Trostlosigkeit eines Vaters, der ein Kind verloren hatte an einer Krankheit, die es aus der Schule heimbrachte und die hätte vermieden werden können, hat mich einst tief ergriffen.

Sind die Kinder in unseren Schulen tatsächlich genügend behütet, dass eine Mutter jeden Morgen ihren Liebling unbesorgt in die Schule gehen lassen kann, der sich gesund entwickelte, solange sie ihn in ihrem Schutz hatte, und der nun, da er in die Schule geht, plötzlich kränklich wurde?

Die Epidemien in den Schulen sind ein Beweis für jene Gefahr, in der die Schüler sich befinden. Aber es gibt noch weitere Unachtsamkeiten, über die man obenhin hinweggeht, die aber Ursache einer noch größeren Anzahl von Opfern sind, und zwar ohne dass ein Eingriff zu ihrer Verhinderung unternommen würde.

Einige Monate sind es her, als ich unzweifelhaft zur selben Zeit drei Mädchen behandelte, die an Diphtherie erkrankt waren; diese drei Mädchen besuchten dieselbe Schule. Keuchhusten, Scharlach und andere Krankheiten findet man in den Landschulen häufig genug vor, um den Ausbruch einer Epidemie verursachen zu können; die Kinder werden dort in den Schulen versammelt; sie erhalten alle dieselben Mittel, und, wenn sie nach Hause kommen, gefährden sie ihre älteren und jüngeren Geschwister. Und auf diese Weise reicht der Einfluss dieser Schulgefahr bis zu den Säuglingen und den Neugeborenen und manchmal sogar bis zu den Eltern.

So überträgt sich auch die Tuberkulose.

Neben diesen furchtbaren Krankheiten übertragen sich ebenfalls und beinahe immer in der Schule, der Grind, die Augenkrankheiten, die Krätze, Hysterie, Gliederreißen usw. Das enge Zusammengepferchtsein, in dem die Schüler leben, die Benutzung nur eines einzigen Abortes, eines einzigen Glases, der Austausch von Schreibheften und Bleistiften, die von Hand zu Hand und von Mund zu Mund gehen, das gegenseitige Geschenk von Brot und Näschereien, alles dieses bedeutet für die Gesellschaft einen gefährlichen Tausch und Gegenseitigkeitsverkehr. Gibt es doch viele Eltern, die gezwungen gewesen sind, die Schulerziehung ihrer Kinder aufzugeben, weil diese bei jedem Schritt, den sie in die Schule taten, erkrankten. Wenn man die Gebäude und Gebrauchsgegenstände unserer Schulen revidieren würde, würde man sie kaum in einem mittelalterlichen hygienischen Zustand vorfinden. Aber es geht nicht darum! Seien wir praktisch! Auch wenn wir über ein großes Kapital verfügten, um neue Schulen nach den Anweisungen eines Hygienikers zu erbauen, so würden wir durch das Niederreißen und Aufbauen von Gebäuden doch die bestehende Lehrmethode nicht unterbrechen.

Und da man gezwungen ist, das bestehende Material zu benutzen, glaube ich, dass man ohne große Anstrengungen Verbesserungen erreichen wird, wenn man nur *hygienischen Schutz und Unterricht in der Hygiene in den Schulen einführt*. Man braucht hierzu keine herrlichen Paläste. Um Unterricht zu erteilen, genügen große, helle, reichlich gelüftete Zimmer, in denen die Schüler vor Ansteckungen behütet sind.

In anderen Ländern ist diese Reform von der Regierung ausgegangen; in Spanien, scheint mir, kann diese Rückständigkeit zu eigenem großen Nutzen durch die Initiative von Privatleuten beseitigt werden. Die Lehrer werden gewiss Ärzte finden, die ihnen bei diesem Kampfe um Hygiene in den Schulen beistehen werden. Und ebenfalls werden die Direktoren der Schulen mit geringen Bemühungen den Arzt finden, der den Schülern Vorträge über Hygiene halten wird. Und wenn etwas zu vergüten wäre, sollte man bedenken, dass diese Verhütungsmaßnahme tatsächlich sehr einträglich sein würde. Die Schulen verlieren, wenn ein Kind krank wird: denn es kann nicht mehr teilnehmen am Unterricht und folglich auch kein Honorar bezahlen. Noch mehr aber verlieren die Schulen, wenn das Kind stirbt und für immer ein gestrichener Kunde ist.

Auch weiß man nicht, ob das Ansehen, das ein Institut genießt, nicht schwindet angesichts solcher Verluste? Und das kann sehr leicht geschehen; ein sehr angesehenes Institut aus der Umgebung unserer Stadt musste z.B. zu Beginn des Schulsemesters eine große Anzahl von Schülern nach Hause schicken, weil eine Scharlachepidemie sich ausgebreitet hatte. Leicht hätte man durch Einführung *hygienischer Schutzmaßnahmen* diese Einbuße an Einnahme und die Schmerzen der Schüler verhindern können!

Allerdings meinen die Besitzer der Schulen wie auch die städtischen Lehrer, dass durch Einführung dieses Dienstes die Regierung es überhaupt unterlassen würde, etwas zu tun. Aber darauf dürfen wir uns in Spanien nicht verlassen, bis wir hier nicht in den Zeitungen ebenfalls Notizen lesen, wie etwa die folgende: „Die ärztliche Schulinspektion der Schulen New Yorks hat während einer Woche des letzten Septembers vom Besuche der Schulen 100 Kinder ausgeschlossen: 35 wegen Augenkrankheiten, 15 wegen Bindehauterkrankung, 16 wegen Hautkrankheiten usw." Dann, ja dann könnte man seine Kinder unbesorgt in die Schule schicken!

Diese hygienische Verhütungsmaßnahme in den Schulen verfolgt ein außerordentlich hygienisches Ziel; sie bildet die unerlässliche Grundbedingung dafür, dass die geistige Erziehung überhaupt erst wirksam werde.

Die Organisierung dieses Dienstes, die in jeder Schule in den Händen eines Arztes liegen sollte, umfasst folgende Punkte:

1. *Sanitärer Zustand des Gebäudes*. Hierzu gehört die Überwachung über Einteilung der Räumlichkeiten, Beleuchtung, Lüftung, Heizung, Anlagen von Luftschächten, Aborten und dgl. mehr. Man wird diese Seite der Schule der größtmöglichsten Weiterführung des Unterrichts anpassen.

2. *Verhütung übertragbarer Krankheiten*. Leichter Husten, Erbrechen, Entzündung der Augen, leichtes Fieber, ungewöhnliches Aussehen des Haares führen zu einer persönlichen Untersuchung und zu einem Verfügen der sofortigen Isolierung des kranken Kindes. In dieser Hinsicht wird mit der Aufrichtigkeit der Eltern zu rechnen sein, dass diese nicht etwa Keuchhusten, Masern oder andere Krankheiten, an denen Geschwister des Schülers leiden, geheim halten. Eine vorsichtige Isolierung des kranken Schülers wird die Übertragung von Krankheiten in der Schule verhindern. Im Krankheitsfalle wird der Arzt bestimmen, unter welchen Vorsichtsmaßnahmen der Schüler nach soundso viel Zeit in die Schule zurückkehren darf, ohne seine Mitschüler zu gefährden.

3. *Normale Funktion der Organe und normales körperliches Wachstum*. Vermittels periodischer Messungen und Wiegungen wird man auf das genaueste wissen, ob ein Kind sich gut entwickelt, ob es fehlerhafte Angewohnheiten hat, die zu dauernden Schäden auswachsen können, wie Kurzsichtigkeit u.a.m. Eine derartige Überwachung wird für die Familien von großem Nutzen sein.

Während die Mutter ihren häuslichen Angelegenheiten und der Vater seiner Beschäftigung obliegt, brauchen sie nicht besorgt zu sein, dass ihr Kind verkümmert, dass sich seine Wirbelverkrümmung verschlimmert, dass es sein Buch zu dicht an die Augen führt, um zu lesen, und dass dann, wenn man die Übel entdeckt, sie schon so weit vorgeschritten sein werden, dass die Wiederherstellung große Kosten oder gar Opfer verursachen. Eine solche Überwachung würde in einigen Familien ein großes Bedürfnis erfüllen. Die Aufgabe des Schularztes würde in diesem Falle sich darauf beschränken, den Eltern die Gefahren mitzuteilen, damit sie bei ihren betreffenden Ärzten für Behandlung sorgen.

4. *Körperliche Ausbildung und Anpassen des Unterrichts an die geistigen Fähigkeiten eines jeden Kindes.* Dieser Teil der ärztlichen Aufgabe wird gemeinsam mit dem Lehrer ausgeübt. Durch eine hierher gehörende Untersuchung wird Kopfschmerz der Kinder vermieden, wie überhaupt Schlaflosigkeit, Neurasthenie und alle Schäden einer Überarbeitung. Körperliche Übungen (Gymnastik) müssen den intellektuellen Fähigkeiten angepasst werden.

5. *Erziehung und Ausbildung zu Samariterdiensten.* Man wird den Schülern wöchentlich oder zweimal im Monat Vorträge über Hygiene halten und sie an praktische Hygiene gewöhnen. Reinigung der Zähne, der Nägel, des Mundes, Baden, Schwimmen usw.

Jung, wie der Schüler auch immer sein mag, er sollte diese Erziehung und diese Ausbildung erhalten; diese Dinge sind nicht schwer verständlich für sein Aufnahmevermögen; alles hängt nur davon ab, wie man es den Schülern übermittelt.

Durchdrungen von der großen Bedeutung einer solchen Anleitung der Schüler, wurde auf dem letzten internationalen Kongress zu Hygiene, der in Brüssel abgehalten wurde, eine derartige Erziehung festgelegt. Und viele Ärzte des Auslandes praktizieren dieselbe, ohne sich dadurch irgendwie in ihrem Berufe herabgesetzt zu fühlen. In Spanien habe ich mich bemüht, eine solche löbliche Tätigkeit nachzuahmen. Wenn dem Kinde einmal gelehrt ist, seine Gesundheit zu lieben, bemüht es sich, diese zu bewahren, und es trägt das Gelernte in die Häuser seiner Eltern und Freunde hinein, und so spiegelt das Wirken der Schule sich weitgehend und vorteilhaft wider.

Wenn ein solches Kind erwachsen sein wird, wird es seine Nachkommenschaft gewiss mit besserer Beachtung aufziehen, und dieses Erziehungsmittel wird der Gesellschaft gewiss nicht den Selbstmord von Einzelnen und der Allgemeinheit bringen. Durch die sozialen Bedingungen unserer Rasse wird ein solches Erziehungsmittel in Spanien reichere Früchte tragen als in anderen Ländern.

6. *Führung eines biologischen Tagebuches.* Dieses besteht im Aufzeichnen der Entwicklung des Schülers und den Krankheiten, die derselbe gehabt hat. Außer der ethnologischen und anthropologischen Bedeutung besitzt ein solches Tagebuch einen bedeutenden praktischen Wert. Im folgenden ein Beispiel hierfür: Mit größerer oder geringerer Schnelligkeit bricht Typhus, Keuchhusten, die Masern oder anderes aus. Das Schließen der Schulen, das aus Gründen der Vorsicht angewendet zu werden pflegt, bringt keine Lösung des Problems; außerdem unterliegt es der besorgtesten Beurteilung. Wenn man aber über das biologische Tagebuch eines jeden Kindes verfügt, kann jenes Kind, das von der Krankheit betroffen ist (wenn diese hierdurch nicht überhaupt vermieden wurde), dem Unterricht weiter beiwohnen, ohne Gefahr für sich selbst und für seine Mitschüler; jene anderen Kinder hingegen, die nicht von der Krankheit befallen sind, können gewissen Vorbeugungsmitteln unterzogen werden, die weder das normale Leben der Familien noch das der Schule stören und die auch nicht den Müßiggang begünstigen und in den Schülern die Begierde nach Ferien hervorrufen.

Das ist das Programm, das in seinen vielen Teilen und Wichtigkeiten beim ersten Anblick als unersteigbarer Berg und als undurchführbares Projekt erscheinen wird. Und ich sprach noch nicht einmal von der Experimentalpädagogie, die in der Psychologie begründet ist und die die geistige Kraft eines jeden Individuums ausmisst und den besonderen Fähigkeiten der einzelnen nachspürt. Aber wenden wir uns zunächst dieser, die Schüler erlösenden Aufgabe zu, und unsere Arbeit und Beharrlichkeit wird uns weiter führen, wird uns den Gipfel unserer Aufgabe erklimmen lassen mit derselben Leichtigkeit, mit der wir heute vermittels Anwendung von Seilen den Tibidado ersteigen.

Dr. Martinez Vargas

Die Spiele

Das Spiel ist unentbehrlich für die Kinder. Was die Konstitution, die Gesundheit und Entwicklung der Kinder anbelangt, so ist alle Welt hierin einig; aber man begnügt sich, die Aufmerksamkeit auf die körperliche Entwicklung zu lenken, die das Spiel hervorruft. Hierher kommt es, dass Spiele als gleichwertig durch das Turnen ersetzt worden sind, und einige glauben, dass man durch diesen Tausch noch etwas gewonnen hat.

Diese Annahmen sind durch die Erfahrungen der Hygiene auf das entschiedenste widerlegt worden. Nachdem der tiefeingewurzelte Glaube sich durchgesetzt hat, dass das, was zu entwickeln ist, unsere physischen Kräfte sind, herrscht eine andere Anschauung auf dem Gebiete der Wissenschaft. Man erkennt heutigentags, dass der Zustand der Anmut und die freie Auslebung aller angeborenen Neigungen wichtige Momente sind und dass sie einen wesentlich bestimmenden Einfluss ausüben auf die Kräftigung und Entwicklung des kindlichen Charakters.

„Die Zufriedenheit“, wie Spencer es betont, „bildet die mächtigste Kräftigung; da sie die Blutzirkulation beschleunigt, erleichtert sie das bessere Arbeiten aller physischen Funktionen; sie trägt dazu bei, das Wohlbefinden von gesunden Menschen zu erhöhen, und die Gesundheit von kranken Menschen wird durch sie wiederhergestellt. Die lebendige Anteilnahme und die Freude, die die Kinder während ihres Zeitvertreibes empfinden, sind genau so wichtig wie die körperliche Übung es ist, von der dieser begleitet ist. Wenn das Turnen diese geistigen Anregungen nicht bietet, ist es schädlich…“ Aber wir müssen mit dem erwähnten Denker ausrufen: „Etwas ist besser als nichts.“ Wenn wir zu wählen hätten zwischen den Fragen: ohne Spiele und ohne Turnunterricht oder wir gezwungen wären, das Turnen mit geschlossenen Augen anzunehmen, wie es ist, dann würden wir das Turnen wählen.

Die Spiele hingegen verdienen von der Pädagogik von einem anderen Standpunkte aus betrachtet zu werden und sie verdienen vor allem mehr Beachtung.

Man soll es dem Kinde überlassen, wo es auch immer sich befinde, seine Neigungen auszuleben, und zwar auf das nachdrücklichste. „Die Seele des Spiels ist“, wie Johonnot sagt, „die erfüllte Freude der freien Tätigkeit“. Aus diesem Grunde fällt es uns nicht schwer, auszusprechen, dass man daran gehen müsse, die Elemente des Spieles in das Innere der Spielräume hineinzutragen. So geht man in entwickelteren Ländern vor und so handeln Schulorganisationen, die frei von allen veralteten Vorurteilen sind und die nichts weiter erstreben, als vernünftige Methoden herauszufinden, durch die die ersehnte Verbindung zwischen der Gesundheit und dem Fortschritt des Kindes sichergestellt wird. Man hat, um dieses Ziel zu erreichen, nichts weiter getan, als gründlich jene Stummheit und Stille, die charakteristisch für den Tod sind, aus den Schulräumen und Klassenzimmern zu verbannen. Und an ihrer Stelle zog Wohlbefinden, Freudigkeit und Frohsinn in die Schulen ein. Frohsinn und innerste Freude, wenn das Kind sich mit seinen Kameraden unterhält, wenn es sich mit seinen Büchern beschäftigt, wenn es in vertrauter Gesellschaft seiner Lehrer sich befindet, das ist das untrügliche Zeichen seiner inwendigen Gesundheit, seines körperlichen und geistigen Lebens.

Diese unsere Behauptung wird Stirnrunzeln und stolze Ablehnung jener Schulmeister hervorrufen, wie sie in unserem Lande unglücklicherweise noch sehr zahlreich vorhanden sind.

„Aber wo soll das hinführen? Auf diese Weise reißen wir unser gesamtes Erziehungssystem nieder, das seines hohen Alters wegen verehrungswürdig und unantastbar sein sollte!“

Aber wie sollte das geschehen! Wenn wir das Tun unserer Vorfahren verbessern, ist dann nicht gerade der Unwille der Kinder, den sie vor dem alten Erziehungssystem haben, unser Maßstab?

Man lässt der Initiative des Kindes freien Weg, das ohne Umschweife daran gehen wird, sich selbst zu bilden und zu entwickeln. Statt das Gehirn des Zöglings den Formen von Launen der Väter und Lehrer zu unterwerfen, unterbleibt es, an dem zu feilen, was das Typische und Charakteristische seines Wesens ausmacht!

Es gibt kein anderes Mittel. Die Wahrheit hat für ihre Feinde einen bitteren Geschmack. Jedoch eine wahrhaftigere und freudigere Auffassung des menschlichen Lebens zwingt die Pädagogen, ihre Ideen zu ändern.

Individuen und Gemeinschaften, die im Zeichen der modernen Kultur leben, betrachten das Leben vom entgegengesetzten Standpunkt der Lehren des Christentums. Die Idee, dass das Leben ein Kreuz ist, eine schwere und harte Last, die zu erdulden ist, bis die Vorsehung sich erbarmt, uns leiden zu sehen, diese Idee verschwindet vollständig.

Das Leben, so sagt man uns, ist da, um sich seiner zu freuen und um gelebt zu werden. Alles Quälende und alles Schmerzerzeugende ist zurückzuweisen als Verkümmerung des Lebens. Derjenige, der Schmerz und Qual geduldig trägt, ist wert, als atavistischer Schwächling oder, wenn er weiß, was er tut, als unglücklicher Unmoralischer betrachtet zu werden.

Die höchste Pflicht des Individuums, die menschliches Bewusstsein anerkennt, ist die Pflicht, in jeder Hinsicht unser Leben zu erhalten und aufzubauen! Und höchste Pflicht der Gemeinschaft ist es, Leben nach allen Seiten hin auszustrahlen.

Diese schöne Tendenz hat sich in künftigen Generationen zu verdichten und zu erfüllen. Und das einzige und anwendbare Mittel, solches zu verwirklichen, besteht darin, den Gedanken Fröbels in die Erziehung hineinzutragen: „Jedes gutgeleitete Spiel verwandelt sich in Arbeit, wie jede Arbeit in Spiel.“

Außerdem dienen die Spiele dazu, den Charakter des Kindes kennen zu lernen und herauszufinden, was das Kind später einmal sein wird.

Eltern und Erzieher müssen in der Erziehung bis zu einem gewissen Punkte passiv sein. Die Bemerkungen der Eltern wie die Anweisungen der Lehrer dürfen niemals zu Befehlen mechanischer oder militärischer Art noch zu religiösen Geboten werden; die einen wie die anderen schädigen das persönliche Leben des Zöglings. Und dieses darf nicht willkürlich gelenkt werden; es hat sich dynamisch von innen nach außen hin zu entwickeln; der Erzieher hat dabei nichts weiter zu tun wie Hilfe zu leisten bei der Entwicklung der angeborenen Fähigkeiten.

Darum hat der Erzieher nicht von vornherein, ohne geduldige und behutsame Prüfung des Charakters des Kindes, zu bestimmen, ob es Seemann, Landmann, Arzt usw. studieren soll. Kann man in den Kindern die Eigenschaften und das Verlangen bestimmen, das sie dazu befähigt, Dichter zu werden oder Philosoph oder außergewöhnliche Fähigkeiten in der Musik zu entwickeln? Nein, das kann man nicht! Dasselbe gilt überall!

Die Beobachtung des kindlichen Spieles veranschaulicht seine große Ähnlichkeit mit den mehr ernsthaften Beschäftigungen der Erwachsenen. Die Kinder denken sich Spiele aus und geben sich diesen mit einem Interesse und einem Aufwand von Energie hin, die nur durch Müdigkeit erlöschen können. Kinder ahmen alles nach, was sie bei den Erwachsenen sehen. Sie bauen Häuser, backen Kuchen aus Lehm, gehen in die Stadt, spielen Schule, geben Bälle; sie sind Arzt, kleiden Puppen, waschen Wäsche, geben Zirkusvorstellungen, verkaufen Obst und Getränke, bauen Gärten, arbeiten in Kohlenminen, schreiben Briefe, machen Späße, disputieren, streiten usw. usw.

Der Eifer und die Energie, mit denen Kinder sich allein diesem hingeben, beweisen, wie wirklich ihnen das alles ist und enthüllen außerdem, dass die Instinkte des Kindes sich in nichts von denen der Erwachsenen unterscheiden. Das spontane Spiel, das das Lieblingsspiel des Kindes ist, verrät seinen späteren Beruf und seine natürlichen Fähigkeiten. Der Knabe spielt sich Mann, und wenn er in das Jünglingsalter hineinkommt, gibt er sich mit Ernsthaftigkeit dem hin, was ihm als Kind im Spielen erfreute.

Taylor sagte: „Man sollte die Kinder mit derselben Sorgfalt spielen lehren, mit der man sie später arbeiten lehrt…“ „Nicht wenige Mädchen, die in ihrer Kindheit Kleider für ihre Puppen zugeschnitten und genäht haben, sind später vorzügliche Schneiderinnen geworden, und viele Knaben erlernen die Anwendung, den Gebrauch von Handwerkszeugen, indem sie Tischler oder dergleichen spielen. Eine meiner kleinen Freundinnen wurde eine wirkliche große Künstlerin, nachdem sie lange vorher mit ihren Pinseln und Farben gespielt hatte. Ein anderes Kind deklamierte interessante Dinge, indem es Theater spielte, und einige Jahre später, als es in der Schule sein Examen ablegte, kam ihm all das im Spiel Erlernte zustatten. So erinnern z.B. auch viele von den dichterischen Schöpfungen einiger Autoren an die Spiele und Abenteuer der Kindheit.“

Das Spiel ist außerdem auch geeignet, das altruistische Gefühl im Kinde zu entfalten.

Im allgemeinen sind Kinder egoistisch. Und diese beklagenswerte Eigenschaft haben sie aus vielen Ursachen heraus, von denen besonders die Vererbung zu erwähnen ist. Aus dieser Eigenschaft entspringt der natürliche Despotismus der Kinder, der sie dazu bestimmt, alle ihre übrigen Freunde und Freundinnen beherrschen zu wollen.

Im Spiel ist es, wo man die Kinder aufzuklären hat über Solidarität. Die vorsichtigen Bemerkungen, Ratschläge und Einverständnisse der Eltern und Erzieher sollten in das Spiel mit eingreifen, um zu zeigen, dass man mehr Nutzen hat, wenn man duldsam und nachgiebig mit seinen Gefährten umgeht, statt unduldsam und rechthaberisch mit ihnen zu sein und dass das Gesetz der Solidarität gleichzeitig allen übrigen und dem, der es anwendet, Vorteile bringt.

R. Columbié

VIII. Kapitel

Die Lehrer

Die Wahl der Lehrer war ein anderer Punkt von großer Wichtigkeit. Das Programm der rationellen Erziehung war aufgestellt, und es blieb nur noch übrig, Lehrkräfte zu suchen, die fähig waren, es in die Praxis umzusetzen. Und sehr bald musste ich die Erfahrung machen, dass solche Personen nicht da waren. Wir mussten wieder einmal ein Beispiel dafür sein, dass das Bedürfnis erst sich seine Organe schafft.

Gewiss gab es genug Lehrer. Der Lehrberuf war, wenn auch nicht sehr einträglich, so doch immerhin eine Profession, die ihren Mann ernährte. Das Volkssprichwort, welches von einem unglücklichen Menschen sagt: „Er ist hungriger als ein Schulmeister", ist keine universelle Wahrheit. Wahrheit ist es, dass in vielen Teilen Spaniens der Lehrer ein Teil der lokalen herrschenden Clique ist, die aus dem Geistlichen, dem Doktor, dem Kaufmann und dem Geldverleiher (der, obgleich er am wenigsten zum Wohlstande des Ortes beiträgt, oft einer der Reichsten ist) besteht. Der Lehrer erhält ein Gehalt von der Stadt und hat oft einen gewissen Einfluss, aus dem er manchmal materielle Vorteile ableitet. In größeren Städten kann der Lehrer, wenn er mit seinem Gehalt nicht zufrieden ist, Lektionen in Privatschulen geben, wo er in Übereinstimmung mit dem provinzialen Institut die jungen Leute für die Universität vorbereitet. Selbst wenn er keine ausgezeichnete Position bekleidet, lebt er doch ebenso gut wie die Allgemeinheit seiner Mitbürger.

Überdies sind Lehrer in den so genannten „weltlichen Schulen" angestellt. (Ein Name, der von Frankreich eingeführt wurde, wo er entstand, weil dort die Erziehung früher ausnahmsweise in den Händen der Kirche war und von religiösen Körperschaften ausgeübt wurde. Das ist nicht der Fall in Spanien; wie christlich die Erziehung auch immer war, immer war sie in den Händen bürgerlicher Lehrer). Aber die weltlichen Schulen Spaniens, begeistert durch die Propaganda der Freidenkerbewegung und des politischen Radikalismus waren immer mehr antikatholisch und antikirchlich als wahrhafte Rationalisten im besten Sinne des Wortes.

Professionelle Lehrer haben sich einer besonderen Vorbereitung für die Erteilung der Wissenschaft und rationellen Unterrichtsmethode zu unterwerfen. Dieses ist in allen Fällen schwierig und manchmal ist es geradezu unmöglich, durch die Schwierigkeiten, welche begründet sind in den Gewohnheiten der Routine. Auf der anderen Seite war jenen, die gar keine pädagogischen Erfahrungen hatten und die sich für das Werk aus reiner Begeisterung für die Idee anboten, das vorbereitende Studium noch notwendiger. Die Lösung dieses Problems war gewiss schwierig, es gab keine andere Möglichkeit für die Vorbereitung zum rationellen Unterricht, wie die rationelle Schule selbst.

Die Vorzüglichkeit des Systems rettete uns. Als die moderne Schule einmal durch private Initiative mit der festen Absicht, durch nichts als das Ideal selbst geleitet zu werden, Fuß gefasst hatte, begannen die Schwierigkeiten zu weichen. Jeder dogmatische Zwang wurde entdeckt und abgelehnt, jeder Ausflug. jede Abweichung in der Richtung der Metaphysik wurde sofort aufgegeben, und die Erfahrung bildete allmählich eine neue und gesunde pädagogische Basis. Und alles das wurde erreicht nicht nur durch meinen Eifer und meine Wachsamkeit, sondern ebenfalls durch die Anstrengungen meiner ersten Lehrer und in gewisser Hinsicht auch durch die naiven Ausdrücke der Kinder selbst. Wir dürfen gewiss sagen: wenn ein Bedürfnis sich sein Organ erschafft, dieses Organ die Notwendigkeit am schnellsten befriedigt.

Dessen ungeachtet richtete ich, um mein Werk zu vervollständigen, unter der Direktion eines erfahrenen Lehrers und mit Hilfe der modernen Schule eine rationalistische Normalschule für die Ausbildung von Lehrern für die moderne Schule ein. In diesem Institut wurden eine Anzahl junger Leute beiderlei Geschlechts ausgebildet, und es arbeitete vorzüglich, bis die despotischen Behörden sich auf die Seite unserer finsteren und mächtigen Feinde schlugen, um unserem Werke ein Ende zu bereiten, und sich schmeichelten, es für immer zerstört zu haben.

Als Beitrag zu den in diesem Kapitel dargelegten Ideen halte ich es für vorteilhaft, die Ideen meines Freundes Domela Nieuwenhuis über individuelle Pädagogik hinzuzufügen, welche er im Mitteilungsblatt der Modernen Schule folgendermaßen niederlegte:

...Niemals leistet man genug für die Kinder. Derjenige, der sich nicht für Kinder interessiert, ist wert, dass niemand sich für ihn interessiert, denn die Kinder sind die Zukunft. Aber die Hüter der Kinder sollen vom Wissen geleitet sein, der gute Wille allein genügt nicht: Wissen und Erfahrung sind ebenfalls erforderlich.

Wer kultiviert Pflanzen, Blumen oder Obst, ohne zu wissen, was ihnen gut tut?

Wer züchtet Tiere, zum Beispiel: Hunde, Pferde, Hühner usw., ohne zu wissen, was jeder Art nötig ist?

Aber in der Kindererziehung, der schwierigsten Aufgabe der Welt, meint jeder einzelne, Fähigkeiten zu besitzen, nur weil er Familienvater ist.

Es ist tatsächlich außerordentlich befremdend: Ein Mann und ein Weib kommen überein, gemeinsam zu leben. Sie erzeugen ein Kind und sofort haben sie sich plötzlich in Erzieher verwandelt, ohne sich auch nur bemüht zu haben, das Allerelementarste der Erziehungskunst zu erlernen.

Wir sind nicht von denen, die mit Rousseau sagen, dass alles gut sei, was vom Schöpfer der Dinge komme und dass in den Händen des Menschen alles verderbe.

Vor allem können wir nicht sagen. dass alles gut ist. Und dann behaupten wir, dass wir keinen Schöpfer der Dinge kennen, und noch weniger einen, der Hände hat, mit denen er schaffen könnte, wie ein geschickter Arbeiter es tut, der irgend etwas nachbildet. Und dann fragen wir: wie kommt man überhaupt dazu, zu behaupten, dass alles verderbe und degeneriere?

Was bedeutet degenerieren? Wie stellt man sich eigentlich einen Schöpfer vor, dessen Arbeit von denselben Menschen, die sich ebenfalls für ein Erzeugnis aus den Händen des Schöpfers halten, vernichtet werden kann? Wie kommt man dazu, zu sagen, dass die eine Sorte von Erzeugnis die andere Sorte verderbe? Wenn ein Arbeiter ein derartiges Stück Arbeit seinem Meister bringen würde, würde er unweigerlich wegen Dummheit und Ungeschicklichkeit entlassen werden.

Man halte sich immer beide Seiten vor Augen: die positive und die negative. Und im allgemeinen wird auf der positiven Seite mehr verdorben wie auf der negativen.

Etwas tun, kann nützlich sein, es kann aber auch schädlich sein: wenn aber das Kind etwas falsch macht, pflegt die Natur es zu korrigieren.

Der berühmte Pädagoge Fröbel sagte einmal: „Lasst uns für die Kinder leben." Die Absicht war zweifellos gut, wenn auch sie nicht das Geheimnis der Erziehung erfasst hatte. Ellen Key, die in ihrem großartigen Buche „Das Jahrhundert des Kindes" uns soviel zu denken gibt, ist der Wahrheit näher, wenn sie dort sagt: „Lasst die Kinder sich selbst leben!"

Man gebe die Belehrung, wenn das Kind selbst danach fragt. Jedes Schulprogramm, das in allen Landesteilen das gleiche ist, wie in Frankreich zum Beispiel, ist lächerlich. Um neun Uhr morgens weiß der Minister für öffentliche Erziehung, dass alle Kinder lesen, schreiben und rechnen. Aber haben alle Kinder und Lehrer auch zur selben Stunde denselben Wunsch? Warum es nicht der Initiative des Lehrers überlassen, zu tun, was ihm richtig erscheint, dem Lehrer, der seine Schule doch besser kennen muss als der Herr Minister oder irgendein Bürokrat; der Lehrer muss darum aber auch die notwendige Freiheit haben, den Unterricht nach seinem und der Schüler Belieben einzuteilen! Dieselbe Ration für jeden Magen, dieselbe Ration für jedes Gedächtnis, dieselbe Ration für jede Intelligenz; gleiche Studien, gleiche Arbeiten!

Victor Considerant, der Schüler Charles Fouriers, schrieb ein wichtiges Buch, das, obgleich schon vergessen, wert ist, zitiert zu werden „Theorie des natürlichen und anziehenden Unterrichtes"; in diesem Buche fragt er: „Welcher Abrichter von Hunden verfährt bei allen seinen Hunden, seinen Windspielen, Schoßhündchen und Bullenbeißern nach derselben Regel? Wer erwartet von so verschiedenen Arten gleichartige Dienste? Welcher Gärtner übersieht, dass die einen seiner Pflanzen mehr Schatten, die andern mehr Sonne, andere mehr Wasser, noch andere mehr Luft bedürfen: wer wendet allen dieselbe Zeit zu, beschneidet alle in derselben Art und in derselben Jahreszeit oder wer pfropft alle Bäumchen in derselben Wiese? Ist die menschliche Natur etwa weniger wertvoll, als die pflanzliche oder die tierische; warum schenkt man dem Aufziehen von Kindern weniger Sorgfalt wie dem von Spinat, Lattich und Hunden? Aber im allgemeinen sind wir daran gewöhnt, von weit herzuholen, was wir doch in unserer Nähe haben, wenn wir nur sehen und beobachten wollten. Die Dinge pflegen einfach zu sein, nur wir sind es, die sie kompliziert und schwierig machen."

Passen wir uns der Natur an, und wir werden sicherlich weniger Fehler begehen!

Die offizielle Pädagogik hat ihren Posten der individuellen abzutreten. Ellen Key wünschte eine Sündflut, die alle Pädagogen ertränken möchte, und wenn die Arche nur Montaigne, Rousseau und Spencer errettete, dann würden wir etwas weiterkommen. Dann würden die Menschen keine „Schulen“ erbauen, sondern Weinberge pflanzen. Und Aufgabe der Lehrer wäre es, die Trauben so hoch zu halten, dass die Schüler sie mit ihren Lippen bequem erreichen können, statt dass, wie es heute der Fall ist, es dahin kommt, dass die Schüler durch den genossenen, hundertmal verdünnten Wein unserer Kultur keine Trauben mehr mögen.

In jedem Ei steckt ein Same, der nach der Beschaffenheit seiner Natur sich zu entfalten hat; aber er öffnet sich nur, wenn das Ei sich in einer angemessenen Wärme befindet. Im Kinde liegen viele Samen von den verschiedenartigsten Fähigkeiten und zahlreichen Berufungen, aber alle diese äußern sich der Umgebung nur unter günstigen Verhältnissen.

Wenn wir gewisse Organe haben, so ist es sicher, dass diese sich bilden und entwickeln, und es ist angemessen, den Kindern die Gelegenheit zu überlassen, ihre Organe auszubilden, und die Aufgabe der Eltern und Erzieher besteht darin, deren Entwicklung nicht zu hemmen. Es ist hier wie mit den Pflanzen. Alles hat seine Zeit. Erst die Keime, dann die Blätter, dann die Blüten und zuletzt die Früchte. Aber man mordet die Pflanze, wenn man sie künstlichen Manipulationen unterzieht, die die natürliche Folge ihrer Entwicklung stören. *Erhalten, Beschützen und Anregen: das ist die Arbeit des Erzieher.*

Die großen Vorkämpfer des Sozialismus verstanden sehr wohl, dass der Anfang von allem in der Erziehung liege. Fourier und Robert Owen hinterließen originelle Ideen, die nicht verstanden oder nicht beachtet wurden. In keinem Handbuch der Pädagogik findet man diese beiden Namen wieder, und dennoch verdienten sie den Ehrenplatz, denn alle modernen Ideen der Erziehung, die heute propagiert werden, findet man schon in ihren Schriften vor. Die Größe dieser Heroen des Gedankens steigert sich, je mehr man sich in ihre Werke vertieft. Bewunderungswürdig ist ihre Klarheit, aber sie ist verständlich, wenn man bedenkt, dass sie aus der Natur schöpften.

Darum noch einmal: *Folgt der Natur, und ihr seid auf dem besten Wege.*

IX. Kapitel

Die Erneuerung der Schule

Zwei Wege stehen jenen offen, die es unternehmen wollen, die Erziehung der Kinder zu erneuern: Sie können versuchen, die Schule dadurch zu verändern, dass sie die Anlagen des Kindes studieren und wissenschaftlich nachweisen, dass das bestehende Unterrichtsschema mangelhaft ist und verändert werden muss, oder sie können neue Schulen gründen nach den Grundsätzen und im Dienste jenes Ideals, das aufgestellt worden ist von allen jenen, die die Bestimmung, die Grausamkeit, der Betrug und die Unwahrheit, die die Basis der modernen Gesellschaft geworden sind, ablehnen.

Die erste Methode bietet große Vorteile und steht in Harmonie mit der evolutionären Auffassung, die Männer der Wissenschaft als den einzig wirksamen Weg zur Erreichung dieses Zieles ansehen. In der Theorie haben diese Männer recht, wie wir vollständig zugeben. Es ist selbstverständlich, dass der Fortschritt in Psychologie und Physiologie zu bedeutenden Veränderungen der Erziehungsmethoden führen muss, dass Lehrer, die nun besser in der Lage sind, das Kind zu verstehen, ihre Erziehungsweise mehr in Einklang bringen werden mit den Naturgesetzen. Weiter gebe ich zu, dass diese Entwicklung in der Richtung größerer Freiheit sich bewegen wird, wie ich auch überzeugt davon bin, dass Gewalt die Methode der Unwissenheit und dass der Erzieher, der seines Namens wirklich würdig ist, alles erreichen wird durch die Anregung des inneren Antriebs; er wird wissen. was das Kind braucht, und wird fähig sein, durch die größtmöglichste Befriedigung der Bedürfnisse des Kindes dessen Entwicklung zu fördern.

Jedoch glaube ich nicht, dass jene, die an einer Erneuerung der Menschheit arbeiten, viel von dieser Seite zu erwarten haben. Die Herrscher und Regierungen haben sich immer bemüht, die Erziehung der Völker zu kontrollieren. Sie wissen besser als irgend jemand sonst, dass die Grundlage ihrer ganzen Macht in der Schule liegt, und darum bestehen sie darauf, das Monopol der Schule zu behalten. Die Zeit ist vorbei, in der die Regierungen der Verbreitung der Erziehung und der Bildung der Massen Grenzen setzen konnten. Solch eine Politik war früher möglich, weil das Wirtschaftsleben verbunden war mit allgemeiner Unwissenheit, und diese Unwissenheit erleichterte den Despotismus. Die Zustände jedoch haben sich verändert. Der Fortschritt der Wissenschaft, Erfindungen und Entdeckungen haben die Bedingungen der Arbeit und Produktion revolutioniert. Es ist für ein Volk nicht länger mehr möglich, in Unwissenheit zu sein, Erziehung ist für eine Nation unbedingt notwendig, um sich erhalten und den Kampf mit ihren wirtschaftlichen Konkurrenten führen zu können. Dieses Erkennen hat die Regierungen veranlasst, das Schulwesen immer vollkommener zu organisieren. Das taten sie nicht, weil sie in der Erziehung ein Mittel für die Regeneration der Menschheit sahen, sondern einzig und allein, weil sie konkurrenzfähige Arbeiter brauchten, um industrielle Unternehmungen durchführen und Reichtümer in ihren Städten und Ländern ansammeln zu können. Selbst die reaktionärsten Regierungen haben diese Lektion gelernt; sie sahen ein, dass die alte Politik dem Wirtschaftsleben der Nationen gefährlich, und dass es notwendig ist, die Volkserziehung den neuen Verhältnissen anzupassen.

Aber es würde ein schwerer Irrtum sein, zu denken, dass die herrschenden Klassen die Gefahr, die für sie in der intellektuellen Entwicklung des Volkes liegt, nicht vorausgesehen hätten; dass sie die Notwendigkeit nicht eingesehen hätten, ihre Methoden zu ändern. Tatsächlich haben sie ihre Methoden den neuen Lebensbedingungen angepasst; sie haben versucht, Kontrolle über die Ideen zu gewinnen, die in der Richtung der Entwicklung liegen. Sie haben sich bemüht, die Glaubenssätze zu erhalten, auf die die wirtschaftliche Disziplin gegründet ist, und den Resultaten wissenschaftlicher Untersuchung und den damit zusammenhängenden Ideen haben sie eine Bedeutung gegeben, die den bestehenden Institutionen nicht zum Nachteil wurde: das ist es, was sie dazu geführt hat, sich alle Kontrolle der Schule anzueignen. In jedem Lande bestimmen die herrschenden Klassen, die die Erziehung des Volkes früher der Geistlichkeit überließen, da diese ja gewillt war, im Sinne des Gehorsams und der Autorität zu erziehen, heute das Schulsystem und Richtung der Unterrichtsmethoden selbst.

Die Gefahr für die Regierung besteht in der Anregung des menschlichen Geistes durch den Anblick der neuen Erscheinungen des Lebens und des möglichen Erwachens von Befreiungsideen in den Tiefen des Volkes. Es wäre unsinnig gewesen, gegen diese lebendigen Kräfte anzukämpfen. Das Resultat wäre nur eine Steigerung derselben gewesen, und anstatt des Festhaltens an alten Regierungsmethoden passten die herrschenden Klassen sich neuen und wirksameren Methoden an. Es gehörte kein außergewöhnliches Genius dazu, diese Lösung zu entdecken. Der Gang der Dinge selbst suggerierte den Machthabern den Weg, den sie zu schreiten hatten, um den drohenden Schwierigkeiten zu begegnen. Sie bauten Schulen, sie versuchten großmütig die Sphäre der Volkserziehung auszudehnen, und wenn es auch einige Regierungsmänner gab, die diesen Impuls widerstrebten - wie ja gewisse Tendenzen von der einen oder anderen politischen Partei bevorzugt wurden -, so verstanden doch alle bald, dass es besser war, sich anzupassen und dass es die beste Politik war, einen neuen Weg der Verteidigung ihrer Interessen und Prinzipien zu finden. Dann gab es harte Kämpfe um die Kontrolle der Schulen und diese Kämpfe bestehen in allen zivilisierten Ländern bis auf den heutigen Tag; manchmal ist die republikanische Mittelstandspartei, manchmal die Geistlichkeit die Siegerin. Alle Parteien wissen die Wichtigkeit dieser Frage zu schätzen und sie scheuen kein Opfer für die Erkämpfung des Sieges. „Die Schule" ist der Kampfruf einer jeden Partei geworden. Das öffentliche Interesse muss in diesem Eifer gewiss anerkannt werden. Jedermann versucht vorwärts zu kommen und seine Lebensverhältnisse durch Erziehung zu verbessern. Früher hätte man sagen können: „Diese Leute wollen dich in Unwissenheit halten, um dich besser ausbeuten zu können; wir hingegen wollen dich erzogen und frei sehen!" Das ist nicht länger möglich, denn Schulen aller Arten wachsen allerorts aus den Boden.

Hinsichtlich dieser allgemeinen Ideenveränderung der herrschenden Klassen zugunsten der Notwendigkeit von Schulen will ich einige Gründe anführen für das Misstrauen gegen ihre guten Absichten und will die Wirksamkeit der Reformmittel bezweifeln, die von gewissen Autoren empfohlen wurden. In der Regel kümmern diese Reformer sich wenig um die soziale Bedeutung der Erziehung. Gewiss gehen die Reformen von Männern aus, die begeistert nach wissenschaftlichen Wahrheiten suchen; aber diese Männer lassen alles außer acht, das dem Objekt ihrer Studien fremd ist. Mit großer Geduld bemühen sie sich, Anlagen, Charakter und Seelenleben des Kindes zu verstehen und eifrig (obgleich ihre Wissenschaft jung ist) sind sie bemüht, die besten Methoden zur Förderung seiner allseitigen Entwicklung zu entdecken.

Diese Art professioneller Indifferenz ist nach meiner Meinung sehr vorurteilsvoll gerade hinsichtlich des Zieles, dem sie zu dienen trachten. Ich halte diese Menschen nicht im mindesten empfindungslos für die Wirklichkeiten der sozialen Welt und ich weiß, dass sie dem allgemeinen Interesse zu dienen glauben und dass die öffentliche Wohlfahrt tatsächlich gewinnen wird durch ihre Bemühungen. „Wir versuchen die

Geheimnisse des menschlichen Lebens zu ergründen", denken sie, „und indem wir den normalen Prozess seiner physischen und psychischen Entwicklung entschleiern, werden wir der Erziehung Wege weisen, die der Befreiung von Energien günstig sind. Wir haben es nicht direkt zu tun mit der Erneuerung der Schule und wir sind tatsächlich unfähig zu sagen, in welchen Linien sich diese Erneuerung entwickeln wird, aber wir schreiten langsam vorwärts und wissen, dass aus der Natur der Dinge heraus die Erneuerung der Schulen ein Resultat unserer Untersuchungen sein wird. Wenn ihr uns fragt, was unsere Hoffnungen sind, so antworten wir, dass wir gleich euch eine Entwicklung vorhersehen, eine Entwicklung im Sinne der Befreiung des Kindes und der Menschheit durch die Wissenschaft; doch selbst in diesem Falle sind wir überzeugt, dass unsere Methoden geeignet sind, diesem Ziele näher zu führen und dass sie das schnellste und sicherste Mittel sind".

Diese Schlussfolgerungen sind durchaus logisch. Niemand wird das ableugnen, jedoch ist ein beträchtlicher Grad von Irrtum in ihnen erhalten, welchen wir klarstellen müssen. Wenn die herrschenden Klassen von denselben Ideen wie die Reformer beseelt sein würden, wenn sie tatsächlich von einem Eifer für die unaufhörliche Reorganisation der Gesellschaft bis zum Verschwinden von Armut und Elend getrieben würden, dann könnten wir zugeben, dass die Macht der Wissenschaft allein genügen würde, um das Los der Völker zu verbessern. Doch dem ist nicht so. Wir sehen klar, dass es das einzige Ziel der Machthaber ist, ihre eigenen Interessen und ihre eigenen Vorteile zu verteidigen und ihre persönlichen Wünsche zu befriedigen. Und wir sind darüber hinaus, die Phrasen anzuhören, mit denen sie ihren Ehrgeiz verschleiern. Wahr ist es, dass einige unter ihnen sind, die über einen gewissen Grad Ernsthaftigkeit verfügen und die sich manchmal einbilden, dass sie zugunsten ihrer Mitmenschen wirken. Aber diese werden immer seltener und der Positivismus unseres Zeitalters drängt uns ernsthaft, zu zweifeln an den guten Absichten jener, die uns regieren.

Und gerade so, wie sie fähig waren, sich anzupassen, als die Notwendigkeit es verlangte und so verhüteten, dass die Erziehung ihnen gefährlich wurde, genauso brächten sie es fertig, die Schulen in Übereinstimmung mit den neuen wissenschaftlichen Ideen in einer Weise zu organisieren, die ihre Vorherrschaft in nichts beeinträchtigt. Die Ideen dieser Reformer sind schwer anzunehmen und es ist durchaus notwendig, erfolgreichere Methoden zu suchen. Wie viel ist nicht schon und wird noch immer von der Erziehung erwartet? Sehr fortschrittliche Leute erwarten alles von ihr, und bis vor einigen Jahren verstanden viele nicht, dass die Erziehung allein zu Illusionen führt. Viel vom Wissen, das gegenwärtig in den Schulen vermittelt wird, ist nutzlos, und die Hoffnung der Reformer erfüllte sich nicht, denn die Organisation der Schulen wurde, anstatt idealen Zwecken zu dienen, in den Händen der herrschenden Klasse zu einem mächtigen Instrument der Knechtschaft. Die Lehrer sind bewusst oder unbewusst bloße Organe des Willens dieser Klasse und sind auf der Basis ihrer Prinzipien ausgebildet worden. Von ihren frühesten Jahren an und mehr als irgend jemand sonst haben sie Disziplin und Autorität über sich gefühlt. Und wenige sind es, die dieser despotischen Bestimmung entronnen sind; im allgemeinen sind sie machtlos dagegen, denn sie sind von den Schulorganisationen in einer Ausdehnung unterdrückt, dass sie nichts anderes als zu gehorchen wissen. Es ist nicht notwendig, hier diese Organisationen zu beschreiben. Ein Wort genügt, sie zu charakterisieren: *Gewalt*. Die Schule beherrscht die Kinder physisch, moralisch und intellektuell, um so die Entwicklung ihrer Fähigkeiten in die gewünschten Bahnen zu leiten, sie beraubt sie jeden Kontaktes mit der Natur, um sie bilden zu können, wie die bestehende Ordnung es verlangt. Das ist die Erklärung für ihr vollständiges Versagen, für die Eifrigkeit der herrschenden Klassen, die Erziehung zu kontrollieren und für den Bankrott der Hoffnungen der Reformer. „Erziehung" bedeutet in der Praxis Beherrschung oder Versklavung. Es ist nicht auszudenken, dass dieses System bewusst gestaltet worden ist, um die gewünschten Resultate zu erreichen. Das Können eines düsteren, menschenfeindlichen Genius hätte dazu gehört. Aber tatsächlich hat sich alles so entwickelt, als ob das bestehende Erziehungssystem nach einem ungeheuerlichen und wohlüberlegten Plane aufgebaut worden wäre; es hätte nicht besser getan werden können für die Interessenverteidigung der besitzenden Klassen. Die Lehrer sind von Anbeginn an mit den Prinzipien der Disziplin und Autorität, die bisher die meisten gesellschaftlichen Organisatoren gelenkt und beeinflusst haben, angefüllt worden; sie haben nur noch eine einzigste klare Idee und nur einen Willen : *Die Kinder müssen lernen zu gehorchen, zu glauben und zu denken in den vorgezogenen Linien der bestehenden gesellschaftlichen Dogmen.*

Wenn das tatsächlich das Ziel der Schule sein würde, dann könnte ein Erziehungssystem nicht besser organisiert werden, als es das ist, welches wir heute vorfinden.

Nichts ist unter diesem System getan, um die spontane Entwicklung der Fähigkeiten des Kindes zu fördern, noch wird das Kind aufgefordert, frei die Befriedigung seiner physischen, intellektuellen und moralischen Bedürfnisse zu suchen. Nur fertige Ideen werden ihm aufgezwungen; es wird verhindert, auch nur einmal anders zu denken, als es für das Weiterbestehen der existierenden Institutionen notwendig ist. In einem Wort: aus den Kindern werden Individuen gemacht, die sich genau anpassen an den bestehenden sozialen Organismus. Es ist selbstverständlich nicht zu erwarten, dass diese Art der Erziehung irgend einen Einfluss auf den Fortschritt der Menschheit haben wird. Ich wiederhole noch einmal, dass die Erziehung in den Händen der herrschenden Klassen einzig und allein ein Instrument der Unterdrückung sein kann, das niemals imstande sein wird, das Individuum zu erheben und zu befreien, und dass es ganz nutzlos ist, irgend etwas Gutes von den heutigen Schulen zu erwarten. So lange die herrschenden Klassen imstande sind, den alten Geist und die autoritäre Disziplin in der Schule zu erhalten, wird jede Neuerung ihnen Vorteil bringen. Und dafür werden sie dauernd sorgen und werden darauf achten, dass ihre Interessen gesichert sind.

Ich möchte die Aufmerksamkeit meiner Leser auf folgenden Punkt festheften: *Der ganze Wert der Erziehung liegt in der Bedeutung, die sie für die Entwicklung der physischen, intellektuellen und moralischen Fähigkeiten des Kindes hat.* Wie in der Wissenschaft die einzig mögliche Demonstration, die Demonstration von Tatsachen ist, so ist die Erziehung ihres Namens unwürdig, bis sie befreit ist von allem Dogmatismus und bis sie es dem Kinde überlässt, die Richtung seiner Entwicklung selbst zu bestimmen und damit zufrieden ist, das Kind in seinen Bestimmungen zu unterstützen. Nichts ist leichter, als die heutige Bedeutung der Erziehung zu ändern und nichts ist schwieriger als sie zu achten. Der Lehrer wirkt immer durch Einfluss, Gewalt, und Zwang, der wahre Erzieher aber ist der Mensch, der niemals seine Ideen und seinen Willen dem Kinde aufzwingt, sondern derjenige, der einzig und allein an die eigenen Kräfte des Kindes appelliert.

Hieraus können wir erkennen, wie einfach wahre Erziehung ist, und wie leicht jene sich die Aufgabe gemacht haben, die da versuchen, den Menschen zu beherrschen. Die bestmöglichsten Erziehungsmethoden werden in ihren Händen zu Mitteln der Unterdrückung. Unser Ideal aber ist das der Wissenschaft; an das appellieren wir, wenn wir die Macht verlangen, die Kinder nach Maßregeln ihrer eigenen Entwicklung und unter Befriedigung ihrer Bedürfnisse zu erziehen.

Wir sind überzeugt, dass die Erziehung der Zukunft eine vollständig spontane sein wird. Es ist klar, dass wir das heute nicht vollständig verwirklichen können, aber die Entwicklung der Methoden in der Richtung einer größeren Lebensauffassung und die Tatsache, dass alle Verbesserungen die Unterdrückung von Gewalt in sich einschließen, sagen uns, dass wir auf solidem Grunde stehen, wenn wir in der Wissenschaft eine Befreierin des Kindes begrüßen.

Und wenn wir uns nun fragen, ist das das Ideal jener, die gegenwärtig das Erziehungssystem kontrollieren, ist es das, was sie zu erreichen trachten, eifern sie, die Gewaltmethode aufzugeben, so müssen wir uns klar einmütig antworten: nein, das ist nicht der Fall. Sie wenden nur die neuesten Mittel und die neuesten Methoden an, um zu dem alten Ziel zu gelangen, das heißt zur Bildung von Wesen, die alle Bestimmungen, alle Vorurteile und alle Lügen anerkennen, auf denen die heutige Gesellschaft aufgebaut ist.

Wir zögern nicht auszusprechen, dass wir Menschen wollen, die fähig sind, sich unaufhörlich zu entwickeln, die fähig sind, der Zerstörung und der Erneuerung von Methoden und die vor allem fähig sind der Erneuerung ihrer selbst. Menschen, denen eigene geistige Unabhängigkeit oberste Macht ist, die sie nichts und niemand opfern, die immer geneigt sind, das Beste zu empfangen, die den Sieg neuer Ideen wollen, und deren Ehrgeiz es ist, viele Leben in ihr eigenes Sein hineinzupressen. Die bestehende Gesellschaft fürchtet solche Menschen; darum kann man nicht erwarten, dass sie ein Erziehungssystem schaffen wird, das solche Menschen hervorruft.

Was ist darum unsere Mission? Welches ist die Politik. der wir folgen müssen, um zur Erneuerung der Schule beizutragen?

Lasst uns im Sinne jener Gelehrten arbeiten, die sich das Studium der Kinderseele zur Aufgabe gemacht haben, lasst uns versuchen, einen Weg zu finden, auf dem wir ihre Prinzipien in das Erziehungssystem, das wir zu schaffen trachten, einführen können, und lasst uns unser Ziel, die vollständige Befreiung des Menschen niemals aus den Augen verlieren.

Zur Erreichung dieses Zieles ist es notwendig, unsere Hände sofort an die Arbeit zu legen. Wir müssen die Einrichtung neuer Schulen, die auf der Basis der Freiheit aufgebaut sind, unter deren Einfluss unzweifelhaft die gesamte Erziehung eines Tages stehen wird, aufs weitgehendste begünstigen.

Es ist der Beweis erbracht worden, dass solche Begünstigung zu vorzüglichen Resultaten führt. Wir können in Schule von heute schon alles zerstören, das durch die Gewalt besteht, alle die künstlichen Bestimmungen, die die Kinder von der Natur und dem Leben fernhalten, jede geistige und moralische Disziplin, die angewendet worden ist, um den Kindern fertige Ideen aufzuzwingen, alle Glaubenssätze, die den Willen des Individuums untergraben und entnerven. Ohne Furcht können wir das Kind in eine geeignete und natürliche Umgebung hineinsetzen, in eine Umgebung, in der es anstatt des mühsamen Lesens von Büchern lebendige Eindrücke haben wird. Und wenn wir nicht mehr als das tun, so ist das schon ein gutes Teil für die Emanzipation

In einer solchen Umgebung können wir aufs freieste Gebrauch machen von der Wissenschaft und aus ihren Sätzen Vorteil ableiten. Wahr ist es, dass wir nicht alle unsere Hoffnungen verwirklichen können, dass wir aus Mangel an Wissen oft gezwungen sein werden, falsche Mittel anzuwenden, aber das Gefühl, dass wir, auch ohne unser ganzes Ziel erreicht zu haben, ein gutes Teil mehr verwirklichen, als die bestehenden Schulen, wird uns erleichtern. Die freie Ursprünglichkeit eines Kindes ist immer dem Wortwissen und der geistigen Verbildung eines Kindes, das durch das bestehende Erziehungssystem durchgegangen ist, vorzuziehen.

Was wir in Barcelona zu erreichen trachteten, ist in anderen Städten von anderen Männern ebenfalls unternommen worden. Wir alle sahen, dass die Arbeit möglich ist. Und es ist nur notwendig, dass wir alle unser Teil am Werke beitragen. Wir wollen nicht warten, bis die Gelehrten ihr Studium der Kinderseele beendet haben, um mit dem Werk der Schulerneuerung zu beginnen. Lasst uns anwenden, was wir heute wissen und immer fortschreiten im Lernen und in der Anwendung des Gelernten. Ein Schema rationeller Erziehung ist heute schon möglich und in Schulen, wie wir sie propagieren, können die Kinder sich in freiheitlicher Weise angemessen ihrem Trachten und Sehnen entwickeln. Lasst uns daran gehen, das Werk immer mehr zu verbessern und immer weiter aufzubauen.

Das sind unsere Ziele. Wir kennen die Schwierigkeiten, mit denen wir zu kämpfen haben; aber wir haben einen Anfang gemacht in der Überzeugung, dass in unserer Aufgabe alle jene uns beistehen werden, die in den verschiedensten Gesellschaftsschichten daran arbeiten, die Menschen von Dogmen und Bestimmungen zu befreien, welche keinen anderen Zweck haben, als die Verlängerung der bestehenden ungerechten Gesellschaftsordnung.

X. Kapitel

Weder Lohn noch Strafe

Rationelle Erziehung ist vor allem anderen ein Verteidigungsmittel gegen Irrtum und Unwissenheit. Wahrheiten zu übersehen und statt ihrer Absurditäten anzunehmen, ist unglücklicherweise ein Zeichen unserer Zeit; es ist die Ursache, der wir die Klassenunterschiede und das beharrliche Weiterbestehen der Interessenunterschiede der Klassen verdanken. Wir, die wir die gemeinschaftliche Erziehung von Knaben und Mädchen, von Reichen und Armen propagiert und in die Tat umgesetzt haben, das heißt, wir, die wir unser System auf die fundamentalsten Prinzipien der Solidarität und Gleichheit aufgebaut haben, wir sind natürlich nicht gewillt, eine neue Ungleichheit zu schaffen. Darum wird es in der Modernen Schule weder Lohn noch Strafe geben; es wird keine Prüfungen geben, die einigen Kindern das schmeichelhafte Prädikat „vorzüglich“ gibt und sie in die obere Reihe setzt, anderen hingegen den gewöhnlichen Titel „gut“ gibt und noch andere unglücklich macht durch ein Bewusstsein der Unfähigkeit.

Dieses Zeichen der heutigen offiziellen und religiösen Schulen, die vollständig in Übereinstimmung zu ihren reaktionären Umgebungen und Zielen stehen, können aus Gründen, die ich angeführt habe, nicht in der Modernen Schule zugelassen werden. Da wir nicht für einen besonderen Zweck unterrichten, sind wir auch gar nicht imstande, die Fähigkeiten oder Untauglichkeiten eines Kindes zu beurteilen. Wenn wir eine Wissenschaft, eine Kunst, ein Gewerbe oder irgend etwas lehren würden, das an besondere Bedingungen geknüpft ist, dann mag eine Prüfung nützlich und die Erteilung oder Verneinung eines Diploms zweckmäßig sein; in diesem Falle bejahe noch verneine ich eine Prüfung, aber in der Modernen Schule gibt es eine solche Spezialisierung nicht. Die charakteristische Note unserer Schulen, die sie sogar von Instituten unterscheidet, die als fortschrittlich gelten, ist es, dass die Fähigkeiten der Kinder in ihr sich vollständig frei entwickeln sollen ohne Anpassung an irgendeinen dogmatischen Umstand, nicht einmal an das, was man die Überzeugungssumme der Lehrer und ihres Gründers nennen könnte. Jeder Schüler soll aus der Schule entlassen werden mit der Fähigkeit, Meister und Leiter seines Lebens sein zu können.

Wenn wir also aus rationellen Gründen verhindert gewesen sind, Preise zu erteilen, so konnten wir auf der anderen Seite den Schülern auch keine Strafe zuteilen und niemand in unserer Schule würde daran gedacht haben, wenn diese Idee nicht von außen vorgeschlagen worden wäre. Es kamen Väter zu mir mit dem Sprichwort „La letra con sangre entra“ (Buchstaben gehen hinein mit Blut); sie baten mich, ihre Kinder zu prügeln, andere, die stolz waren auf die Frühreife ihrer Kinder, wollten sie in Prüfungen glänzen sehen und gute Zensuren von ihnen in Händen haben. Aber wir lehnten ab, sowohl Preise wie Strafe anzuwenden, und wiesen die Eltern fort. Wenn irgendein Kind sich durch Verdienst, Trägheit oder schlechte Führung auszeichnete, erklärten wir ihm die Notwendigkeit der Übereinstimmung mit seinen Mitschülern oder das Unglück, das dem Mangel an Übereinstimmung entspringt. Hin und wieder gab auch der Lehrer eine Lektion über diesen Gegenstand. Das ist alles, was getan wurde und allmählich gewöhnten die Eltern sich an dieses System; jedoch oft genug noch mussten sie von ihren eigenen Kindern in ihren Irrtümern und Vorurteilen berichtigt werden.

Trotzdem kehrte das alte Vorurteil immer wieder und ich sah mich gezwungen, den Eltern neuer Schüler jedesmal meine Beweisgründe anzuführen. Darum schrieb ich folgenden Artikel im Mitteilungsblatt:

> Die konventionellen Prüfungen, die gewöhnlich am Ende eines jeden Schuljahres abgehalten wurden und denen unsere Väter so große Bedeutung beimaßen, waren vollständig resultatlos. Oder wenn sie ein Resultat hatten, war es nur ein schlechtes. Die ganze Funktion des Examens mit der sie begleitenden Feierlichkeit schien einzig und allein für die Befriedigung der Eitelkeit der Eltern und für die selbstsüchtigen Interessen vieler Lehrer eingerichtet zu sein; sie quälte das Kind vorher und machte es nachher krank.
>
> Jeder Vater wollte sein Kind in der Öffentlichkeit als eines der ersten der Schule ausgestellt sehen und es mit Stolz als einen Gelehrten en miniature betrachten können. Die Eltern beobachteten nicht, dass die Kinder 14 Tage hindurch oder noch länger eine ganz außerordentliche Qual erduldeten. Und da die Dinge nur nach ihren äußerlichen Erscheinungen beurteilt und man dem Kinde äußerlich nichts ansehen konnte, dachte man nicht, dass eine solche Qual wirklich bestand.
>
> Der Väter Mangel an Wissen über einen natürliche Seelenzustand des Kindes und das frevelhafte Hineinpressen in falsche Verhältnisse, unter denen geistige Kräfte, besonders die der Erinnerung künstlich angeregt wurden, verhindern die Eltern zu sehen, dass diese Methode persönlicher Befriedigung zu Krankheiten und zu moralischen, wenn nicht gar zum physischen Tod des Kindes führte.

Auf der anderen Seite war die Mehrzahl der Lehrer, die bloße Wiederholer von fertigen Phrasen und mehr mechanische Einpauker als *moralische Väter* ihrer Schüler sind, an diesen Prüfungen mit ihrer eigenen Persönlichkeit und ihren wirtschaftlichen Interessen beteiligt. Sie trachteten danach, den Eltern und allen jenen, die bei den öffentlichen Prüfungsvorführungen anwesend waren, zu zeigen, dass das Kind unter ihrer Leitung viel gelernt hat, und dass das Wissen des Kindes quantitativ und qualitativ viel mehr zugenommen hat, als man von seinem zarten Alter und der kurzen Zeit, die es unter der Obhut dieses tüchtigen Lehrers gestanden hat, erwarten könnte.

Zu dieser frevelhaften Eitelkeit, die auf Kosten des moralischen und physischen Lebens des Kindes befriedigt wurde, kam noch, dass die Lehrer darauf aus waren, Komplimente zu erhalten von den Eltern und den übrigen Anwesenden, die alle nichts vom wirklichen Zustand der Dinge wussten und so nur Reklame für das Ansehen der betreffenden Schulen machten.

Kurz und gut: wir sind unerbittlich gegen jedes Abhalten von öffentlichen Examen. In unserer Schule muss alles, das getan wird, zum Vorteil des Kindes getan werden; alles, das nicht zu diesem Ziele führt, muss abgelehnt werden als widersprechend gegen den natürlichen Geist positiver Erziehung. Prüfungen haben keine guten Resultate, sie tun im Gegenteil dem Kinde nur Schaden. Außer der Krankheit, von der wir oben schon gesprochen haben, leidet das ganze Nervensystem des Kindes und eine Art zeitweiliger Lähmung wird seinem Bewusstsein durch die unmoralischen Begleitumstände der Prüfung aufgedrückt. Eitelkeit wird hervorgerufen in jenen Kindern, die an die erste Stelle gerückt werden, Neid und Demütigung (ernsthafte Hindernisse gesunden Wachstums) in jenen andern, die gefehlt haben; und in alle werden die Keimzellen jener Gefühle gelegt, die den Egoismus begünstigen: Das sind die Resultate der Prüfungen.

In folgendem Artikel einer Berufsschriftstellerin, der im Mitteilungsblatt der Modernen Schule veröffentlicht wurde, ist unsere Anschauung über diesen Gegenstand niedergelegt:

Prüfungen und Wettbewerbungen

Zu Beendigung des Schuljahres haben wir, wie in den vorhergehenden Jahren, wieder viel von Prüfungen, Wettbewerben und Prämien reden hören. Wiederum sehen wir den Zug von Kindern, beladen mit Zeugnissen und roten, von goldenen und grünen Verzierungen geschmückten Mappen vor uns, wiederum sehen wir die Menge der Mütter, unruhig vor Ungewissheit, und sehen wir die Kinder, gequält durch die gefürchteten Proben des Examens, wo sie unter Anwesenheit einer gestrengen Richterschaft furchtbare Fragen über sich müssen ergehen lassen, das sind Momente, die einem sofort die unglückselige Gleichartigkeit erkennen lassen, mit den einzelnen Klassenprüfungen, die täglich abgehalten werden.

Prüfungen sind das Symbol des gesamten gegenwärtigen Erziehungssystems.

Warum unterbricht man unsere Arbeit, um Stationen und Klassifizierungen der Epoche eines Schuljahres zu feiern, und zwar nicht nur in einem gewissen Lebensalter, sondern während aller Jahre des Studiums und in vielen Berufen während des ganzen Lebens?

Dieses System beginnt schon auf uns einzuwirken, wenn wir 5 oder 6 Jahre alt werden, wenn man uns lesen lehrt: in diesen zarten Alter schon erlaubt man uns nicht, uns mit den „Geschichten“ zu beschäftigen, die durch dieses neue Können uns aufgeschlossen werden sollen, noch mit weniger interessanten Aussehen der einzelnen Buchstaben oder dem Wert der Lektüre, über die wir zu disputieren haben. Und was noch schlimmer ist, man macht uns erröten vor Scham, wenn wir bestraft werden, oder trägt die Eitelkeit in uns hinein, wenn wir uns über andere überlegen gezeigt haben und wir den Neid und die Feindschaft unserer Kameraden auf uns gezogen haben.

Während wir Grammatik, Rechnen, Wissenschaften und Latein erlernen, ermüden unsere Eltern und Lehrer nicht, uns gemeinsam und wie in stillschweigender Übereinkunft, zu überzeugen, dass wir umgeben sind von Rivalen, die zu besiegen sind, und Vorgesetzten, die wir bewundern und achten müssen, und von Minderwertigen, Unterliegenden, die unsere Verachtung verdienen.

Zu welchem Zwecke arbeiteten wir eigentlich, wenn wir unseren Lohn schon dahin haben oder schon unter den Folgen unserer Faulheit leiden? Und alle Aufregungen und Vorkommnisse hinterließen uns den Eindruck, dass, wenn nur wir den ersten Platz erreichten oder mehr waren, wie die anderen, unsere Väter, Verwandten, Bekannten und selbst unsere Lehrer uns durch größere Beachtung auszeichneten. Folglich richteten sich logischerweise unsere ganzen Anstrengungen nur auf die gute Zensur und den Erfolg: so entwickelte sich in unserem moralischen Wesen nichts weiter wie Eitelkeit und Egoismus.

Die Ernsthaftigkeit dieses Übels vermehrt sich ganz beträchtlich in der Zeit, in der wir ins Leben hinaustreten. Die Reifeprüfung ist an sich wenig gefährlich; sie ist wenig mehr als eine bloße Formalität, aber sie öffnet das Tor zu einer großen Reihe von Laufbahnen, in denen die Konkurrenten auf das Grausamste einander das Existenzrecht bestreiten. Bis zu diesem Zeitpunkte begreift der junge Mensch nicht, dass er für sich selbst arbeitet, dass er aus eigener Kraft seine Zukunft sichern muss. Und er überzeugt sich immer mehr davon, dass er für sein Existenzrecht andere besiegen, dass er stärker und verschlagener wie die anderen sein muss. Auf einer ähnlichen Auffassung beruht das gesamte gesellschaftliche Leben.

Wir haben Menschen aller Gesellschaftsklassen und aller Altersstufen kennen gelernt, die nicht einen einzigen Schritt getan oder nur die geringste Anstrengung gemacht hätten, wenn sie nicht davon überzeugt gewesen wären, dass all ihr Tun ihnen eines Tages auf Heller und Pfennig zurückgezahlt würde. Die Regierungen wissen dieses vollauf zu würdigen durch ihre Entschädigungen, Beförderungen, Auszeichnungen und Orden, die sie verleihen und verteilen. Das ist ein Überbleibsel des Christentums. Das Dogma vom ewigen Leben ist es, das die Ehrenlegion hervorgebracht hat. Auf Schritt und Tritt begegnen wir im Leben Auszeichnungen, Wettbewerbe und Prüfungen. Gibt es noch Traurigeres, Hässlicheres und Falscheres?

Gibt es Unnatürlicheres, wie die vorbereitende Arbeit zu den Prüfungen: die Aufregung geistiger und körperlicher Arbeit, die den Verstand verbildet und einige Fähigkeiten übermäßig entwickelt zum Schaden von anderen, die allmählich abzusterben gezwungen sind. Der mindeste Tadel, den man gegen solche Arbeit erheben kann, besteht darin, dass sie einen Zeitverlust bedeutet und häufig dazu führt, Leben zu zerstören und außerdem jede andere persönliche, familiäre der gesellschaftliche Beschäftigung verbietet. Ernsthafte Kandidaten können sich keinen künstlerischen Ablenkungen hingeben, noch dürfen sie an Liebe denken oder sich (bei Strafe des Durchfallens) für irgendeine öffentliche Angelegenheit interessieren.

Und was soll man über die Prüfungen selbst sagen? Ohne von den absichtlichen Ungerechtigkeiten zu sprechen, obwohl man auch davon Beispiele anführen könnte, genügt es vollständig, festzustellen, dass die Ungerechtigkeit ein Wesensbestandteil der Grundlagen des Systems darstellt. Eine Zensur oder Klassifizierung, die unter bestimmten Umständen gegeben wird, würde verschieden ausfallen, je nachdem gewisse Bedingungen sich verändern; wenn zum Beispiel das beurteilende Lehrerkollegium ein anderes wäre oder die Stimmung des betreffenden Lehrers durch irgendwelche Umstände sich verändert hätte. Auf diesem Gebiete regiert unumschränkt der Zufall. Und der Zufall ist blind.

Wenn man schon gewissen Menschen auf Grund ihres Alters und ihrer Arbeiten das immerhin recht anfechtbare Recht zugesteht, den Wert von anderen Menschen zu beurteilen und mit dem anderer Menschen zu vergleichen, dann wäre es auch noch notwendig. dass diese Richter ihren Wahrspruch auf eine feste Grundlage stellen. Statt dessen werden die Elemente der Wertschätzung auf ein Minimum reduziert: eine Arbeit von einigen Stunden, eine Unterhaltung von einigen Minuten genügt, um zu beurteilen, ob ein Mensch fähig ist, ein gewisses Amt auszuüben oder sich diesem oder jenem Studium hinzugeben.

Aufgebaut auf Zufall und Willkür, genießen diese Prüfungen einen Ruf und allgemein gültige Autorität, dass sie nicht nur den Personen, sondern auch noch den Arbeiten der Personen aufgezwungen werden.

Mit Vergnügen stellen wir hiermit die Schäden dieses Systems bloß, denn wir sehen in ihm ein Erbe der tyrannischen Vergangenheit. Immer ist es dieselbe Zentralisation, überall finden wir dieselbe offizielle Einmischung.

Es sei uns erlaubt, ohne von Utopisten gehindert zu werden, eine Gesellschaft auszudenken, in der alle, die arbeiten wollen, solches tun dürfen, in der weder Kasernierung noch Abstufung bestehen wird und in der man der Arbeit und ihrer wirklichen Früchte wegen arbeitet.

Beginnen wir, in der Schule solche gesundenden Gewohnheiten einzuführen; mögen die Erzieher darangehen, die Liebe zur Arbeit einzupflanzen, zu einer Arbeit ohne willkürliche Begrenzungen, da es genügend natürliche und unvermeidliche Begrenzungen gibt. Vor allem aber, lasst uns vermeiden, den Kindern die Gewohnheit des Vergleichens und des Abmessens gegenüber anderen Individuen zu lehren; damit die Menschen einmal die unendliche Mannigfaltigkeit unter den Charakteren und Geistern zu erkennen und richtig zu würdigen imstande sind, ist notwendig, die unbedingte Schulauffassung „guter Schüler“ zu vermeiden.

Schaffen wir also Klassifizierungen, Prüfungen und die Verteilung jeder Art Auszeichnungen und Entschädigungen ab. Das sei unser praktisches Prinzip.

Emilia Boivin

In einer späteren Nummer des Mitteilungsblattes kehrte ich noch einmal zu diesem Gegenstand zurück und veröffentlichte folgendes:

Wir erhalten fortwährend Briefe von Arbeitererziehungsgesellschaften und von republikanischen Bruderschaften, in denen wir gebeten werden, dass die Lehrer unserer Schulen die Kinder strafen mögen. Wir selbst haben während kurzen und zufälligen Besuchen bei diesen Fragestellern Gelegenheit gehabt, die Ursache dieser Bitte kennen zu lernen. Die Tatsache, dass wir Kinder auf ihren Knien oder in anderen Stellungen der Bestrafung gesehen haben, erklärt den Beweggrund dieses Ersuchens hinreichend.

Diese irrationelle und atavistische Behandlungsweise muss unbedingt verschwinden. Die moderne Pädagogik lehnt sie vollständig ab. Lehrer, die ihre Mitarbeit der Modernen Schule anbieten oder die von uns Empfehlungen an ähnliche Institute verlangen, müssen sich jeder moralischen oder materiellen Bestrafung der Kinder enthalten und zwar unter Strafe, von uns dauernd unqualifiziert für die Erziehung von Kindern erklärt zu werden. Schelten, Ungeduld und Ärger sollten mit dem alten Titel „Schulmeister“ verschwinden. In freien Schulen muss Friede, Freude und Brüderlichkeit herrschen.

Wir hoffen, dass dieses genügen wird, um Methoden ein Ende zu bereiten, die aufs Ungeeignetste sind zur Erziehung einer Generation. die fähig sein soll, einen wirklich brüderlichen, harmonischen und gerechten Zustand der Gesellschaft zu erschaffen.

XI. Kapitel

Die Frage der Textbücher

Beim Beginn der Einrichtung der rationellen Schule zum Zwecke der Vorbereitung des Kindes für den Eintritt in die freie Gemeinschaft der Menschheit war das erste Problem, dem wir uns gegenüber sahen, die Auswahl der Lesebücher. Das ganze Erziehungsmaterial des alten Systems bestand aus einer unzusammenhängenden Mischung von Wissen und Glauben, Vernunft und Unvernunft, Gut und Böse, menschlichen Erfahrungen und höheren Offenbarungen, Wahrheiten und Irrtümern. In einem Wort: es war vollständig ungeeignet, die neuen Bedürfnisse, die das Errichten der neuen Schule mit sich brachte, zu befriedigen.

Da die Schule von alters her nicht eingerichtet war, der aufsteigenden Generation die Hauptwissenspunkte vergangener Generationen zu übermitteln, sondern sie diese lediglich auf der Basis der Autorität und des Vorteiles für die herrschende Klasse unterrichtete, um die Kinder demütig und untertan zu machen, ist es klar, dass keines der bisher gebrauchten Bücher sich für unsere Zwecke eignete. Aber die ernste Logik dieser Lage überzeugte mich nicht sofort. Ich wollte nicht glauben, dass die französische Demokratie, die sich so eifrig eingesetzt hatte für eine Trennung von Staat und Kirche und sich dadurch den Ärger der gesamten Geistlichkeit zugezogen und die den obligatorischen weltlichen Unterricht eingeführt hat, sich mit einer halben oder sophistischen Erziehungsweise begnügt hätte. Jedoch musste ich mein Vorurteil den Tatsachen unterordnen; zuletzt las ich eine große Anzahl von Werken der weltlichen Erziehung und fand, dass „Gott" überall durch den

„Staat“ ersetzt worden war, christliche Tugenden durch bürgerliche Pflichten, Religion durch Patriotismus, Untertänigkeit zum König, zur Aristokratie und zur Geistlichkeit durch Untertänigkeit zum Beamten, zum Eigentümer und zum Arbeitgeber. Dann konsultierte ich einen hervorragenden Freidenker, der einen bedeutsamen Posten im Kultusministerium Frankreichs bekleidete; und nachdem ich ihm meinen Wunsch geäußert hatte, Bücher zu sehen, die an französischen Schulen gebraucht werden, die frei von traditionellen Irrtümer sind, und nachdem ich ihm mein Ziel und Ideal erklärt hatte, sagte er mir frei und offen, dass Frankreich nichts Derartiges hätte, dass alle ihre Bücher mehr oder weniger klug und trügerisch durchsetzt wären mit Unwahrheit, die die unentbehrliche Grundlage der sozialen Ungleichheit ist. Da ich eingesehen hatte, dass man das zerfallene Idol der Göttlichkeit durch das Idol oligarchischen Despotismus ersetzt hatte, fragte ich, ob sie nicht zumindest ein Buch hätten, das sich mit dem Ursprung der Religion beschäftige. Er antwortete mir, ein solches gäbe es nicht, aber er kenne eines, das sich für meine Zwecke eignen würde: Malverts „Wissenschaft und Religion“. Dieses aber war von uns in die spanische Sprache übersetzt worden und wurde in der Modernen Schule unter dem Titel „Ursprung des Christentums“ als Lesebuch benutzt.

In der spanischen Literatur fand ich verschiedene Werke, die von einem ausgezeichneten Autor, der einige Bedeutung in der Wissenschaft hatte, geschrieben worden waren. Er hatte diese Bücher mehr im Interesse der Herausgeber, als zum Zwecke der Kindererziehung geschrieben. Einige davon wurden zu Anfang in der Modernen Schule gebraucht; aber obgleich man diese Bücher keiner Irrtümer beschuldigen konnte, fehlte ihnen doch die zu einem Ideal notwendige Begeisterung, auch waren sie arm in der Methode. Ich schrieb diesem Autor, um ihn für meine Pläne zu interessieren und ihn zu veranlassen, Bücher für unser Unternehmen zu schreiben; aber er war durch einen Kontrakt an seine Verleger gebunden und konnte darum unserm Rufe nicht folgen.

Kurz: die Moderne Schule wurde eröffnet, noch ehe ein einziges Buch für ihre Bibliothek ausgewählt worden war. Aber es dauerte nicht lange, bis das erste erschien, eine glänzende Schöpfung von Jean Grave, die einen beträchtlichen Einfluss auf unsere Schule gehabt hat. Sein Werk „Die Abenteuer des Nono“ ist eine Art Gedicht, in dem eine gewisse Phase der glücklichen Zukunft in genialer und dramatischer Weise den gemeinen Wirklichkeiten der bestehenden Gesellschaftsordnung gegenübergestellt wird. Die Freuden des Landes Autonomie werden im Gegensatz zu den Schrecken des Königreiches Gebundenheit gezeichnet. Das Können Graves hat dieses Werk zu einer Höhe erhoben, in der es hoch über der Kritik aller Skeptiker und Konservativen steht. Die sozialen Übel und die bestehende Unwahrheiten hat er ohne Übertreibung geschildert. Das Lesen dieses Buches bezauberte die Kinder und die Tiefe seiner Gedanken suggerierte den Lehrern viele gelegentliche Bemerkungen. In ihren Spielen pflegten die Schüler Szenen aus dem Land Autonomie aufzuführen, und ihre Väter entdeckten die Ursachen ihrer Leiden in den Einrichtungen des Königreiches Gebundenheit.

Später kündigten wir in unserem Mitteilungsblatt wie auch in anderen Zeitungen Preise an für die besten Handbücher rationeller Erziehung, aber es meldete sich niemand. Ich begnüge mich hier mit der Anführung dieser Tatsache, ohne auf ihre Ursachen einzugehen.

Später wurden zwei Bücher für das Lesen in der Schule angenommen. Sie waren nicht für die Schule geschrieben, aber sie wurden für die Moderne Schule übersetzt und waren sehr nützlich. Der Name des einen war „Viertes Manuskript“ (das Buch war in der Form verschiedener Handschriften gedruckt), das andere hieß „Kolonisation und Patriotismus“, beide waren Zitatsammlungen von Autoren aller Länder über Ungerechtigkeiten, die in Verbindung mit dem Patriotismus begangen worden waren, über die Kriegsschrecken und über die Missetaten der Eroberungen. Die Wahl dieser Bücher wurde gerechtfertigt durch den ausgezeichneten Einfluss, den sie auf die Geister der Kinder ausübten. Kleine von den Kindern verfasste Essays, die wir im Mitteilungsblatt veröffentlichten und die von der reaktionären Presse und reaktionären Politikern mit Wut weitergetragen wurden, bewiesen das aufs beste.

Viele denken, dass kein großer Unterschied besteht zwischen weltlicher und rationeller Erziehung und in vielen Artikeln und Propagandareden wurden beide Methoden als sinnverwandt dargestellt. Um diesen Irrtum zu berichtigen, veröffentlichte ich folgenden Artikel im Mitteilungsblatt:

> Das Wort Erziehung sollte nicht von irgend einer Qualifikation begleitet sein. Es bedeutet ganz einfach die Notwendigkeit und Pflicht der in voller Entwicklung ihrer Kräfte stehenden Generation, die künftige Generation vorzubereiten und zu befähigen, die Erbschaft menschlichen Wissens anzutreten. Dies ist ein durchaus rationelles Ideal und wird erst vollständig verwirklicht werden in irgend einem zukünftigen Zeitalter; wenn die Menschen vollständig befreit sein werden von Vorurteilen und Aberglauben.
>
> In unseren Bemühungen, dieses Ideal zu verwirklichen, sehen wir uns der religiösen wie der politischen Erziehung gegenüber; diesen beiden Methoden müssen wir die rationelle und wissenschaftliche Erziehung entgegensetzen. Der Typ religiöser Erziehung ist jener, der in den geistlichen und konventionellen Schulen aller Länder üblich ist; diese Methode übermittelt die möglichst kleinste Menge nützlichen Wissens und einem guten Teil christlicher Lehre und Religionsgeschichte.
>
> Politische Erziehung ist jene Art, die nach dem Fall des Kaiserreiches in Frankreich begründet wurde, ihr Ziel ist es, den Patriotismus zu steigern und die bestehende öffentliche Verwaltung als das Instrument für die allgemeine Wohlfahrt darzustellen.

Manchmal wird die Qualifikation „frei oder weltlich“ in missbrauchender hinterhältiger Weise angewendet, um die öffentliche Meinung abzulenken. Orthodoxe Leute z.B. nennen „freie Schulen“ eine gewisse Art von Schulen, die sie errichten im Gegensatz zu den tatsächlich freien Tendenzen moderner Pädagogik; und viele andere Institute, die in Wirklichkeit politische, patriotische und antihumanistische Schulen sind, nennen sich weltliche Schulen.

Die rationelle Erziehung erhebt sich hoch über diese dürftigen Formen des Unterrichtes. Sie hat in erster Linie keine Beziehung zu religiöser Erziehung, denn die Wissenschaft hat uns gezeigt, dass die Schöpfungsgeschichte eine Legende und dass die Götter Sagengebilde sind; darum fördert die religiöse Erziehung Leichtgläubigkeit der Eltern und die Unwissenheit der Kinder; sie erhält den Glauben an ein übernatürliches Wesen, an das die Menschen alle möglichen Arten von Bitten richten können. Dieser althergebrachte Glaube ist unglücklicherweise noch immer weit verbreitet; sehr viel Schaden hat er angerichtet und wird er weiter anrichten, solange er besteht. Die Mission der Erziehung ist es, dem Kinde vermittels einer rein wissenschaftlichen Methode zu zeigen, dass, je mehr Wissen wir über Naturkräfte, deren Qualitäten und der Art, sie anzuwenden haben, wir um so mehr industrielle, wissenschaftliche und künstlerische Annehmlichkeiten zur Verfügung haben werden zur Befriedigung der Bedürfnisse unseres Lebens. Allmählich werden Männer und Frauen, die entschlossen sind, unter der Leitung der Vernunft und unter der Begeisterung der Kunst und Wissenschaft jeden Zweig des Wissens und der Tätigkeit zu kultivieren, unsere Schulen in immer größerer Anzahl verlassen. Und solche Menschen werden imstande sein, das Leben zu verschönern und die Gesellschaft zu erneuern.

Darum sollen wir nicht unsere Zeit verlieren und einen imaginären Gott um Dinge bitten, die einzig und allein menschliche Arbeit schaffen kann.

Auf der anderen Seite hat unsere Lehrmethode nichts mit Politik zu tun. Es ist unser Werk, Individuen zu erziehen, die in vollem Besitze ihrer Fähigkeiten sind; die Politik hingegen unterwirft die Fähigkeiten des einzelnen anderen Menschen. Während die Religion mit der Einsetzung der göttlichen Macht einen ungeheuren Missbrauch getrieben und die Entwicklung der Menschheit gehemmt hat, haben politische Systeme nicht besser gehandelt; durch die Erziehung der Menschen zur Abhängigkeit vom Willen anderer (von jenen. die aus Tradition oder Wahl den Beruf des Politikers ausüben) haben auch sie die Entwicklung der Menschheit verzögert. Es muss das Ziel rationeller Lehrer sein, den Kindern zu zeigen, dass Tyrannei und Knechtschaft solange bestehen werden, wie ein Mensch vom anderen abhängig ist; es muss ihr Ziel sein, die Ursachen der herrschenden Unwissenheit zu studieren, den Ursprung aller jener traditionellen Betätigungen kennen zu lernen, die der bestehenden sozialen Ordnung Leben geben, und die Aufmerksamkeit der Schüler auf diese Dinge hinzulenken.

Darum wollen wir nicht unsere Zeit verlieren, und von anderen erbitten, was wir uns selbst erschaffen können.

In einem Wort: „Unsere Aufgabe ist es, dem Geiste der Kinder klarzumachen, dass ihre Lage in der Gesellschaftsordnung sich in gleichem Maße bessern wird, wie ihr Wissen zunimmt und ihre Kräfte sich entwickeln, und dass die Zeit allgemeinen Glückes um so sicherer aufsteigen wird, wenn wir alle religiösen und andere Aberglauben, die bisher so viel Schaden gebracht haben, von uns abwerfen. Darum gibt es keine Bestrafungen und keine Belohnungen in unserer Schule, keine Almosen, keine Auszeichnungen oder Abzeichen, was alles nur dazu beitragen könnte, in den Kindern der Glauben an zauberhafte Schutzmittel zu stärken, statt an die individuelle und kollektive Macht von Menschen zu appellieren, die sich ihres Könnens und Wissens bewusst sind.

> Rationelles und auf wissenschaftlicher Basis aufgebautes Wissen muss den Männern und Frauen der Zukunft sagen, dass sie nichts zu erwarten haben von privilegierten Wesen, weder von eingebildeten noch von wirklichen, und dass sie Vernunftgemäßes nur von sich selbst und einer frei organisierten und in Freiheit angenommenen Gesellschaftsordnung erwarten können.

Dann wandte ich mich im Mitteilungsblatt und in der lokalen Presse an wissenschaftliche Schriftsteller, die im Dienste des Fortschrittes der Menschheit wirkten, uns Textbücher in diesen vorgezeichneten Linien zu liefern. Diese sollen, sagte ich, „die Geister der Schüler befreien von allen Irrtümern unserer Vorfahren und sie bestärken in der Liebe zur Wahrheit und Schönheit, sie behüten vor allen autoritären Dogmen, althergebrachten Sophismen und lächerlichen Konventionalitäten, die gegenwärtig unser ganzes Gesellschaftsleben bestimmen." Eine besondere Notiz wurde hinsichtlich der Lehre der Arithmetik zugefügt:

> Die Art und Weise, in der die Arithmetik bis zum heutigen Tage im allgemeinen gelehrt worden ist, hat sie zu einem mächtigen Instrument der Unterdrückung gemacht; sie prägt den Schülern die falschen Ideale des kapitalistischen Regimes auf, unter dem die heutige Gesellschaft so schwer leidet. Darum fordert die Moderne Schule auf, Essays über die Reform der Lehrmethode der Arithmetik zu schreiben und richtet sich besonders an jene Freunde der rationellen und wissenschaftlichen Erziehung, die sich mit der Mathematik beschäftigen, und bittet sie, eine Reihe von Essays und praktischen Aufgaben niederzulegen, die keine Beziehung zu Löhnen, zur kapitalistischen Wirtschaftsweise und zum Gewinn haben. Diese Aufgaben müssen sich mit landwirtschaftlicher und industrieller Produktion befassen, mit der gerechten Verteilung der Rohmaterialien und der erzeugten Produkte, mit Verkehrsmitteln und dem Transport von Gütern, dem Vergleich menschlicher Arbeit mit mechanischer

Arbeit, den Vorteilen der Maschinen, öffentlichen Arbeiten usw. In einem Wort: die Moderne Schule sucht nach einer Anzahl von Aufgaben, die zeigen, was die Arithmetik in Wirklichkeit sein sollte: - *Die Wissenschaft der sozialen Ökonomie* (das Wort „Ökonomie" in seinem ursprünglichen Sinne der „gerechten Verteilung" verstanden).

Die Aufgaben sollen die vier fundamentalen Operationen behandeln, Integrale, Dezimalbrüche und Brüche, das metrische System. Verhältnisrechnung, Zinsrechnung, die Quadrate und Kuben der Zahlen und das Ziehen der Quadrat- und Kubikwurzeln. Es wird erwartet, dass alle, die diesem Aufruf Folge leisten, mehr vom Ideal gerechter Erziehung begeistert sind, als von der Aussicht auf Bezahlung, und da wir die bei solcher Methode übliche Praxis vermeiden wollen, sehen wir davon ab, Preisrichter zu ernennen oder irgendwelche Preise auszuteilen. Die Moderne Schule wird jenes Lehrbuch der Arithmetik, welches ihren Zwecken am besten gerecht wird, veröffentlichen und wird wegen Zahlung des Honorars mit dem Autor zu einer freundschaftlichen Übereinstimmung kommen.

Eine spätere Note des Mitteilungsblattes war an die Lehrer gerichtet:

Wir wollen die Aufmerksamkeit aller jener, die sich dem Ideal rationeller Erziehung von Kindern und der Vorbereitung der Jugend für ihren Platz in der menschlichen Gesellschaft widmen, auf die Anzeigen im „Auszug universeller Geschichte" von Clemence Jacquinet und „Abenteuer des Nono" von Jean Grave hinlenken; diese Anzeigen befinden sich auf den Umschlägen der Bücher. Die Werke, die die Moderne Schule veröffentlicht hat oder noch zu veröffentlichen gedenkt, sind für alle Institute freier und rationeller Erziehung bestimmt, für die Mittelpunkte sozialen Studiums sowohl wie für jene Eltern, die Dogmen aller Arten (religiöse, politische und soziale), die den Menschen aufgezwungen werden, um Privilegien auf Kosten der Unwissenden zu erhalten, ablehnen. Allen jenen, die im Gegensatz stehen zum Jesuitismus, zu konventionellen Lügen und Irrtümern, die durch Tradition und Routine uns übermittelt wurden, werden in unseren Veröffentlichungen auf Tatsachen aufgebaute Wahrheiten finden. Da wir nicht beabsichtigen, irgendwelchen Profit zu haben, repräsentieren die Werke beinahe ihren wahren Wert der Materialkosten; wenn doch noch irgendein Verdienst übrig bleiben sollte, wird dieser für die Veröffentlichung weiterer Werke benützt.

In einer späteren Nummer des Mitteilungsblattes (in Nr. 6 des 2. Jahrganges) schrieb der ausgezeichnete Geograph Elisée Reclus auf meinen Wunsch folgenden Artikel über Geographie:

Der Unterricht der Geographie

Die gesamte Geschichte der modernen Wissenschaft kann man im Vergleich mit der Scholastik des Mittelalters in einem einzigen Worte zusammenfassen: „Zurück zur Natur". Um zu lernen, müssen wir die Dinge erst erörtern, ehe wir sie begreifen. Statt vernunftmäßig über das Unbegreifliche zu denken, ist es besser, wir beginnen alles das, was sich in der Reichweite unserer Sinne und unserer Experimentiermöglichkeiten befindet, zu betrachten, beobachten und zu studieren.

Das gilt vor allem für die Geographie, d.h. für das Studium der Natur unserer Erde; hier ist es überaus vorteilhaft, mit der direkten Beobachtung der Erde zu beginnen, die uns geboren hat, die uns Brot gibt und uns erhält. Aber die Geographie, wie sie noch immer in unseren Schulen gelehrt wird, trägt das Zeichen der Scholastik an ihrer Stirn. Der Lehrer verlangt vom Schüler blinden Glauben, und zwar in einer Weise, die diesen unbedingt beherrscht; er zitiert in aller Eile „die fünf Flüsse Frankreichs, drei Landspitzen, zwei Meerbusen, eine Landenge“, ohne ihre Namen irgendwie an bestimmte Wirklichkeiten zu binden.

Wie könnte das auch anders sein, wenn der Lehrer niemals Dinge darstellt, von denen er spricht, und die sich doch vor der Tür des Schulhauses in Regenbächen und Teichen vorfinden.

Darum noch einmal: Lasst uns zur Natur zurückkehren! Wenn ich das Glück hätte und Geographielehrer für Kinder wäre, ohne eingeengt zu sein von offiziellen oder von Privatinstituten, dann würde ich mich hüten, meinen kleinen Gefährten Bücher und Karten in die Hände zu geben; vielleicht würde ich nicht einmal den griechischen Namen „Geographie“ aussprechen, sondern würde die Schüler einladen, ausgedehnte gemeinsame Spaziergänge zu machen, und ich wäre glücklich, in ihrer Gesellschaft lernen zu können.

Wenn ich so Lehrer, aber Lehrer ohne Titel eines solchen, wäre, würde ich mich sehr darum kümmern, auf diesen Spaziergängen und in den Unterhaltungen, die angeregt würden durch den Anblick der Natur und der Landschaften, sehr methodisch vorzugehen.

Es ist klar, dass das Anfangsstudium in seinen Einzelheiten so verschieden sein muss, wie die Gegend es ist, die man bewohnt: unsere Unterredungen würden in einem ebenen Lande nicht dieselben wie in einem gebirgigen sein, sie wären in einem Granitgebirge anders wie in einem Kalkgebirge, wären anders am Strand und wieder anders am Ufer eines Flusses. In Belgien würde ich nicht dasselbe wie in den Pyrenäen oder in den Alpen reden. Unsere Unterredungen wären nirgends ganz dieselben, denn überall gäbe es einen anderen Grundcharakter und besondere Eigentümlichkeiten der Landschaft aufzudecken, gäbe es wertvolle Beobachtungen zu machen, die als Vergleichsmomente mit anderen Gegenden dienen können.

Eintönig und arm, wie unser Wohnsitz immer sein mag, es würde nicht die Gelegenheit fehlen, etwas zu sehen. Und wenn es auch keine Gebirge oder Anhöhen wären, so wären doch einige Felsblöcke, die uns den Blick in frühere Perioden der

Erde öffneten; überall würden wir gewisse Verschiedenartigkeiten der Erdoberfläche beobachten, Sandboden, Tonerde, Sümpfe, Torf, wahrscheinlich auch Sandstein- und Kalksteinbildungen; wir würden dem Laufe eines Flüsschens oder dem eines Stromes folgen können und würden das Verrauschen einer Woge, einen Wirbel, das Verebben der Wasser, das Spiel der Wellen im Sande, das Abbröckeln des Ufers und Überschwemmungen, die sich über Niederungen ausbreiten, beobachten können. Wenn unsere Gegend so stiefmütterlich von der Natur bedacht worden wäre, dass sie nicht einmal ein Flüsschen hätte, so hätte sie doch zumindest einmal Wasserniederschläge, die zeitliche Bäche bilden würden, mit Flussläufen, Gefällen, Schnellen, mit Inhalt, Umgebung, Flussbiegungen und Nebenflüssen, in einem Wort: mit der ganzen unendlichen Mannigfaltigkeit der Erscheinungen der Gewässerkunde.

Und dann der Himmel!? An ihm können wir die unendliche Reihe der Bewegungen der Erde und der Gestirne beobachten: Morgen, Mittag, die Helle und die Dunkelheit, in der die Sterne leuchtend hervortreten, Schnee und Wolken, die den blauen Himmel verdecken, und die großen und seltenen Erscheinungen des Sturmes, des Blitzes, des Regenbogens und vielleicht die des Nordlichtes. Alle diese Himmelsbewegungen wickeln sich nach unserer Erkenntnis genau nach einer ursprünglichen Mathematik ab; alle Gestirne ziehen eine Bahn, die von vornherein vorgezeichnet ist, auf der wir sie nacheinander den Meridian passieren sehen und hierdurch es uns ermöglichen, die Himmelsrichtungen und die verschiedenen Punkte des Raumes zu bestimmen.

Diesen Ausflügen in die nähere Umgehung unseres Wohnortes können weitere ausgedehntere Ausflüge, wirkliche Reisen folgen, die methodisch geführt sein müssen, weil es nicht darum geht, blinden Zufällen nachzujagen, wie jene Amerikaner es tun, die die Reise durch die „Alte Welt" machen, und die unwissender zurückzukehren pflegen, weil sie alles, Personen und Ereignisse, in ihrem Kopfe aufgespeichert haben und in ihrer Erinnerung alles durcheinander wirbelt: die Pariser Bälle, die Garde in Potsdam, der Besuch beim Papst und beim Sultan, die Ersteigung der Pyramiden und die Ehrenbezeigung dem Heiligen Grabe. Solche Reisen sind die traurigsten, die man nur ausdenken kann, denn sie töten die Bewunderung, die im Menschen gleichzeitig mit dem Erkennen wachsen muss und führen dazu, aller Schönheit gegenüber Geringschätzung zu empfinden. Ich erinnere mich der furchtbaren Empfindung, die ich einmal hatte, als ich in der Nähe des Mont Blanc einen schönen, sehr gut erzogenen jungen Mann, der so dumm wie gebildet war, verächtlich und lässig sagen hörte: „Ja, der Mont Blanc; es ist notwendig. dass ich diesen Schwindel auch noch sehe!“

Um ähnliche Ungeheuerlichkeiten zu vermeiden, ist es notwendig, solche Reisen genau so methodisch vorzunehmen, wie den Unterricht selbst; aber ebenso muss jede Pedanterie in der Bestimmung der Reisen vermieden werden. Vor allen Dingen kommt es auf das Kind selbst an; es muss dabei sein mit seinem Herzen. Das Studium sollte nur in dem psychologischen Moment betrieben werden, genau in dem Moment, in dem Anblick und Schilderung voll und ganz die Aufmerksamkeit gefangen nehmen, um sich für immer im Gedächtnis einzugraben. Auf diese Weise vorbereitet, wird ein Kind schon sehr vorgeschritten sein, auch wenn es noch nicht das besucht hat, was man einen Kursus nennt: Das Verständnis ist geweckt und es wächst der Wunsch nach Wissen.

Früher oder später, aber immer zu früh kommt die Zeit, in der das Kind von den vier Wänden des Schulgefängnisses eingeschlossen wird; und ich sage Gefängnis, weil die Schule beinahe immer ein Gefängnis ist, denn es ist lange her, seitdem das Wort *Schule* seine ursprüngliche griechische Bedeutung „Erholung“ oder „Fest“ verloren hat.

Es erscheinen die Bücher und mit ihnen die erste offizielle Lektion in der Geographie, die vom Lehrer erteilt wird. So kommt der Moment, in dem die Kinder sich der Routine zu unterwerfen haben und man ihnen den vom Ministerium für öffentliche Erziehung bestätigten und abgestempelten Atlas in die Hände gibt. Ich für meinen Teil werde mich hüten, ihn anzurühren; vor allen Dingen habe ich den Wunsch, vollständig logisch vorzugehen in allen meinen Erklärungen: und nachdem ich gesagt habe, dass die Erde rund ist, dass sie eine Kugel ist, die durch den Raum wirbelt wie die Sonne und der Mond, kann ich sie der Einbildungskraft der Kinder nicht in Form eines quadratischen Blattes Papier, mit bunten Figuren, vorlegen, die Europa, Asien, Afrika, Australien, die beiden Hälften der neuen Welt (!) darstellen.

Wie soll man diesem offensichtlichen Widerspruch entgehen? Entweder habe ich mich den alten Gewohnheiten anzupassen und zu verlangen, dass man meinen Worten glauben soll, oder ich sehe mich gezwungen, den Kindern verständlich zu machen, dass die Kugel sich in Fläche verwandelt hat. Aber meine Erklärung muss gezwungener Weise sehr mangelhaft sein, denn sie ist nur vermittelst der höheren Mathematik möglich, die von den Kindern noch nicht verstanden wird. So sehen wir, dass der Lehrer im Kreis seiner Klasse nicht sich vollster Kameradschaft der Intelligenz hingibt, die zwischen ihm und seinen Schülern bestehen sollte, damit die letzteren die Dinge begreifen.

Außerdem weiß ich aus Erfahrung, dass diese Karten mit verschiedenem Maßstab und verschiedenen Projektionen den Schülern soviel Schaden machen, wie sie bei mir selbst und unzweifelhaft auch beim Leser dieser Zeilen verursachten. Denn es gelingt niemand vollständig, die einander widersprechenden Eindrücke auszulöschen, die er durch den Anblick der verschiedenen Karten empfangen hat, und je nachdem die Projektionen waren, die wir immer und immer wieder zu Gesicht bekamen, tragen auch die geographischen wirklichen Formen in uns eine ganz unbestimmte verwischte Auffassung. Und die Größenverhältnisse der einzelnen Gegenden haben wir auch nicht genau in unserem Gedächtnis, denn wir haben sie durch den Atlas verschiedenster Arten, in zahlreichen Entstellungen, aufgebläht oder zusammengeschrumpft, ausgedehnt, verlängert oder zusammengepresst, in verschiedenem Sinne, kennen gelernt. Und infolgedessen bleibt unsere Auffassungskraft abgestumpft und abgeschwächt: von vornherein gewiss, dass sie nie dazu kommen wird, aus eigener Anschauung nachzuprüfen, ja nicht einmal danach trachtend.

Um diese Teilnahmslosigkeit zu vermeiden, die die Ernsthaftigkeit und den Lerneifer hemmen, ist es unerlässlich, bei Klarmachung der geographischen Formen und der wichtigsten Punkte, den Globus zu benutzen. Dieses Recht sollte der Lehrer unnachsichtlich durchsetzen, da es wirklich unmöglich ist, anhand der Karten Geographieunterricht zu erteilen, ohne an der Sache selbst Verrat zu üben.

Welches ist der beste Globus für Schulzwecke? Nach meiner Ansicht genügt eine einfache Kugel, die von Seiten des Lehrers an einem Holzapparat befestigt ist und die dieser in die Hand nimmt, bewegt und den Schülern vertraut macht. Die darauf angebrachten Linien müssen einfach sein. Zwei Befestigungen stellen die Pole dar, eine schwarze Linie den Äquator. Später, wenn man von den Verschiebungen der Jahreszeiten zu reden hat, stecke man an der einen und der anderen Seite des Äquators auch noch die Ekliptik ab, aber keine Längen- und Breitengrade, dies alles kommt später. Es genügt, den Punkt festzustellen, an dem sich die Schule befindet, Brüssel oder irgendwelche andere Stadt an der Erdoberfläche; außerdem kann man noch von Pol zu Pol den ersten Längengrad ziehen. So hat der erste Globus auszusehen, der mit Firnis eingefettet sein kann und auf dem man mit Gips Erhöhungen anbringen kann, und der dem Lehrer gestattet, Erklärungen zu geben und seine theoretischen Reisen über den Erdball anzuzeichnen und wieder auszuwischen.

Später werden die Schüler andere Globen mit Nutzen zu ihrem Studium anwenden; vor allem, wenn sie diese selbst angefertigt haben und mit eigenen Händen die Kontinente, Meere und alles, was sie in der Schule gelernt haben, darauf angebracht haben. Hierin besteht die wirkliche Lehrmethode: sehen und von neuem nachbilden, nicht aber auswendig wieder hersagen.

Es unterliegt keinem Zweifel: direkte Anschauung des Erdballes, genaue proportionale Nachbildung der Erde selbst, das wäre die beste geographische Erziehung des Kindes. Aber diese Erziehungsmethode wäre durch die Winzigkeit des Objektes sehr bald an ihrem Ende angelangt.

Ein Globus im Umfange eines Meters, der nur ein Vierzigmillionstel der Erde darstellte, kann immerhin nicht anders, als ein schweres und schwierig zu handhabendes Instrument sein, insbesondere für Kinder. Und die Schwierigkeit wächst mit der geometrischen Proportion des Objektes; denn ein Globus, den man im Maßstabe eines Zwanzigmillionstel, im Umfange von zwei Metern herstellen würde, müsste schon an der Decke aufgehängt werden, um ihn mit dem Finger drehen zu können, wie die Notwendigkeiten des Unterrichtes es erfordern. Und dann würden solche Instrumente, von größeren Dimensionen, derartig unhandlich sein, dass man gar nicht wüsste, wo und wie sie aufzubewahren sind; zuletzt würden sie, irgendwo zwischen altem Gerümpel vergessen, enden. So erging es den Globen von Olearius und Coronelli, die nebenbei bemerkt, heutzutage jeden geographischen Wertes entbehren.

Wenn aber Kugeln solcher Dimensionen in den Zimmern, Sälen und Hallen unserer Schulen und Bibliotheken zu sehr stören würden, so sollte das uns nicht abhalten, sie für Zwecke des Unterrichtes zu würdigen; ganz im Gegenteil wäre es vorteilhaft, sie mit ihrer besonderen Architektur, wie riesige Monumente, aufzurichten und so würde man trotz aller jener Resultate, die, wie man zu verstehen beginnt, bis heute nur mittelmäßig waren, einen neuen Zweig der Kunst konstituieren.

Die großen Globen, die man konstruiert hatte, insbesondere der von vierzig Meter Umfang (Maßstab 1.000.000), den man in der Pariser Weltausstellung im Jahre 1889 zeigte, entbehrten alle vom geographischen Standpunkt aus einer tatsächlichen Bedeutung; ihr einziger nicht zu unterschätzender Wert bestand darin, dass sie den Beschauern eine Vorstellung gaben von der Größe der Meere gegenüber unseren verhältnismäßig kleinen politischen Landgebieten, wie auch von der verhältnismäßigen Ausdehnung der einzelnen Landesteile.

Das Werk der Zukunft wird es sein, in jeder großen Stadt einen Globus im Maßstabe von 1.000.000, von 500.000, von 100.000 oder in noch größeren Dimensionen zu errichten. Projekte solcher Konstruktionen sind in allen Einzelheiten schon der Öffentlichkeit vorgelegt worden, und wir leben in einer Epoche, in der ihre Ausführung mit Sicherheit in Angriff genommen werden kann. Die Astronomen, den modernen Geographen voranschreitend, haben den Vorteil erkannt, den man hieraus holen kann, als sie das Relief des Mondes in riesigem Maßstabe nachbildeten.

Unzweifelhaft ist es wahr, dass diese wissenschaftlichen Monumente von großer Bedeutung für die Erziehung der Erwachsenen sind; hier aber sprechen wir über die Erziehung der Schüler in unseren Schulen, in denen die Globen von großem Durchmesser keinen Platz haben. Aber was tut das? Wenn es schwierig ist, einen Globus aufzustellen, was hindert uns, Teile desselben aufzurichten? Ich weiß von einem Bruchstück im Maßstab zu 10.000.000, von einem anderen im Maßstab zu 5.000.000; die Schweiz von Person hat einen Maßstab von nur 100.000 und ist ein Teil eines Globus von 400 Metern im Umfang.

Da die industriellen Mittel zur Verfügung stehen, kann man in kommenden Tagen Scheiben aller Maßstäbe und Größen in angemessener Weise herstellen. Und es handelt sich hier nicht nur um Geographie, sondern auch um Astronomie. Und ihr Erforscher dessen, was man die „Himmelskugel" nennt, auch ihr werdet Vorteile haben in Anwendung kugelförmiger Scheiben, wie die konvexischen Scheiben es waren, derer wir uns bedienten. Die Karten verleiten euch zu denselben Irrtümern wie uns. Und darum kann ich im vollen Vertrauen darauf rechnen, dass ihr Anteil nehmen werdet an jener friedlich revolutionären Bewegung, die wir in den Schulen und Unterrichtsstoffen beabsichtigen.

Wir sprechen von Fortschritt! Aber, von gewissen Gesichtspunkten aus betrachtet, befinden wir uns in einer Periode, wenn nicht des Rückschrittes, so doch unwürdigem Stillstandes; wir haben einen weiten Weg zurückzulegen, bis wir eine Periode antreffen, die an Größe dem babylonischen Zeitalter gleichkommt. Die am weitesten zurückliegenden Erinnerungen repräsentiert Chaldäa, jenes Land, in dem in jeder Stadt sich ein „Turm der Sterne" erhob. Über den unteren Stadtteilen erhob sich immer die Beobachtungsstation; umgeben von schönen luftigen, baumreichen Gärten der sagenhaften Semiramis und inmitten des Gesanges von Vögeln stand der große Turm, von dem aus die Astronomen die Himmelsräume durchforschten. Eine Stadt war nicht vollständig, wenn sie nicht einen dieser dem Studium des Himmels und der Erde geweihten Türme besaß.

Es gibt eine kaum bekannte Legende, die uns sagt, dass die Menschen, die in nur einer Stadt vereinigt waren und daran waren, einen solchen Turm des Wissens zu errichten, den Turm von Babel, plötzlich von Unwissenheit geschlagen waren, und als sie einander nicht mehr verstanden, sich als Fremde und Feinde nach allen Richtungen hin verstreuten. Gegenwärtig sprechen wir wieder eine gemeinsame Sprache: es ist die des wissenschaftlichen Studiums. Und es verhindert uns nichts, uns enger zu verbinden wie jemals vorher, denn wir haben jene Zeit erreicht, in der wir, ohne zögern, den angefangenen Bau erneuern können. Es ist zu erhoffen, dass in naher Zukunft eine jede Stadt ihren neuen „Turm der Sterne" errichten wird, von dem aus die Bewohner mit allen Bequemlichkeiten die Erscheinungen des Himmels beobachten und sich in den Schönheiten der Erde, den Dingen unseres Planeten unterrichten werden.

Elisée Reclus

Nachdem ich den vorliegenden Artikel gelesen hatte, schrieb ich an das Geographische Institut in Brüssel und bat, mir Textbücher für den geographischen Unterricht zu empfehlen; ich erhielt hierauf vom ausgezeichneten Geographen Reclus folgenden Brief:

Herrn Ferrer Guardia!

Lieber Freund! Nach meiner Auffassung gibt es für den Geographieunterricht in den Elementarschulen keine geeigneten Textbücher. Ich kenne auch nicht eines, das nicht durchtränkt wäre vom Gifte der Religion, des Patriotismus, oder was noch schlimmer ist, vom Gifte der Verwaltungsroutine.

Auf der anderen Seite aber, wenn die Kinder, wie es sicherlich in der Modernen Schule der Fall ist, das Glück haben, in der Hut von geistreichen Lehrern zu sein, die sich mit Liebe ihrem Berufe hingeben, gewinnen sie, wenn sie keine Bücher besitzen. Der mündliche Unterricht, der vom Lehrer erteilt wird, an diejenigen, die ihn verstehen, ist der beste. Nachdem man die Saat ausgestreut hat, wird man die Ernte einholen im Aufzeichnen von Notizen und Anfertigen von Karten. Dessen ungeachtet ist anzuerkennen, dass die geographische Literatur sehr bereichert sein würde durch ein Handbuch, das als Ratgeber und Leitfaden im Unterricht dieser Wissenschaft dienen könnte.

Wünschen sie, dass ich mich dieserhalb an N… wende, der eine Persönlichkeit ist, die mir vollauf geeignet erscheint, ein Werk in dem angezeigten Sinne zu schreiben?

Die kameradschaftlichsten Grüße in Ihrem Freunde

Elisée Reclus

Brüssel, den 26. Februar 1903

In Nummer 7 des Mitteilungsblattes veröffentlichte ich das Vorwort des zweiten Buches eines Werkes mit dem Namen:

Ursprung des Christentums

Die alte Pädagogik, deren tatsächliches, wenn auch verschleiertes Ziel es war, Kindern die Zwecklosigkeit eines Wissens aufzubürden, das sie mit ihren harten Lebensbedingungen aussöhnte und die es versuchte, sie mit einem eingebildeten zukünftigen Leben zu vertrösten, brauchte in den Elementarschulen Lesebücher, die voll waren von Geschichten, Anekdoten, Reiseberichten und Auszügen aus der klassischen Literatur. In diesen Lesebüchern war ein gutes Teil Irrtum vermischt mit Gutem und Nützlichem. Vorherrschend war die mystische Idee, dass eine Beziehung zwischen einem höheren Wesen und den Menschen hergestellt werden konnte durch Vermittlung von Priestern. Und diese Priesterschaft war die Hauptgrundlage für das Bestehen, sowohl der privilegierten wie der enterbten Klasse und sie war tatsächlich die Ursache des Übels, das die Enterbten erdulden mussten.

Unter anderen Büchern dieser Art, die alle vom gleichen Übel durchsetzt waren, erinnern wir uns eines, das eine akademische Abhandlung, ein Glanzstück spanischer Redekunst zum Preise der Bibel brachte. Dieses Stück gipfelt in dem barbarischen Ausspruch Omars, der die Bibliothek Alexandrias den Flammen überantwortete: „Die ganze Wahrheit ist in diesem heiligen Buche enthalten. Wenn die anderen Bücher wahr sind, sind sie überflüssig, und wenn sie nicht wahr sind, sollten sie verbrannt werden."

Die Moderne Schule, die freie Geister mit eigenem Verantwortlichkeitsgefühl erziehen will, Menschen, die fähig sind, alle ihre Kräfte zu entwickeln, was das einzige und alleinige Ziel des Lebens sein kann, muss notwendigerweise sich ein ganz neues Lesebuch schaffen, ein Lesebuch, das in

Harmonie mit ihren Unterrichtsmethoden steht. Da diese Schule auf dem Boden festbegründeter Wahrheiten steht und an den Kampf zwischen Licht und Finsternis über alles interessiert ist, hat sie es für nötig befunden, ein kritisches Werk zu produzieren, das den Geist des Kindes mit positiven Tatsachen erleuchtet. Wenn diese Tatsachen auch in der Kindheit nicht gleich vollständig erfasst werden, so wird das doch später der Fall sein, wenn das Kind seinen Platz im sozialen Leben und im Kampf gegen Irrtum, Konventionen und Heucheleien, die sich unter dem Mantel des Mystizismus verbergen, einnehmen wird. Dieses Werk erinnert uns daran, dass unsere Bücher nicht nur für den Gebrauch von Kindern hergestellt sind, sondern dass sie ebenfalls den Schulen für Jünglinge und Mädchen dienen sollen, die von Arbeitergewerkschaften, Freidenkern, Genossenschaften, sozialen Studenten und anderen fortschrittlichen Körperschaften gebildet worden sind, um die Unbildung unseres Volkes aufzulösen und dieses große Hindernis aus dem Weg zu räumen.

Wir glauben, dass der Teil aus Malverts Werk (Wissenschaft und Religion), den wir „Ursprung des Christentums" benannt haben, für diesen Zweck vorzüglich geeignet ist. Es zeigt die Mythen, Dogmen und Zeremonien der christlichen Religion in ihrer ursprünglichen Form. Manchmal als exotische Symbole, die für den Eingeweihten eine Wahrheit enthalten; manchmal als Anpassung an frühere Glaubenssätze, die durch bloße Routine eingeführt worden sind und durch Bosheit erhalten werden. Da wir dessen überzeugt sind und aus unserer Praxis einen breiten Beweis der Nützlichkeit unserer Werke haben, bieten wir sie der Öffentlichkeit an und hoffen, dass sie die Früchte tragen werden, die wir erwarten. Wir haben nur noch hinzuzufügen, dass gewisse Stellen in Malverts „Ursprung des Christentums", die unpassend für Kinder sind, ausgelassen worden sind; die Auslassungen sind aber vermerkt, und Jugendliche können die betreffenden Stellen in der vollständigen Ausgabe nachschlagen.

XII. Kapitel

Sonntagsvorträge

Die Moderne Schule beschränkte ihr Tätigkeitsfeld nicht nur auf die Erziehung von Kindern. Ohne auch nur einen Moment ihren Hauptcharakter aufzugeben und ihr Hauptziel aus den Augen zu verlieren, beschäftigte sie sich auch mit der Volkserziehung.

Wir richteten an Sonntagen eine Reihe von öffentlichen Vorträgen ein, die von den Schülern und anderen Mitgliedern ihrer Familien, wie auch von lernbegierigen Arbeitern besucht wurden.

Die ersten Vorträge waren mangelhaft in der Methode. Die betreffenden Redner beherrschten wohl den Gegenstand, über den sie sprachen, vollkommen, aber sie hielten ihre Vorträge, ohne Bezug zu nehmen auf Vorhergegangenes oder Nachfolgendes. Gelegentlich, wenn wir keinen Redner zur Verfügung hatten, lasen wir irgend etwas Nützliches vor. Die große Öffentlichkeit wohnte unseren Veranstaltungen sehr emsig bei, und unsere Ankündigungen in der freiheitlichen Presse unseres Distriktes wurden eifrig studiert.

Hinsichtlich der guten Resultate, die wir mit diesen Unternehmungen hatten und um das geistige Niveau der breiten Masse zu heben, beriet ich mich mit Dr. Andrés Martinez Vargas und Dr. Odón de Buen, Professoren an der Universität in Barcelona, über die Schöpfung einer Volksuniversität innerhalb der Modernen Schule. An diesem Institut sollte die Wissenschaft, die heute an den Universitäten vom Staate an einige wenige Privilegierte verkauft wird, unentgeltlich auf dem Wege der Wiedererstattung an alle und jeden übermittelt werden. Jeder Mensch hat das Recht auf Wissen; und die Wissenschaft, die ein Produkt der Bemühungen der Forscher in Arbeiten aller Zeitalter und Länder ist, sollte nicht auf eine einzige Klasse beschränkt werden.

Von dieser Zeit an waren die Sonntagsvorträge regelmäßig und methodisch. Dr. Martinez Vargas referierte über Physiologie und Hygiene und Dr. Odón de Buen über Geographie und Naturwissenschaft, und zwar wurden die Vorträge von den beiden Rednern wechselweise gehalten, bis unser Unternehmen und wir verfolgt wurden. Diese Vorträge wurden von den Schülern der Modernen Schule und der übrigen Zuhörerschaft von Kindern und Jugendlichen sehr begrüßt. Die Aufmerksamkeit, mit der alle diese jungen Menschen den Ausführungen der Redner folgten, veranlasste den Berichterstatter eines liberalen Blattes in Barcelona von diesen Abenden einmal als von „Messen der Wissenschaft" zu sprechen.

Die ewigen Lichthasser jedoch, die ihre Vorrechte nur durch die Unwissenheit der Massen erhalten können, waren sehr erbittert, dieses Zentrum des Wissens so große Wirkungen ausüben zu sehen und sie zögerten nicht, die Behörden, die ihnen zu Willen waren, aufzufordern, es brutaler Weise auszurotten. Ich für meinen Teil entschloss mich, das Werk so fest wie nur irgend möglich zu begründen.

Mit großem Vergnügen erinnere ich mich dieser Stunden, die wir einmal wöchentlich der Bruderschaft der Kultur widmeten. Wir begannen diese Vorträge am 15. Dezember 1901, an welchem Tage Don Ernesto Vendrell von Hypatia als einem Märtyrer der Wissenschaft und Schönheit und einem Opfer des fanatischen Bischofs Cyril von Alexandrien sprach. An den folgenden Sonntagen wurden andere Vorträge gehalten, bis am 5. Oktober 1902, wie ich oben schon anführte, die Vorträge regelmäßig und methodisch auf wissenschaftlicher Basis organisiert wurden. An diesem Tage hielt Dr. Andrés Martinez Vargas, Professor der medizinischen Fakultät (Kinderkrankheiten) an der Universität in Barcelona, seinen ersten Vortrag. Er behandelte die Hygiene in der Schule und passte seine Ausführungen dem Aufnahmeverfahren seiner Hörer durchaus an.

Dr. Odón de Buen, Professor der wissenschaftlichen Fakultät, sprach über die Nützlichkeit des Studiums der Naturgeschichte.

Die Presse war der Modernen Schule im allgemeinen sympathisch, als aber das Programm des dritten Schuljahres erschien, begannen einige der Lokalzeitungen, darunter der „Noticiero Universal" und das „Diario de Barcelona" ihre Angriffe. Hier ist eine Stelle, die bemerkenswert ist als eine Illustration für die Art, in der konservative Zeitungen fortschrittliche Ideen behandeln:

> „Wir haben den Prospekt eines Erziehungszentrums gesehen, das sich in unserer Stadt etabliert hat, und das vorgibt, nichts mit *Dogmen und Systemen* zu schaffen zu haben. Es gibt an, jedermann von autoritären Dogmen, althergebrachten Sophismen und lächerlichen Bestimmungen befreien zu wollen.
>
> Es scheint uns, dass das bedeutet, den Knaben und Mädchen - es ist eine gemischte Schule - zu allererst zu erklären, dass es keinen Gott gibt. Fürwahr, ein bewunderungswürdiger Weg zur Erziehung guter Kinder, besonders für die Bildung junger Mädchen, die bestimmt sind, Frauen und Mütter zu werden."

In dieser Weise fährt der Schreiber eine Zeitlang fort und endigt dann folgendermaßen:

> „Diese Schule erfreut sich des Beistandes eines Professors der Naturwissenschaften (Odón de Buen) und eines anderen Professors der medizinischen Fakultät, dessen Namen wir nicht nennen wollen, um Irrtümern vorzubeugen, die ihn jenen Leuten einrechnen könnten, die ihre Arbeit einem solchen Werk widmen."

Glücklicherweise wurden die Schäden, die die Presse verursachte, von der Presse selbst wieder repariert. Der klerikale Angriff wurde von Seiten des Diluvio ausführlich und energisch folgendermaßen beantwortet:

Klerikale Wutausbrüche

Der „Brusi“ als Autor sowohl wie „Der Noticero“ als Nachdrucker haben sich des albernsten Geschwätzes schuldig gemacht durch Veröffentlichung einer Zeitungsnotiz gegen eine weltliche Schule, die in Barcelona unter Beifall aller freiheitlichen Einwohner, die in dieser demokratischen Stadt die Mehrheit bilden, ihre Tätigkeit ausübt; wir meinen die Moderne Schule, die hinsichtlich der Eröffnung des bevorstehenden Kurses in allen lokalen Zeitschriften ein Rundschreiben veröffentlichte, ausgenommen im „Brusi“ und seinem Ableger, den „Noticero“, die, um ihrer Leserschaft zu schmeicheln, sich gegen die weltliche Wesenheit in der Straße de Bailén wendeten.

Wir wollen hier nicht die Moderne Schule verteidigen; denn unsere Lehrer bedürfen, um sich über den Wert dieses Instituts klar zu werden, nicht der Erinnerung an diese Schule, die an anderen Orten recht sehr fehlt. Die Schmähworte des „Brusi“ zeigen nur, dass er mit all seiner Religiosität nicht frei von Hass, Wut und versteckten Lügen ist, wie sie in jener Zeitungsnotiz von Anfang bis Ende Ausdruck finden. Erklärt jene veraltete Zeitung doch, dass die erwähnte Schule lehrt, nicht an Gott zu glauben, dass sie die Religion zum Spott macht, und wir wissen nicht, wie viele Schrecklichkeiten mehr dieses veraltete Blatt in den Worten „Weder Dogma noch Systeme“ versteckt gefunden hat, in denen diese Schule ihre Unabhängigkeit von allem erklärt. Nein, veraltete Zeitung! Und nochmals nein!! Ihr seid auf falschem Wege und lügt, wenn ihr behauptet, dass man in jenem Zentrum der Erziehung Gott leugnet und den Kindern Unglauben einimpft; das habe ich noch in keinem Paragraphen des Prospektes gelesen. Das, was der „Brusi“ aufgebracht hat und ihn veranlasste, die eines Christen unwürdige Wut und Verachtung über die Schule auszugießen, war folgender Satz: „Weder Dogmen, noch Systeme, Modelle, die das Leben auf die erste Basis einer Übergangszeit der Gesellschaft herabdrücken, sondern durch Tatsachen erhärtete Lösungen, durch die Vernunft erkannte Theorien, durch Beweise belegte Wahrheiten: das ist es, was unsere Lehrmethode ausmacht, welche danach trachtet, jedes Gehirn zur Triebkraft eines Willens zu machen, die Wahrheit in sich ruhen und in der Tiefe des Erkennens wurzeln zu sehen, und die, in der Praxis angewendet, der gesamten Menschheit ohne Ausnahme und unwürdige widerliche Ausschließungen zugute kommt."

Das ist es, was den „Brusi" und das „Diario de Barcelona" herausforderte, die sich nicht damit zufrieden geben können, dass die weltliche Erziehungsmethode die klerikale verdrängt, dass die Gebote der konventionellen Schule sich in Gesänge der Freiheit und Lobpreisungen der wahren Wissenschaft verwandeln, dass unwissende Pfarrer und religiöse Verschlagenheit, die Unterdrücker von Intelligenzen und Tyrannen des Geistes sind, ersetzt werden durch unabhängige Lehrer, die, um ein Wissen zu begründen, das absolut weltlich ist und sich nur auf die Natur und die Wissenschaft stützt, alle Religion beiseite liegen lassen. Der „Brusi" weiß mit Gewissheit, dass in jenen weltlichen Schulen, deren Fortschritt er schon fürchtet, nichts gegen die Religion und das Dogma gelehrt wird; man beschäftigt sich dort nicht mit derartigen Fragen, weil man der Meinung ist, dass religiöse Gefühle im Kreise der Häuslichkeit in die Kleinen eingepflanzt werden müssen; es besteht in jenen Mittelpunkten der Erziehung die gesunde Anschauung, dass in ihnen der Mensch des Wissens und der Wissenschaft sich bilden muss, während die Familie und nach ihr die Gesellschaft den religiösen Glauben zu pflegen haben, wenn die Neigungen nach dieser Richtung hin liegen. Und komme der „Brusi" nicht mit Behauptungen, wie diejenigen es sind, dass man in solchen Instituten die Antiklerikalen erzogen habe, denn da sind die Voltaire, die Volney, Darwin, Victor Hugo, die Zola, Comtey und viele andere, die alle von Jesuiten, Priestern und Pfarrern erzogen worden sind, und die als tiefe Kenner des im Gewande des Guten verkleideten Bösen, in dem sie erzogen worden sind, sich dagegen wendeten und mit der ganzen Kraft ihres Talentes, mit den Waffen ihres Wissens und den Energien ihres Willens den klerikalen Bau einrissen. Noch komme der „Brusi“ mit Alarmnachrichten und unbegründeten Behauptungen, die höchstens auf kleinmütige Familien und feige Geister einigen Eindruck machen können, sondern anerkenne er mit Edelmut, dass die klerikale Erziehung in dem gleichen Maße an Kraft verliert, in dem die freiheitliche Erziehungsmethode das Feld der öffentlichen Erziehung erobert; zumindest aber schweige er gegenüber erlaubter Propaganda, die freiheitliche Mitbürger mit Hilfe von fortschrittlichen Erkenntnissen und Gesellschaften für die weltliche Erziehung und gegen die klösterliche, mittelalterliche, rückschrittliche, entfalten. Glaubt uns. Organ einer veralteten, überlebten Zeit, das ihr darstellt: wenn ihr in eurer widersinnigen Arbeit fortfahrt, werdet ihr sehr bald allein und verlassen dastehen; auch von Seiten jener, die euch bis hierher aus Tradition gefolgt sind, denn soweit treiben selbst diese nicht ihre Scheinheiligkeit.

XIII. Kapitel

Die Resultate

Zu Anfang des zweiten Schuljahres legte ich ein neues Programm fest. Lasst uns, sagte ich, unser erstes Programm, das durch seine Resultate gerechtfertigt ist und das sich in Theorie und Praxis bewährt hat, mehr befestigen. Die Prinzipien, die uns von Anfang an geleitet haben und in deren Zeichen die Moderne Schule steht, sind nun unerschütterlich.

Die Wissenschaft ist die einzige Herrin des Lebens. Begeistert von diesem Gedanken will die Moderne Schule die ihr anvertrauten Kinder zu eigener geistiger Lebendigkeit erwecken, so dass sie, nachdem sie die Schule verlassen haben, in der Gesellschaft ewig Feinde aller Vorurteile sein werden und über alles sich ihr eigenes individuelles Urteil bilden werden.

Da die Erziehung nicht nur aus der Übung der geistigen Kräfte besteht, sondern auch die Entwicklung der Gefühle und des Willens einschließen muss, werden wir das äußerst mögliche tun, damit die intellektuellen Eindrücke des Kindes in Gefühlswerte umgesetzt werden. Wenn dies bis zu einem gewissen Grade geschieht, wird es sich über sein ganzes Wesen verbreiten und wird dem Charakter des Kindes eine gewisse Färbung geben. Und da die Führung und die Lebensäußerungen eines Menschen einzig und allein von seinem Charakter abhängen, wird er die Wissenschaft als die einzige Herrin seines Lebens anerkennen müssen.

Um unsere Prinzipien zu vervollkommnen, müssen wir feststellen, dass wir ganz begeistert für eine gemischte Erziehung sind, so dass das Weib die gleiche Erziehung wie der Mann bekommt, und in der Arbeit für die Erneuerung der menschlichen Gesellschaft tatsächlich der Kamerad des Mannes sein kann. Diese große Aufgabe der menschlichen Rasse ist bisher vollständig dem Manne überlassen worden, aber es ist Zeit, dass der moralische Einfluss des Weibes teilnimmt an diesem Werke. Die Wissenschaft wird seinen Geist erleuchten, wird sein reiches Gefühl leiten und seinen Charakter in den Dienst der Wohlfahrt der menschlichen Rasse stellen.

Da wir wissen, dass ein Hauptbedürfnis in Spanien eine naturwissenschaftliche und hygienische Erkenntnis ist, beabsichtigt die Moderne Schule so viel wie möglich an der Verbreitung eines solchen Wissens beizutragen. In dieser Beziehung haben wir die Hilfe von Dr. de Buen und Dr. Vargas, die abwechselnd über ihre Themata referieren.

Am 30. Juni 1903 veröffentliche ich im Mitteilungsblatt folgende Bekanntmachung:

> Wir haben nun zwei Jahre hindurch unsere Prinzipien in die Praxis umgesetzt und haben sie durch unsere Taten ge-

rechtfertigt. Während dieser Zeit haben wir uns der ausgezeichneten Hilfe aller unserer Mitarbeiter erfreut. Hierin sehen wir keinen anderen Triumph, als jenen, den wir vertrauensvoll vorausgesagt haben. Wir haben die Hindernisse überwunden, die Interessen oder Vorurteile uns in den Weg gelegt haben, und wir denken in dieser Art weiter fortzuschreiten und rechnen dabei auf die Hilfe und Kameradschaft des Fortschritts, der die Dunkelheit durchdringt mit seinem Licht.

Im nächsten September nach den Herbstferien setzen wir unser Arbeit weiter fort. Wir sind froh, wiederholen zu können, was wir im letzten Jahre an dieser gleichen Stelle sagten: Die Moderne Schule und ihr Mitteilungsblatt erneuern ihr Leben; mit einiger Genugtuung haben sie eine tiefgefühlte Notwendigkeit befriedigt. Ohne irgendwelche Vorbesprechungen oder Programme werden wir in den Grenzen unserer Kraft weiterwirken.

In der gleichen Ausgabe des Mitteilungsblattes wurde folgende Liste der Schüler, die in den ersten zwei Jahren die Moderne Schule besucht hatten, veröffentlicht:

Monat	Mädchen		Knaben		Insgesamt	
	1901/ 02	1902/ 03	1901/ 02	1902/ 03	1. Jahr	2. Jahr
Eröffnungstag	12	-	18	-	30	-
September	16	23	23	40	39	63
Oktober	18	28	25	40	43	68
November	21	31	29	40	50	71
Dezember	22	31	30	40	52	71
Januar	22	31	32	44	54	75
Februar	23	31	32	48	55	79
März	25	33	34	47	59	80
April	26	32	37	48	63	80
Mai	30	33	38	48	68	81
Juni	32	34	38	48	70	82

Zu Anfang des dritten Jahres veröffentlichte ich im Mitteilungsblatt mit besonderem Vergnügen folgenden Artikel über den Fortschritt der Schule:

Am 8. des Monats eröffneten wir das neue Schuljahr. Eine große Anzahl von Schülern mit ihren Verwandten und Vertreter der Öffentlichkeit, die in Übereinstimmung mit unserem Werke und unseren Vorträgen waren, füllten die neuerdings vergrößerten Räume. Vor Beginn der Eröffnungsfeierlichkeit besichtigten sie die Sammlungen, die unserer Schule das Aussehen eines wissenschaftlichen Museums gaben. Die Eröffnungsfeierlichkeit begann mit einer kurzen Ansprache des Direktors, der formell das dritte Schuljahr für eröffnet erklärte und ausführte, dass nun, da die Schule mehr Erfahrung habe und gekräftigt sei durch ihren Erfolg, man energisch an der Verwirklichung des Ideales der Modernen Schule arbeiten werde.

Dr. de Buen gratulierte uns zur Vergrößerung der Schule und unterstrich in seinen Ausführungen ihre Ziele. Erziehung, sagte er, muss die Natur und alle ihre Erscheinungen widerspiegeln. Unser Wissen kann nur bestehen aus einer Auffassung alles dessen, das tatsächlich besteht. Bezugnehmend auf seine Kinder, die die Schule besuchen und in der Nachbarschaft der Schule wohnen, sprach er von der guten Kameradschaft unter den Schülern und der durchaus natürlichen Weise, in der sie miteinander spielen und lernen. Weiter sagte er, dass selbst in der orthodoxen Erziehung oder in den Lehrern, die sie ausüben, trotz aller ihrer altertümlichen Züge, Tendenzen zu entdecken seien, die den in der Modernen Schule gepflegten verwandt sind. Das kann man aus seiner Anwesenheit, wie aus der Anwesenheit von Dr. Vargas und der anderen Professoren entnehmen. Er teilte mit, dass in Guadalajara eine ähnliche Schule durch das hinterlassene Vermächtnis eines Menschenfreundes gegründet wurde und in kurzer Zeit eröffnet wird. Er wünschte zur Erlösung der Kinder und ihrer Befreiung von Unwissenheit und Vorurteilen beizutragen und gab der Hoffnung Ausdruck, dass wohlhabende Leute, statt für ein eingebildetes Glück jenseits des Grabes zu sorgen, bei ihrem Tode ihre Güter in dieser Weise der Wohlfahrt der Gesellschaft zur Verfügung stellen mögen.

Dr. Martinez Vargas behauptete allen gegenüber, die anders dächten, dass die rein wissenschaftliche und rationelle Erziehung, die an der Moderne Schule gepflegt wird, die geeignete Basis für das gesamte Erziehungswesen ist. Kein besserer Weg kann gefunden werden, um die Beziehungen zwischen den Kindern und ihren Familien und der Gesellschaft aufrechtzuerhalten, und diese Erziehungsweise ist der einzige Weg, die Menschen der Zukunft moralisch und geistig aufzuziehen. Er war froh, gehört zu haben, dass die Schulhygiene und die eingeschlossenen periodischen Untersuchungen der Kinder, die in den letzten zwei Jahren in der Modernen Schule ausgeübt und in öffentlichen Vorträgen propagiert wurden, die feierliche Sanktion des Hygienischen Kongresses, der vor kurzem in Brüssel tagte, erhalten hat.

Im weiteren Verlaufe des Vortrages erklärte er an Hand einer Reihe von Lichtbildern verschiedene hygienische Übungen, gewisse typische Krankheiten, ungesunde Organe usw. bis in die Einzelheiten. Ein Versagen der Laterna magica unterbrach die Vorführung der Bilder, aber der Redner sprach weiter. Er füllte die Zeit aus mit der Schilderung des Korsetttragens, der Ansteckungsgefahr durch Mikroben, die Schleppkleider oder mit Sand spielende Kinder aufwirbeln, ungesunder Häuser, Werkstätten und dergleichen mehr, und er versprach, seine medizinischen Aufklärungsvorträge im kommenden Jahre weiter fortzusetzen.

Bei Beendigung der Versammlung gaben die Anwesenden ihrer Befriedigung Ausdruck und der Anblick der Freude auf den Gesichtern der Schüler war uns inmitten all der Härten der Gegenwart ein Trost und eine gute Vorbedeutung für die Zukunft.

Ein Ausflug von Schülern in das Reich der Industrie

Wie großartig! Wie schön! Wie nützlich ist die Arbeit!

Solche Ausrufe entflohen unwillkürlich dem Munde von Mädchen und Knaben, Schülern der Modernen Schule, während sie auf einem Ausfluge in das regsame Städtchen Sabadell verschiedene Fabriken besucht und dort aufs engste sich mit Arbeiterinnen und Arbeitern unterhalten hatten, die die kleinen Besucher mit Achtung und Liebe behandelten, und nachdem sie alle miteinander ein ländliches und gemeinsames Frühstück eingenommen hatten, nun noch einmal die Dinge bewunderten, die sie gesehen hatten.

Der primitive Mensch, der endlich, nach ausgedehnten Zeiträumen einer fortschrittlichen Entwicklung geworden war, befand sich im Dämmerlicht einer unerfahrenen Menschheit ohne Möglichkeiten eines Unterrichts, aber mit der dringenden Notwendigkeit eines solchen. Inmitten einer, obgleich wenig erschlossenen, so doch reichen und fruchtbaren Natur vegetierte er an den Küsten, in den Wäldern und in Gebirgen, zurückgezogen in Höhlen, in denen er sich von den wilden Gewalten des Wetters zu befreien trachtete.

Als er daran ging, die Eindrücke zu verbinden, die sich unbewusst in seiner Erinnerung klassifizierten, konnte er seine ersten Gedanken bilden, die, hervorgerufen durch die Notwendigkeit, die hauptsächliche, wenn nicht gar die einzige Triebkraft intellektueller Aktivität bildeten, die er der Natur gegenüber anwendete, die ihm bereitwilligst ihre Gaben erschloss. Und als Frucht eines Gedankens entstand die Falle, die leichte Wurfschleuder, entwickelte sich die Jagd, und durch Übertragung auf ein anderes Gebiet, die Fischerei; durch das Eingraben von Samen ergab sich die Frucht. Mit allen diesem hatte der Mensch es schon nicht mehr nötig, nicht nur nicht mehr Hungers zu sterben, sondern konnte er ebenfalls dem Angriff wilder Tiere widerstehen; ja, hierdurch empfing er sogar schon die ersten schwachen Vorstellungen der Gesellschaft.

Er musste sich bekleiden. Und nachdem er die schmutzigen und in der Größe oft unzureichenden und bald wieder abgebrauchten Felle der Tiere benutzt hatte, war es vielleicht der Gebrauch von Pflanzenfasern, der die Gedanken des Menschen anregte, die Wollfäden zu verwenden, indem er, ohne Kenntnis der Weberei, mit der Hand und mit Hilfe von zwei Stäben einen zunächst noch sehr unvollkommenen Stoff herstellte.

So wurde die Weberei geboren, die einen großartigen sozialen Fortschritt bedeutet, denn durch sie wurden die Nomadenstämme sesshaft, die vorher, nachdem sie ein Gebiet abgeweidet hatten, andere Gegenden suchen mussten und diese oftmals erst fanden, nachdem sie große Entbehrungen durchzumachen hatten oder die Weideplätze erst einnehmen konnten, nachdem sie einen anderen Stamm durch grausame kriegerische Mittel vertrieben hatten.

Die Weberei war es, die die Familie begründete, ebenfalls das Heim, den Ackerbau, die Viehzucht, die Kleidung, das tägliche Brot, Gemüsebau, Obstzucht, Kräuterwesen, sie war es, die uns Milch, Käse und Fleisch gab, und auch das Eisen, die Schmiedekunst, das Werkzeug, die Arbeit, die die Moral und den Frieden in ihrem Gefolge hatte.

Wenn auf dieser Höhe des Fortschrittes nicht der Priester, der Mandarin und der Kriegsmann, wie die Erscheinung einer Krankheit, die den Tod für den Organismus bedeuten kann, aufgetreten wären, dann hätte der Fortschritt sich regelmäßig aufwärts bewegt, und jene Ideale, die wir heute erst ahnen, wären schon einige Jahrhunderte hindurch praktische Wirklichkeit gewesen.

Man kennt diesen ersten Typus der Weberei durch künstlerische Darstellung; auch ist sie in entlegenen Gegenden, die abseits vom Einflusse der Zivilisation liegen, noch vorhanden. Dort findet man den Spinnrocken noch vor, auf dem das gewaschene und ausgekämmte Schaffell befestigt und der Faden vermittels der Spindel gedreht und geglättet wird, die schnell und leicht durch die Hände gleitet. Manchmal ist es eine alte schöne Matrone, manchmal eine zarte Jungfrau, die den Rocken bedient.

Mit solchen Bildern im Geiste, verglichen und werteten die Kinder die großartigen mechanischen Apparate, die sich ihrer aufrichtigen Bewunderung darboten. Und wenn es auch schwer war, die technischen Einzelheiten zu unterscheiden, die der Führer ihnen auf das klarste darlegte, wenn es auch schwer war, dem Verwandlungsprozess der rohen schmutzigen, soeben geschorenen Wolle in feine Stoffe von eleganten Mustern und reichen Farben zu folgen, jenem scheinbaren Werk von guten Feen, das sich unter den Händen der Arbeiter vollzog, so übersahen die Kinder keinen Moment lang die Schwierigkeit der Operationen und die Mühe der Arbeit.

Ihre Aufmerksamkeit wurde zunächst gefesselt vom Mechanismus, der die rohe Wolle aufnimmt und wäscht, indem er sie mechanisch durch eine Reihe von Wasserbecken bewegt; in jedem dieser Becken schreitet die Reinigung immer weiter fort, bis die Wolle zuletzt schneeweiß ist. Dann kam der Kamm, der die gewöhnliche Wollflocke, die wir alle kennen, in eine Reihe einzelner und vollständig individualisierter Fäserchen auflöst; es folgte der Webstuhl mit seinen hin- und herlaufenden Wagen, die voller Spindeln stecken, und der in einer einzigen Minute eine Menge Arbeit verrichtet, zu der die traditionelle Spinnerei Monate gebrauchen würde; dann wird der Faden geglättet, dauerhaft gemacht, und endlich wird er verwebt. Und alles dieses wird gekrönt von der geistreichen Erfindung Jacquards, die wie der schöpferische Geist eines Künstlers Pinsel, Farben, Kartone und Schablonen hin und her bewegt und so Stoffe, die wir für unsere Kleider verwenden, durch verschiedenfarbige Ornamente verschönt.

Dieses arbeitsreiche Bild wurde vervollständigt durch die Verwendung der Reste, Abfälle und Überbleibsel, die den vorher geschilderten Operationen noch einmal unterworfen wurden, indem sie in gewissem Sinne eine Erneuerung der Wollfasern durchmachen mussten und in neue billige Stoffe für die Armen, d.h. in Entschädigungen für die Arbeiter verwandelt wurden.

Die jugendlichen Besucher gaben auf Schritt und Tritt ihrer Freude Ausdruck, ihre jugendreinen, silberhellen Stimmen brachten dem Fortschritt, der Zivilisation und der Arbeit einen Hymnus der Bewunderung.

Es war notwendig, sie ein zweites Mal in die Wirklichkeit zurückzurufen. Ein Vorfall gab die Gelegenheit dazu: verschiedene Jungen und Mädchen, angewidert durch die Wärme und den unangenehmen Geruch der Materialien und Bestandteile, wollten in die letzte Abteilung des Werkes nicht eintreten; das gab den Anlass für einige Schlussbetrachtungen.

Die Arbeiterinnen und die Arbeiter, die in diesen Fabriken arbeiten, haben ihre Lehrlingszeit angetreten, als sie noch Kinder waren. Weit entfernt davon, ihren Körper genügend gestählt und gekräftigt zu haben und noch sehr unvollkommen erzogen und unterrichtet, störte auch sie die Wärme und der Gestank der Materialien. Aber da war die zwingende Notwendigkeit und hier standen sie und hier werden sie stehen, bis der Tod sie einst abruft. Dieses traurige Ende tritt immer viel früher ein, wie die allgemeinen Bedingungen des menschlichen Körpers es bestimmen.

Gewiss und bewunderungswürdig ist es, dass die Wissenschaft, vereint mit der Industrie, Herrlichkeiten zu verwirklichen imstande ist, wie sie vermittels dieser Maschinen hergestellt werden; unglücklicherweise jedoch ist ein schreckliches „aber" zu erwähnen: die Vorteile und Früchte dieser Bemühungen werden nicht gerechterweise verteilt. Es ist ganz augenfällig, dass die Arbeiter, die andauernd diese Bedingungen zu erdulden haben, die einigen Kindern unerträglich scheinen, die Sorge, Mühe und einen vorzeitigen Tod erleiden müssen, doch nur einen aussaugerischen Tagelohn erhalten. Und zwar so, dass die gesetzlichen Eigentümer der Maschinen, der Produkte und der Gebrauchsgegenstände, wenn ihr Geschäft nicht bankrott macht, immer reicher werden und mit ihren Familien alle nachfolgenden Vorteile für sich beanspruchen. Das bedeutet auf der anderen Seite, dass wir, um die soziale Gerechtigkeit doch wenigstens bis zur vorgeschrittenen wissenschaftlichen industriellen Höhe zu erheben, alles daransetzen müssen, was in unserer Macht steht, um die menschliche Rasse zur Würde und zu wirklichem Glücke führen zu können.

Solcher Art waren die hier kurz wiedergegebenen Betrachtungen, die unsere Zöglinge während dieses Schulausfluges anstellten, der eine der vielen lehrreichen Beigaben dieser Schule darstellte.

XIV. Kapitel

In gesetzlicher Verteidigung

Unser Programm des dritten Schuljahres (1903-04) war folgendermaßen:

> Die fortschrittliche Entwicklung der Kinder zu fördern und zwar unter Vermeidung aller zeitwidrigen Praktiken, die bloße Hindernisse der Vergangenheit auf dem Wege des Fortschrittes und der Zukunft sind, ist die Hauptaufgabe der Modernen Schule. Weder Dogmen noch Systeme, die den vergänglichen Formen der totgeweihten Gesellschaft Lebenskraft einflößen, werden gelehrt, nur Lösungen, die durch Tatsachen erhärtet sind; vernünftige Theorien und beweiskräftige Wahrheiten werden in unsere Lektionen aufgenommen, so dass der Wille eines jeden Menschen seinen geistigen Qualitäten unterworfen wird und einzig und allein die Wahrheit die Intelligenzen durchleuchtet und ihre Anwendung im praktischen Leben der gesamten Menschheit zum Wohle gereichen wird.

Zwei Jahre Erfolg sind eine genügende Garantie für uns. Sie beweisen uns vor allem die Vorzüglichkeit gemischter Erziehung, die glänzenden Resultate (den Sieg möchten wir sagen) des einfachen, gewöhnlichen Menschenverstandes über Vorurteil und Tradition. Da wir es für ratsam halten, dass ganz besonders das Kind weiß, was um es herum geschieht, dass Physik, Naturwissenschaft und Hygiene gelehrt werden, wird die Moderne Schule sich weiter der Dienste von Dr. de Buen und Dr. Vargas bedienen, welche Sonntags abwechselnd von 11-12 Uhr im Schulraum Vorlesungen halten werden. Diese Vorlesungen werden das, was in den Klassen während der Woche auf wissenschaftlicher Basis gelehrt worden ist, vervollständigen und weiter ausbauen.

Es verbleibt uns nun nur noch zu sagen, dass wir, die wir immer tätig sind, unser Werk der Erneuerung weiter auszubauen, unser Schulmaterial durch die ergänzende Hinzufügung einer neuen Sammlung von Bemerkungen, die das Verständnis erleichtern und gleichzeitig zum Studium der Wissenschaften anregen, bereichert haben. Da das Gebäude der Modernen Schule nicht groß genug war, um die Anzahl der Kinder zu fassen, haben wir noch weitere Räume dazu genommen und denken, dass dies die beste Antwort auf die Bitten sein wird, die wir erhalten haben.

Wie ich vorher schon sagte, zog die Veröffentlichung des Programms die Aufmerksamkeit der reaktionären Presse auf sich. Um ihr einen Beweis der logischen Stärke der Position der Modernen Schule zu geben, veröffentlichte ich folgenden Artikel im Mitteilungsblatt:

Die von allen Traditionen und Konventionen befreite moderne Pädagogik muss sich zur Höhe einer vernunftmäßigen Weltanschauung des Menschen, dem gegenwärtigen Stande des Wissens und dem endlichen Ideal des Menschengeschlechtes erheben. Wenn aus irgendeiner Ursache eine andere Tendenz in die Erziehung hineinwirkt und der Lehrer nicht seine Pflicht tut, würde es nur gerecht sein, ihn einen

Betrüger zu nennen. Die Erziehung darf kein Mittel sein, die Menschheit zum Vorteile ihrer Regierung zu beherrschen. Unglücklicherweise ist es aber gerade das, was wir überall sehen. Die Gesellschaft ist nicht organisiert zur Befriedigung einer allgemeinen Notwendigkeit und für die Verwirklichung eines Ideals, sondern als eine Institution, die aufs äußerste entschlossen ist, ihre primitiven Formen aufrechtzuerhalten, welche sie machtvoll gegen jede noch so vernünftige Reform verteidigt.

Dieses Element der Unbeweglichkeit gibt allen Irrtümern den Charakter heiliger Glaubenssätze und stattet sie mit großem Ansehen und dogmatischer Autorität aus, die nichts als Störungen hervorrufen und wissenschaftliche Wahrheiten der ihnen zukommenden Wirksamkeit berauben, zumindest aber sie verzögern. Anstatt den Geist von allen Menschen zu erleuchten und Institutionen und Gewohnheiten allgemeiner Brauchbarkeit zu verwirklichen, ist das Wissen unglücklicherweise auf die Sphäre von einigen wenigen Privilegierten beschränkt. Das Resultat ist das gleiche wie das in den Tagen der alten ägyptischen Gottesherrschaft. Es gibt eine Lehre der Uneingeweihten für die Kultivierten und eine Lehre der Uneingeweihten für die unteren Klassen, für jene Klassen, die bestimmt sind zur Arbeit, zur Verteidigung und zum Elend.

Aus diesem Grunde lassen wir alle mystischen und unklaren Lehren, deren Herrschaft und Ausdehnung nur in den frühesten Zeitaltern menschlicher Geschichte zu erklären und zu entschuldigen ist, beiseite und bedienen uns einzig und allein wissenschaftlicher Lehrmethoden. Gegenwärtig sind die Wissenschaften auf den kleinen Kreis der Intellektuellen beschränkt, oder sie werden auch im geheimen von gewissen Hypokraten bejaht, die, um ihre Stellung nicht zu gefährden, einen öffentlichen Beruf aus dem Gegenteil machen. Nichts könnte diesen absurden Widerspruch klarer machen als folgende Parallele, in der wir den Widerspruch der zwischen den eingebildeten Träumen des unwissenden Gläubigen und der vernunftmäßigen Einfachheit des Wissenschaftlers besteht, sehen:

Die Bibel

(Auszug aus einer Rede, gehalten von Donosa Cortés bei seiner Zulassung zur Akademie)

Die Bibel enthält die Annalen des Himmels, der Erde und der menschlichen Rasse; wie die Göttlichkeit selbst, enthält sie alles, was ist, war und sein wird. Auf ihrer ersten Seite lesen wir vom Beginn der Zeit und der Dinge und auf ihrer letzten Seite lesen wir vom Ende der Zeit und aller Dinge. Sie beginnt mit den Büchern Moses, die ein Idyll sind und endet mit der Offenbarung, die eine Hymne des Todes ist. Die Bücher Moses sind so schön wie eine frische Brise, die über die Erde weht, wie das Aufsteigen des Frühlichtes am Himmel, wie die erste Blume auf grünen Auen, wie das erste Liebeswort des Menschen, wie das erste Aufsteigen der Sonne im Osten. Die Offenbarung hingegen ist so traurig wie der letzte Herzschlag der Natur, wie der letzte Sonnenstrahl, wie der Atemzug eines Sterbenden. Und

Anthropismus

(Aus Ernst Heckel: Die Welträtsel)

Eine der mächtigsten Stützen der reaktionären Weltanschauung ist der Anthropismus oder die „Vermenschlichung". Unter diesem Begriffe verstehe ich jenen mächtigen und verbreiteten Komplex von irrtümlichen Vorstellungen, welcher den menschlichen Organismus in Gegensatz zu der ganzen übrigen Natur stellt, ihn als vorbedachtes Endziel der organischen Schöpfung und als ein von dieser verschiedenes gottähnliches Wesen auffasst. Bei genauerer Kritik dieses einflussreichen Vorstellungskreises ergibt sich, dass er eigentlich aus drei verschiedenen Dogmen besteht, die wir als den anthropozentrischen, anthropomorphischen und anthropolatrischen Irrtum unterscheiden.

I. Das anthropozentrische Dogma ruht auf der Vorstellung, dass der Mensch der unbedachte Mittelpunkt und Endzweck allen Erdenlebens -

zwischen diesem Grabgesang und dem Idyll ziehen alle Generationen und Völker vorbei am Throne Gottes; vorbei gehen die Stämme und Patriarchen, die Republiken mit ihren Magistraten, die Monarchien und ihre Könige, die Kaiserreiche mit ihren Herrschern. Babylon zieht vorbei mit seinen Abscheulichkeiten, Ninive in all seiner Pracht und all seinem Pomp, Memphis und seine Priester, Jerusalem, seine Propheten und seine Tempel, Athen mit seiner Kunst und seinen Helden, Rom mit seinem Diadem und seinen Besiegern der Erde. Nichts besteht, einzig und allein Gott: alles andere vergeht und stirbt, wie Schaum und Traum …

Ein erstaunliches Buch, das die Menschheit vor dreiunddreißig Jahrhunderten zu lesen begann und dessen Reichtum sie nicht erschöpfen könnte, wenngleich sie Tag und Nacht und alle Stunden darin studieren würde. Ein wunderbares Buch, in dem alles ausgerechnet ward, noch ehe die Wissenschaft der Arithmetik erfunden worden war, in dem uns vom Ursprung der Sprache erzählt wird, ohne irgend ein philologisches Wissen, in dem oder in weiterer Fassung - der ganzen Welt sei. Da dieser Irrtum dem menschlichen Eigendünkel äußerst erwünscht, und da er mit den Schöpfungsmythen und mit den Dogmen der mosaischen, christlichen und mohammedanischen Religionen innig verwachsen ist, beherrscht er auch heute noch den größten Teil der Kulturwelt.

II. Das anthropomorphische Dogma knüpft ebenfalls an die Schöpfungssagen der drei genannten sowie vieler anderer Religionen an.

Es vergleicht die Weltschöpfung und Weltregierung Gottes mit den Kunstschöpfungen eines sinnreichen Technikers und mit der Staatsregierung eines weisen Herrschers. „Gott der Herr“ als Schöpfer, Regierer und Erhalter der Welt wird dabei in seinem Denken und Handeln durchaus menschenähnlich vorgestellt. Daraus folgt dann wieder umgekehrt, dass der Mensch gottähnlich ist. „Gott schuf den Menschen nach seinem Bilde.“ Die ältere naive Mythologie verleiht ihren Göttern Menschengestalt, Fleisch und Blut. Weniger materialistisch sind die Vorstellungen der neueren die Revolutionen der Sterne beschrieben werden, ohne von der Astronomie zu wissen, in dem Geschichte geschrieben steht, ohne geschichtliche Dokumente zu kennen, in dem die geheimen Naturgesetze entschleiert werden, ohne irgend ein Wissen über die Physik. Ein ungeheures Buch, das alles sieht und weiß, was geschieht in den Tiefen der Meere und in den Eingeweiden der Erde, das die Katastrophe aller Völker schildert oder voraussagt, und in dem die Schätze aller Grade, aller Gerechtigkeit und aller Rache verborgen liegen und endlich: ein Buch, das dermaleinst, wenn die Himmel wie ein gigantischer Fächer zusammengefaltet werden, wenn die Erde versinkt, das Licht der Sonne verblasst und die Sterne auslöschen, weiter bestehen wird mit Gott, denn es ist sein ewiges Wort und ewiglich wird es widerhallen in den Höhen.

mystischen Theosophie, welche den persönlichen Gott als „unsichtbares“ Wesen verehrt, und ihn doch gleichzeitig nach Menschenart denken, sprechen und handeln lässt.

III. Das anthropolatrische Dogma ergibt sich aus dieser Vergleichung der menschlichen und göttlichen Seelentätigkeit von selbst; es führt zu der göttlichen Verehrung des menschlichen Organismus, zum „anthropistischen Größenwahn“. Daraus folgt wieder der hochgeschätzte Glaube an die persönliche Unsterblichkeit der Seele sowie das dualistische Dogma von der Doppelnatur des Menschen, dessen „unsterbliche“ Seele den sterblichen Körper nur zeitweise bewohnt. Diese drei anthropistischen Dogmen, mannigfach ausgebildet und der wechselnden Glaubensform der verschiedenen Religionen angepasst, wurden zur Quelle der gefährlichsten Irrtümer.

Angesichts dieses Widerspruches, der aufrechterhalten wird durch Unwissenheit und Selbstsucht, muss die positive Erziehung, deren Ziel es ist, Wahrheiten zu verbreiten, die Resultate der Naturforschung zu ordnen und zu systematisieren, um sie den Kindern übermitteln zu können und so den Weg zu einem gerechteren Gesellschaftszustand vorzubereiten, in dem, um einen exakten Ausdruck der Soziologie zu gebrauchen, die Gesellschaft zum Wohle aller wie zum Wohle der einzelnen Individuen tätig ist. Moses, oder wer immer sonst der Autor der Schöpfungsgeschichte war, und alle die anderen Dogmatiker mit ihren „sechs Tagen der Schöpfung aus dem Nichts“ und zwar nachdem der Schöpfer eine Ewigkeit im Nichtstun verbracht hat, müssen Kopernikus Platz machen, der uns von der Drehung der Planeten um die Sonne berichtet hat; und Galilei, der da proklamierte, dass die Sonne und nicht die Erde der Mittelpunkt des Planetensystems ist; Columbus und anderen, die glaubten, dass die Erde eine Kugel ist und auszogen, um andere Völker zu suchen und so letzten Endes der Lehre menschlicher Bruderschaft eine Basis schufen; Linné und Cuvier, den Begründern der Naturgeschichte, Laplace, dem Denker der Entstehungslehre der Erde, Darwin, dem Autor der Entwicklungslehre, welche die Bildung der Arten durch natürliche Auswahl erklärt: diesen Männern, die durch Beobachtungen und Versuche jene Offenbarungen, die nur im Geiste existieren, untergraben haben und uns über die wirkliche Natur des Universums, der Erde, und allen Lebens berichten, müssen die Dogmatiker, die bis heute das der Menschen beherrscht haben, Platz machen.

Das beste Mittel gegen diese Übel, hervorgebracht von Generationen, die versunken sind in Unwissenheit und Aberglauben, aus dem so viele befreit werden, um nur in einen antisozialen Skeptizismus zu fallen, ist, ohne andere Mittel auszuschließen, die Belehrung der aufsteigenden Generation nach rein humanistischen Prinzipien und in dem positiven und rationellen Wissen, das die Wissenschaft hervorgebracht hat. Frauen, die so erzogen worden sind, werden im wahren Sinne des Wortes Mutter, nicht aber Übermittler traditionellen Aberglaubens sein; sie werden ihren Kindern die Reinheit und Würde des Lebens und soziale Solidarität lehren, anstatt eines Durcheinander von alten unfruchtbaren Dogmen und die Unterwerfung unter ungültige Hierarchien. Menschen, die so befreit sein werden von Geheimnissen, Wundern und dem

Misstrauen gegen sich selbst und andere, Mitmenschen, die überzeugt sind, dass sie geboren sind, nicht um zu sterben, wie die ärmliche Lehre der Mystiker ihnen sagt, sondern um zu leben, werden daran gehen, einen Gesellschaftszustand zu schaffen, der dem Leben seine größtmöglichste Entwicklung sichert. Das Andenken an die früheren Generationen wird uns eine Lektion und eine Warnung sein, und für immer werden wir die religiöse Periode der Menschheit abschließen und endgültig in eine Ära der Vernunft und Natur eintreten.

Am 30. Juni veröffentlichten wir im Mitteilungsblatt hinsichtlich des Besuches der Schule die unten folgenden Zahlen. Gleichzeitig veröffentlichen wir eine Liste der Orte, in denen Schulen Text- und Lehrbücher der Modernen Schule benutzen.

Liste der Schüler der Modernen Schule, während der ersten drei Schuljahre

Monat	Mädchen			Knaben			Total		
	1901/02	**1902/03**	**1903/04**	**1901/02**	**1902/03**	**1903/04**	1. Jahr	2. Jahr	3. Jahr
Eröffnungstag	12	-	-	18	-	-	30	-	-
September	16	23	24	23	40	40	39	63	64
Oktober	18	28	43	25	40	59	43	68	102
November	21	31	44	29	40	59	50	71	103
Dezember	22	31	45	30	40	59	52	71	104
Januar	22	31	47	32	44	60	54	75	107
Februar	23	31	47	32	48	61	55	79	108
März	25	33	49	34	47	61	59	80	110
April	26	32	50	37	48	61	63	80	111
Mai	30	33	51	38	48	62	68	81	113
Juni	32	34	51	38	38	63	70	82	114

Orte und Anzahl der Schulen, die die Textbücher der Modernen Schule benutzen:

Villannueva und Geltrú	1 Schule	Mahón	1 Schule
Tarragona	1 Schule	La Unión	1 Schule
Sevilla	1 Schule	Gaucin	1 Schule
Sestao	1 Schule	Granollers	1 Schule
Reus	1 Schule	Granada	1 Schule

Portbou	1 Schule	Esplugas	1 Schule
Palamos	1 Schule	Córdoba	1 Schule
Mougat	1 Schule	Casares	1 Schule
Mazarrón	2 Schulen	Cartagena	2 Schulen
Mataró	1 Schule	Barcelona	2 Schulen
Málaga	1 Schule	Aznalcóllar	1 Schule
Zusammen 32 Schulen			

XV. Kapitel

Die Scharfsinnigkeit des Kindes

Im Mitteilungsblatt vom 30. September 1903 veröffentlichten wir die Arbeiten der Schüler aus den verschiedenen Klassen, die zum Schlusse des zweiten Schuljahres angefertigt worden waren. In diesen Aufsätzen, die einige Anforderungen an die kritische Beurteilung des Schülers richteten, überragte der vom Gefühl der Gewichtigkeit inspirierte Einfluss des Geistes auf die unerfahrenen, freimütigen Beweisführungen bei weitem die Beachtung von Regeln und Gesetzen. Vom logischen Standpunkte aus waren die Beurteilungen der Kinder nur deshalb nicht vollkommen, weil es ihnen an dem zur Bildung einer gesunden Meinung notwendigen Wissen mangelte. Das ist das gerade Gegenteil dessen, das wir gewöhnlich finden; im allgemeinen werden Meinungen nur auf Vorurteile, Traditionen, Interessen und Dogmen aufgebaut.

Ein Knabe von 12 Jahren führte beispielsweise für die Beurteilung des Wertes einer Nation folgende Prinzipien an:

> Um zivilisiert genannt zu werden, muss ein Staat oder ein Volk frei von folgendem sein.

Ich möchte hier noch ganz kurz einwerfen, dass der jugendliche Autor „zivilisiert“ mit „gerecht“ identifiziert und ganz besonders, dass er alle Vorurteile beiseite lassend, gewisse Übel als heilbar bezeichnet und dass er deren Heilung für eine wesentliche Bedingung der Gerechtigkeit hält. Solche Übel sind:

1) Das gleichzeitige Bestehen von Armen und Reichen und der daraus hervorgehenden Ausbeutung.
2) Militarismus als ein Mittel der Zerstörung, der auf Grund der schlechten Organisation der Gesellschaft von einem Volke gegen ein anderes angewendet wird.
3) Ungleichheit, die den einen gestattet zu regieren und kommandieren; die andern hingegen zwingt, gehorsam und untertänig zu sein.

Dieses Prinzip ist fundamental und einfach, wie wir es von einem unvollständig unterrichteten Geiste nicht anders erwarten können; es würde niemand befähigen, ein soziologisches Problem vollständig zu lösen, aber es hat den Vorteil, den Geist für neues Wissen wach zu halten. Es ist gerade, als ob jemand fragen würde: „Was braucht ein Kranker, um gesund zu werden?“ und man antwortete: „Seine Leiden müssen verschwinden!“ Das wäre eine natürliche und naive Antwort und würde von einem Kinde, das in der gewöhnlichen Weise erzogen worden ist, sicherlich nicht gegeben werden. Ein solches Kind würde vor allen Dingen den Willen von eingebildeten übernatürlichen Wesen in Rechnung setzen. Es ist klar, dass diese einfache Methode der Behandlung eines Lebensproblems die Hoffnung auf eine vernünftige Lösung nicht ausschließt; tatsächlich verlangt die eine logischerweise die andere wie der Aufsatz desselben Kindes uns zeigt:

„Ich glaube nicht, dass, wenn es keine Reichen oder Soldaten oder Regierungen geben würde, die Leute ihre Freiheit und Wohlfahrt missbrauchen würden, aber ich denke, wenn jedermann in hohem Grade zivilisiert wäre, eine allgemeine Freundlichkeit und Freundschaft bestehen würde. Und die Wissenschaft würde viel größere Fortschritte machen, wenn sie nicht von Kriegen und politischen Stockungen in ihrer Arbeit unterbrochen würde“.

Ein neunjähriges Mädchen machte folgende gefühlvolle Beobachtung, die wir hier in ihrer eigenen unvollkommenen Sprache wiedergeben:

„Ein Verbrecher ist zum Tode verurteilt; wenn der Mensch diese Strafe verdient, sind der, der ihn verurteilt und der andere, der ihn tötet, auch Mörder; logischerweise sollten sie auch sterben und so würde die ganze Menschheit zu Ende gehen. Es würde besser sein, anstatt einen Verbrecher zu bestrafen und dadurch andere Verbrechen zu verüben, ihm einen guten Rat zu geben, so dass er es nicht wieder tun wird. Außerdem, wenn wir alle gleich sind, gibt es keine Diebe und keine Mörder, keine reichen Leute und keine Armen, sondern alle würden gleich sein und würden die Arbeit lieben und die Freiheit".

Die Schlichtheit, Klarheit und Richtigkeit dieser Beobachtung erfordert keine weitere Bemerkung. Man kann unser Erstaunen verstehen, sie von den Lippen eines zarten und sehr schönen kleinen Mädchens zu hören, die mehr als eine symbolische Verkörperung von Wahrheit und Gerechtigkeit aussah, als die einer lebendigen Wirklichkeit.

Ein zwölfjähriger Knabe spricht über Aufrichtigkeit und sagt:

„Ein Mensch, der nicht aufrichtig ist, lebt nicht friedlich; er muss immer fürchten, entdeckt zu werden. Wenn man aufrichtig ist, nachdem man Unrecht getan hat, erleichtert das aufrichtige Bekenntnis das Gewissen. Wenn ein Mensch in seiner Kindheit Lügen sagt, wird er, wenn er aufwächst, noch größere Lügen sprechen und vielleicht viel Schaden anrichten. Es gibt Fälle, in denen man nicht aufrichtig zu sein braucht. Zum Beispiel, wenn ein Mann auf der Flucht vor der Polizei in unser Haus kommt und wir später gefragt werden, ob wir ihn gesehen haben, müssen wir das ableugnen. Das Gegenteil würde Verrat und Feigheit sein".

Es ist traurig, dass der Geist eines Kindes, der Wahrheit für ein unvergleichliches Gut hält, „ohne das es unmöglich zu leben ist“, gezwungen ist, bei gewissen ernsthaften Missbräuchen das Lügen in manchen Fällen als eine Tugend zu betrachten.

Ein dreizehnjähriges Mädchen schreibt über Fanatismus, und da sie ihn für ein Zeichen zurückgebliebener Länder betrachtet, sucht sie nach der Ursache:

> „Fanatismus ist das Resultat des Zustandes der Unwissenheit und der Zurückgebliebenheit der Frauen; darum wollen die Katholiken keine erzogenen Frauen, weil diese die Hauptstützen ihres Systems sind“.

Eine tiefe Beobachtung über die Ursache des Fanatismus und die Ursache der Ursachen. Eine andere Dreizehnjährige schlägt als bestes Mittel zur Beseitigung des Übels folgendes vor:

> „Die gemischte Schule für beide Geschlechter ist außerordentlich wichtig. Der Knabe, der in der Gesellschaft von Mädchen lernt, arbeitet und spielt, lernt das Mädchen allmählich respektieren und steht ihm hilfreich zur Seite, und das Mädchen tut das gleiche. Wenn hingegen die Knaben allein erzogen werden und ihnen gesagt wird, dass Mädchen keine guten Gefährten sind und Knaben besser als Mädchen sind, würden sie, wenn sie Männer geworden sind, die Frauen nicht respektieren und sie als Gegenstand oder Sklaven betrachten: das ist die Lage, in der wir das Weib finden. Darum müssen wir alle für die Gründung gemischter Schulen arbeiten, wo immer es möglich ist. Und wo es nicht möglich ist, müssen wir versuchen, die Hindernisse aus dem Wege zu räumen“.

Ein zwölfjähriger Knabe hält die Schule für über alles wertvoll. Wir lernen darin lesen, schreiben und denken, und sie ist die Grundlage der Moral und der Wissenschaft; er fügt hinzu:

> „Wenn die Schule nicht da wäre, würden wir leben wie die Wilden; wir würden nackend umherlaufen, Pflanzen und rohes Fleisch essen, und in Höhlen und Bäumen leben, d.h.

wir würden ein rohes Leben führen. Nach und nach wird durch die Schulen jedermann intelligent sein, und es wird keine Kriege und aufrührerische Völker mehr geben. Auf Kriege werden alle Menschen mit Schrecken als auf Werke der Zerstörung und des Todes zurückblicken. Es ist ein großes Unglück, dass es Kinder gibt, die auf den Straßen umherlaufen und nicht in die Schule gehen und wenn sie einmal groß sind, ist das Unglück noch viel größer. Darum lasst uns unsern Lehrern dankbar sein für die Geduld, mit der sie uns unterrichten, und lasst uns die Schulen mit Hochachtung betrachten".

Wenn dieses Kind die gezeigten Fähigkeiten behält und entwickelt, wird es einst Egoismus und Altruismus zum eigenen Vorteile und zum Wohle der Gesellschaft zu vereinigen wissen. Ein elfjähriges Mädchen beklagt, dass die Völker einander vernichten und bejammert den sozialen Klassenunterschied und dass die Reichen von der Arbeit und Ausbeutung der Armen leben. Sie beendet ihre Arbeit folgendermaßen:

„Warum begeben die Menschen anstatt des Mordens in Kriegen und des Hassens aus Klassenunterschieden sich nicht viel lieber an die Arbeit und die Entdeckung von Dingen zum Besten der Menschheit? Die Menschen sollten sich vereinigen, um einander zu lieben und brüderlich mit einander zu leben".

Das sind kindliche Ansichten, die wahrlich alle diejenigen beschämen müssten, die für die Aufrechterhaltung der Ursachen des Übels eintreten, welches das empfindsame Gemüt dieses Mädchens so tief ergriffen hat.

In einem Schreiben, das wir seiner Korrektheit wegen vollständig übersetzen könnten und das wir nur deshalb verkürzt wiedergeben, um diesem Buche keine unnötige Breite zu geben und weil es in seinem Gedankeninhalt mit denen seiner Mitschüler übereinstimmt, die schon in den anderen Aufsätzen ausgeführt sind, äußert sich ein zehnjähriger Knabe folgendermaßen über die Schule und den Schüler:

„Versammelt unter demselben Dache, wünschen wir das zu erlernen, was uns mangelt. Ohne Unterschied der Klassen sind wir alle Brüder, die zum selben Ziele geführt werden ... Der Unwissende ist eine Null; wenig oder nichts kann von ihm erwartet werden. Das sollen wir uns als Mahnung dienen lassen und ohne Zeit zu verlieren, alles zu erlernen, was man uns bietet; zu seiner Zeit wird uns hierfür schon Lohn werden. Niemals dürfen wir die Früchte einer guten Schule vergessen. Und wenn wir unsere Lehrer, die Familie und die Gesellschaft ehren, dann werden wir ein zufriedenes Leben führen".

Eine Auffassung gesunden Menschenverstandes ist das, was hier im Alter von zehn Jahren mit der kindlichen Freude übereinstimmt.

Ein zehnjähriges Mädchen philosophiert über die Fehler des Menschengeschlechtes, die nach ihrer Meinung durch die Erziehung und den Willen vermeidbar sind und führt folgendes aus:

„Unter den Fehlern der menschlichen Rasse befinden sich die Lüge, die Heuchelei und der Egoismus. Wenn die Menschen besser erzogen wären, und ganz besonders, wenn die Frauen ebenso unterrichtet wären, wie die Männer, dann würden diese Fehler verschwinden. Dann würden die Eltern ihre Kinder nicht in Religionsschulen erziehen lassen, die ihnen falsche Ideen beibringen, sondern sie schickten dieselben in rationalistische Schulen, in denen man nichts Unnatürliches lehrt, das gar nicht existiert, genau so wenig das Kriegführen, sondern die Solidarität und die Anwendung der gemeinsamen Arbeit".

In der Kritik gegenüber der Gesellschaft sieht man in diesem Gedanken das Ideal durchleuchten, das dem menschlichen Fortschritt als Führer dienen wird.

Wir wollen mit folgendem Essay, das von einem sechzehnjährigen Mädchen geschrieben wurde, und sowohl in der

Form wie auch im Inhalt korrekt genug ist, um vollständig wiedergegeben zu werden, diese Abhandlung schließen:

„*Die bestehende Gesellschaft*

Welche Ungleichheit gibt es doch in der bestehenden Gesellschaftsordnung: Einige arbeiten von morgens bis in die Nacht hinein ohne größeren Gewinn als den ungenügender Nahrung; andere hingegen erhalten die Produkte der Arbeiter, um sich eines großen Überflusses zu erfreuen. Warum ist das so? Sind wir nicht alle gleich? Unzweifelhaft sind wir das; unsere Gesellschaft aber erkennt das nicht an, denn einige sind zum Arbeiten und Entbehren und andere zum Nichtstun und zum Vergnügen bestimmt. Wenn ein Arbeiter zeigt, dass er die Ausbeutung erkennt, unter der er leidet, wird er getadelt und sogar grausam bestraft; aber viele sind da, die die Ungleichheit mit Geduld ertragen. Der Arbeiter muss sich selbst erziehen. Und um das zu ermöglichen, ist es notwendig, freie Schulen zu gründen, die von den Schulgeldern der Reichen erhalten werden. So wird der Arbeiter immer mehr und mehr fortschreiten, bis er für das, das er tatsachlich ist, betrachtet wird. Die nützlichste Mission innerhalb der Gesellschaft ist die seine".

Was auch immer der logische Wert dieser Ideen sein mag, eines ist gewiss: die ganze Sammlung spiegelt das Hauptziel der Modernen Schule wider: *Freie Auswirkung des kindlichen Geistes, der nur von dem, was das Kind sieht, beeinflusst und von positivem Wissen belehrt wird.* Keine Beziehung zu Vorurteilen und keine Unterordnung unter irgend eine Sekte, vollkommene Autonomie und keine andere Führerschaft als die der Vernunft, die in allem gleich und durchwebt ist von der zwingenden Kraft des Beweises, vor dem alle Dunkelheit von Sophismen und dogmatischen Zwanges verfliegt.

Im Dezember 1903 benachrichtigte uns der in Barcelona tagende Kongress der Eisenbahnarbeiter, dass seine Delegierten die Moderne Schule besuchen wollten. Die Schüler waren hierüber sehr erfreut und wir forderten sie auf, einige Essays zu schreiben, die bei der Gelegenheit des Besuches vorgelesen werden sollten. Durch unvorhergesehene Ereignisse ist der Besuch verhindert worden, aber wir veröffentlichten die von den Kindern geschriebenen Essays im Mitteilungsblatt; ein feiner Duft von Ernsthaftigkeit, unbefangener Urteilskraft und naiver Aufrichtigkeit geht von diesen Arbeiten aus. Obgleich die Kinder in keiner Weise beeinflusst worden waren und sie auch ihre Arbeiten nicht verglichen hatten, drückten sie alle eine merkwürdige Übereinstimmung in der Auffassung und dem Gefühle aus.

Ein neunjähriges Mädchen schrieb:

„Ich grüße Euch, Ihr lieben Arbeiter, denn Ihr macht die Arbeit für die Gesellschaft.

Euch und allen anderen Arbeitern ist Dank zu sagen für die notwendige Arbeit, die Ihr für das Leben herstellt, nur Euch und nicht den Reichen, die Euch einen ärmlichen Tagelohn bezahlen, und die ihn nicht bezahlen, damit ihr leben könnt, sondern nur, weil sie selbst arbeiten müssten, wenn Ihr nicht mehr arbeitet".

Ein neunjähriger Knabe fährt nach einer liebenswürdigen Begrüßung folgendermaßen fort:

„Die Erde sollte den Arbeitern genau so wie allen übrigen gehören. Die Natur hat nicht einzelne Menschen geschaffen, die alles besitzen sollen. Die Erde muss fruchtbar gemacht werden, ohne dass die einen Menschen ausgebeutet werden und die andern die Früchte genießen. Der Arbeiter wohnt in kleinen und dunklen Häusern, er isst wenig und schlecht und fährt nicht im Wagen wie der Bürger. Wenn der Arbeiter wollte, würde alles ihm gehören. Wer das nicht glaubt, soll einmal die Arbeiter und die Bürger zählen. Welche sind mehr? Nun also, weil die Arbeiter mehr sind, werden sie bald, oder besser gesagt, in der Folge ihre Wünsche erfüllen".

Diese neunjährigen Kinder, die so aufrichtig mit ihrer Meinung herausplatzten, könnten die Meister von vielen hinfälligen Wirtschaftslehrern sein, die ihr Verständnis hinsichtlich des Bestehens begeistern, weil es ist, aber nicht untersuchen, ob es nach Recht und Vernunft auch das Recht hat, zu bestehen.

Ein elfjähriges Mädchen:

„Ein Tag wird kommen, an dem die Arbeit besser eingeteilt sein wird, an dem die Vernunft regiert, die Wissenschaft sich betätigt und alle sozialen Klassen verschwunden sein werden. Pflicht des Menschen ist es, alles mögliche zu machen, sowohl mit den Händen wie auch mit dem Geiste, aus dem Vorteile herauswachsen. Derjenige, der das Entgegengesetzte tut, ist unmenschlich. Die Erziehung ist die Grundlage der Menschheit und die Erlöserin des Menschen, denn sie ist es, die ihn in alle Rechte einsetzt".

Ein elfjähriger Knabe:

„Seid gegrüßt, Vertreter der Arbeit! Ihr, als Eisenbahnarbeiter, führt mächtige Maschinen, als ob es unschuldige kleine Tierchen wären. Die Maschinen, die als Produkte der menschlichen Zivilisation der Menschheit gehören sollten, sind Eigentum einiger weniger Potentaten, denen ihr Besitz nichts gekostet hat, den sie erlangt haben durch Ausbeutung der Arbeiter. Während ihr Sonne, Regen und Schnee erduldet und Eure Arbeit ausführt, ereifern zufriedene Bürger, während sie sich in ihren Schlafwagen zurückziehen, sich über die geringe Schnelligkeit des Zuges".

Ein elfjähriges Mädchen:

„Gut ist es, dass Ihr Euch den Arbeiten der Eisenbahn hingebt; Ihr fördert die Industrie und sorgt dafür, dass Züge da sind, die Reisende, Produkte und viele Dinge von Stadt zu Stadt befördern. Alle diejenigen, die sich dieser Arbeit hingeben und den Entdeckungen zum Wohle der Menschheit, halte ich für besser wie einen General, der eine Schlacht gewonnen hat".

Ein elfjähriger Knabe:

„Der Arbeiter, der die Bewunderung der ganzen Welt verdient, ist in unserer Gesellschaft am verachtetsten. Er schafft uns Kleider, Häuser und Möbel, züchtet das Vieh, das uns Fleisch und Wolle gibt; mit Eisenbahnzügen und Schiffen bringt er uns von einem Orte zum andern und er leiht uns viele andere Dienste. Ihm verdanken wir das Leben".

Ein elfjähriger Knabe, der mit vielen der hier geäußerten Gedankengänge übereinstimmt, schreibt folgendes:

„Die Nutznießer, die nur Dinge verzehren, aber keine herstellen und immer an die Ausbeutung von anderen denken, verachten den Arbeiter, der für viele Arbeitsstunden nur einen sehr geringen Tagelohn erhält, mit dem er kaum seine Familie erhalten kann. Wenn die Gesellschaft in anderer Art organisiert wäre, würde es niemand gehen, der Hungers stürbe, während die Reichen die Früchte genießen".

In dieser Gruppe von Arbeiten elfjähriger Geister findet man Elemente, aus denen man eine soziologische Abhandlung entwickeln könnte. Hier ist alles Wichtige vorhanden: Darstellung von Taten, Kritik und Beurteilung und zuletzt eine schöne, schlichte Bestätigung des Ideals.

Ein zwölfjähriger Knabe:

„Wer genießt die Früchte der Arbeit? Die Reichen. Wozu dienen die Reichen? Diese Menschen sind unproduktiv, darum könnte man sie mit den Bienen vergleichen, nur dass diese mehr Verstand haben, denn sie töten die Parasiten".

Ein zwölfjähriges Mädchen:

„Der Arbeiter ist der Sklave des Bürgers. Während Reiche sich in Gärten und auf Spaziergängen erfreuen, gibt es Arbeiter, deren Kinder nach Brot rufen, das sie ihnen nicht geben können. Warum ist das so? Darum, weil die Reichen alles für sich verbrauchen".

Ein zwölfjähriger Knabe:

„Der Arbeiter muss nicht nur arbeiten; er muss auch noch in den Krieg ziehen, was ein großes Übel ist. Und während er im Kriege ist, bleiben seine Eltern ohne Hilfe zurück und sie können erwarten, dass er untauglich für die Arbeit zurückkehrt. An dem Tage, an dem die Gesellschaft sich so ändern wird, dass alle ihre gesellschaftlichen Pflichten erfüllen und die Befriedigung ihrer Bedürfnisse gesichert haben, wird es weder Reiche noch Arme geben und alle werden glücklich sein“.

Ein zwölfjähriges Mädchen:

„Arbeiter, Ihr verkürzt vermittels der Eisenbahnen die Entfernungen und vielleicht wird der Tag kommen, an dem Ihr es fertig bringt, die Grenzen verschwinden zu machen, die ein Volk vom andern abschließen; Ihr seid sehr wichtig, denn die Eisenbahn ermöglicht die Industrie und viel Fortschritt, durch sie können auch Gedanken bis in die entlegensten Länder übertragen werden“.

Ein zwölfjähriger Knabe:

„Die schlechte gesellschaftliche Organisation ruft eine ungerechte Einteilung hervor in Menschen, die arbeiten und Menschen, die nicht arbeiten. Wenn es einen Streik gibt, sieht man niemand sonst, wie Polizisten an den Fabriktüren mit einer Pistole in der Hand. Wäre es nicht besser, wenn sie sich einem nützlichen Berufe hingeben wurden?“

Ein zwölfjähriger Knabe:

„Die Söhne der Bürger und der Arbeiter, sind nicht beide aus demselben Fleische und denselben Knochen? Warum gibt es denn Unterschiede in der Gesellschaft?“

Ohne, dass in dieser Gruppe das in der vorigen Ausgeführte fehlt, ist in ihr eine gewisse Note enthalten, die Energie, eine größere Intensität des Gefühls, mehr Gedankentiefe und eine korrekte und schöne Gedrängtheit zeigt.

Ein dreizehnjähriges Mädchen:

„Die Ausbeutung der Menschen durch den Menschen ist verachtungswürdig, unmenschlich und grausam und es muss ein Tag kommen, an dem die Arbeiter sich vereinigen werden und an dem für immer die abscheuliche Ausbeutung aufhören wird“.

Ein vierzehnjähriges Mädchen:

„Pflicht eines jeden Menschen ist es, soviel zu erreichen und zu entdecken, wie nützlich für ihn und seine Mitmenschen ist, überall hilfreich zu sein und die Bedürftigen trösten. Derjenige, der nicht so wirkt, verdient nicht den Namen Mensch. Solidarität, Brüderlichkeit und Gleichheit sind die obersten Bestrebungen der zukünftigen Gesellschaft“.

Ein siebzehnjähriges Mädchen:

„Ich grüße und beglückwünsche die Eisenbahner als Vertreter der Arbeit und Freunde der Gleichheit, Dingen, denen es schlecht ergeht in dieser egoistischen, heuchlerischen und eitlen Gesellschaft. Ich wünsche, dass die im Kongress begonnene Arbeit zu gutem Erfolge führen wird, dass die Arbeiter Verminderung der Arbeitszeit und Erhöhung des Lohnes erreichen werden, was notwendig ist zur Befriedigung ihrer Bedürfnisse und um ihrer Ausbildung sich hingeben zu können“.

In der Art, wie die in der Modernen Schule entwickelten Geister diese Anregung beantworteten, sich auf das Freieste einem der wichtigsten Zweige der Arbeit gegenüber zu äußern, darf man nicht so sehr eine Demonstration positiven Wissens und noch weniger eine bestimmte entschiedene Meinung sehen, wie die geistreiche Spontaneität bewundern, in der die Schüler, frei von Vorurteilen und Konventionen, ihrer besonderen Art des Empfindens Ausdruck geben.

Die rationalistische Erziehungsmethode machte immer weitere Fortschritte. In folgendem habe ich ebenfalls ein Beispiel ihres Erfolges, das dem Mitteilungsblatt entnommen ist:

Die Schüler der Elementarklasse des Arbeiter-Athenäums in Badalona richteten an die Schüler der Modernen Schule folgenden Brief:

„An die Kinder der Modernen Schule in Barcelona:

Liebe Kameraden! Da wir den Wunsch haben, uns mit Kindern an anderen Schulen in Verbindung zu setzen, um Freundschaften zu pflegen und uns gegenseitig zu unterrichten, wenden wir uns an Euch.

Vor einigen Tagen haben wir begonnen, die „Abenteuer des Nono“ zu lesen, die uns sehr gefallen. Und da unser Lehrer uns erzählt hat, dass Ihr sie vor langer Zeit schon gelesen habt, haben wir den Wunsch, dass Ihr uns mitteilt, was Ihr aus dieser Lektüre entnommen habt.

Wir nehmen diese Gelegenheit wahr, um Euch zu sagen, dass wir Eure guten Freunde sein wollen und dass wir Euch gern sehen möchten. Unser Lehrer hat uns versprochen, dass er mit uns nach Barcelona gehen will, um uns den Zoologischen Garten zu zeigen; dort können wir uns sehen. Wir werden Euch das Nähere schon mitteilen:

Empfangt hiermit von Euern Freunden, die sehnlichst Eure Antwort erwarten, Umarmungen für alle.

Euch wünschen Gesundheit und alles Gute die Kinder des Arbeiter-Athenäums in Badalona.
In ihrem Namen:

Francisco Radriguez

Badalona, den 16. Februar 1904“

Die Lektüre dieses Briefes verursachte den lebhaftesten Eindruck auf alle unsere Schüler; alle, von den Kleinsten bis zu den Größten, empfanden innige Sympathie für jene Kinder, die ihnen ihre Freundschaft anboten, und alle sehnten den Moment herbei, in dem sie ihnen ihr Wohlwollen praktisch beweisen konnten.

Als die Lehrer sie aufforderten, den glücklichen Einfall der Kinder in Badalona zu beantworten, wie es so schöne menschliche Gedanken und Gefühle doch verdienen, griffen alle zur Feder und alle schrieben Antwort.

Um diese Antworten in einer allgemeinen Form zusammenzufassen, war es immerhin notwendig, dass, wie in jedem menschlichen kommunistischen Akt, das Grundelement jeder einzelnen Antwort gewahrt blieb, so wie in der Arithmetik, wo jede Endsumme die Menge der Einheiten darstellt, die sie bilden. Wir hatten 56 Briefe, 16 von Mädchen und 11 von Knaben der Elementarklasse und 10 von Mädchen und 19 von Knaben der Oberklasse. Die Freude, mit der man den liebenswürdigen Gruß aufnimmt und die Idee gegenseitigen Kennenlernens an einem Festtage findet sich einstimmig in allen Schreiben wieder. Die Antwort beschäftigt sich mit dem, „was unsere Schüler aus den Abenteuern des Nono entnommen haben“, wenn auch vielleicht nicht sehr bestimmt, denn die meisten begnügten sich damit, zu sagen, dass das Buch ihnen sehr gefallen hat, und außerdem führen sie Szenen an, die ihre besondere Freude erregt haben. Dessen ungeachtet legten einige Kinder, und es waren nicht nur die älteren, Werturteile über Einzelheiten und über das Werk im allgemeinen nieder.

Das Bemerkenswerte in dieser Sammlung von Antworten war, dass keine Widersprüche in ihr enthalten waren. Jeder einzelne Schüler äußerte seinen Eindruck und der, der wenig weiß und es auch nicht ausdrücken kann, fühlt dasselbe, wie derjenige, der viel zu sagen weiß; man hätte alle Gedanken nach einem aufsteigenden Maßstab unter derselben einheitlichen Richtung ordnen können. Da waren die, die sich für das Idyll des Landes Autonomie begeisterten und die die Tyrannei und Unsolidarität von Argirocracia verabscheuten. Die einen hielten sich bei der Beschreibung der Behausung des Nono auf, andere verweilten bei der Schönheit der praktischen Anwendung der Solidarität, die der maurische Schiffer in folgenden Worten wiedergab: „Ohne daran zu denken, hast du das große Gesetz weltumspannender Solidarität ausgeübt, das verlangt, dass alle Wesen einander gegenseitig beistehen“. Alles ist bedacht worden und jede Zeile fand ihre Auslegung: die Freiheit der Arbeit, die gesellschaftliche Gleichheit, die Übel, die Folgen des Lasters und die des Mangels an gegenseitiger Ernsthaftigkeit, die guten Wirkungen allgemeinen Glückes und gesellschaftlicher Harmonie, das Heldentum solidarisch Verbundener, die angenehmen Empfindungen, die durch die Schönheiten der Natur und der Poesie ausgelöst werden, sogar Komik, alles ist beachtet, nichts fehlt, nicht einmal der Faustschlag, den Nono im Scherz auf die Nase Monadios niedersausen ließ.

Mit allen diesen Elementen, mit Sätzen aus dem Texte, die leichthin verändert waren, um Wiederholungen zu vermeiden, wurde folgender Brief zusammengesetzt, der, wenn er auch nicht von allen unterzeichnet werden konnte, doch mit der Meinung und dem Gefühle aller übereinstimmt.

„An die Kinder der Elementarklasse des Arbeiter-Athenäums in Badalona.

Liebe Kameraden! Genau wie Ihr wünschen wir Verbindung zu haben mit gut erzogenen Kindern, um mit ihnen Freundschaft und Solidarität zu üben.

Mit Freuden nehmen wir Euren Vorschlag an und erwarten ungeduldig den Moment, an dem wir Euch kennen lernen können, um mit Euch zu spielen, Euch unsere Erfahrungen mitzuteilen und zusammen über jenes herrliche Buch „Die Abenteuer des Nono“ reden zu können, das Ihr so sehr liebt, wo Ihr es doch erst begonnen habt zu lesen, und wir es sehr lieben, weil wir es schon ganz gelesen haben.

Ihr seht, dass wir unseren Geist anstrengen müssen, damit wir die Gesellschaft näher jenem Ideale führen können, das unsere Väter ersehnten, das sie aber nicht erreichen konnten. Hierzu sind wir berufen.

Wie schön ist das Land der Autonomie! Dort befindet man sich gut aufgehoben, man arbeitet, man ruht sich aus und man spielt, wenn man will. Wenn man tut, was man wünscht, wie es unter den Menschen sein sollte, so gibt es kein Geld, keine Schildwachen, keine Gendarmen und keine Soldaten, die Gesichter wie Marder und Hyänen haben, nicht Reiche, die in Palästen wohnen und in Kutschen spazieren fahren und Arme, die in schlechten Hütten wohnen und vor Hunger sterben; es gibt auch keine Diebe, denn alles gehört allen und es gibt keine Ausbeutung des Menschen mehr durch den Menschen. In einem solchen schönen Lande wollen wir alle gern wohnen. Von solchem Lande träumt Nono. Heute ist es nicht möglich, aber eines Tages kommt es, denn die Autonomie ist eine Aufgabe der künftigen Gesellschaft. Wir haben erkannt, dass das die Art und Weise ist, in der man leben sollte, nicht aber so, wie man heute lebt. Das heutige Leben ist sehr weit entfernt von wahrhafter und vollständiger Zivilisation.

Argirocracia hingegen ist eine Wiederholung dessen, was in der Gesellschaft von heute geschieht. Alle Länder, und das eine immer mehr wie das andere, ahmen Argirocracia nach, dasjenige unglückliche Land, in dem die Ausbeutung existiert, wo die einen arbeiten und die andern sich freuen, wo die einen die anderen bedienen und diejenigen in Gefängnisse eingesperrt werden, die vom Glücke sprechen, unter dem man in Autonomie lebt.

Kurz: Die Abenteuer des Nono sind ein sehr lehrreiches Buch, das man sehr gründlich lesen muss und das beinahe alles aussagt über ein Land, wo alle für einen und einer für alle arbeiten, in dem es kein Geld gibt, keine Diebe und niemand, der Gesetze einführt und ihre Befolgung erzwingt; es gibt auch keine Waffen, und wo man die Wissenschaft lehrt und Kunst unterrichtet, ist es für alle Menschen.

In Erwartung des Momentes, in dem wir Euch kennen lernen können, wiederholen wir Eure Grüße.

Gesundheit und Liebe.

Die Schüler und Schülerinnen der Modernen Schule in Barcelona"

XVI. Kapitel

Das Mitteilungsblatt

Die Moderne Schule brauchte und fand ein Organ in der Presse. Die politische und die Tagespresse, die uns einmal unterstützte und ein anderes Mal als „gefährlich“ verschrie, kann niemals eine unparteiische Haltung einnehmen. Entweder schwelgt sie in übertriebenem und unverdientem Lob oder sie bringt verleumderische Berichte. Das einzige Gegenmittel war die Ernsthaftigkeit und Klarheit unserer eigenen Veröffentlichungen. Es würde uns aber viele Mühe gekostet haben, diese Veröffentlichungen ohne Korrekturen gedruckt zu sehen. Über diese Schwierigkeiten half unser eigenes *Mitteilungsblatt* uns dann aufs beste hinweg.

In diesem Mitteilungsblatt veröffentlichten die Direktoren das Programm der Schule, interessante Notizen über diesen Gegenstand, statistische Einzelheiten, pädagogische Artikel von den Lehrern, Berichte die Entwicklung über rationelle Erziehung in Spanien und anderen Ländern, Übersetzungen von wichtigen Artikeln aus fremden Zeitschriften, die in ihren Hauptlinien mit dem Ziel unseres Werkes übereinstimmen, Berichte über unsere Sonntagsvorträge und Aufrufe zur öffentlichen Beteiligung bei der Einstellung von Lehrern und Angelegenheiten unserer Bibliothek.

Eine der erfolgreichsten Abteilungen des Mitteilungsblattes war die der Veröffentlichungen von Arbeiten der Schüler. Neben individuellen Ideen enthüllten diese spontane Manifestationen gesunden Menschenverstandes. Knaben und Mädchen, die auf Grund ihres Geschlechtes keinen beträchtlichen Unterschied hinsichtlich der Betrachtungen der Wirklichkeiten des Lebens zeigten, gaben ihren Ansichten in einfachen Essays Ausdruck, die, obgleich manchmal unreif im Urteil, doch meistens eine klare Logik in der Auffassung philosophischer, politischer oder sozialer Probleme zeigten. Zuerst wurde unsere Zeitschrift unter den Schülern verteilt oder auch mit anderen Zeitschriften ausgetauscht, aber sehr bald wurde sie in weiteren Kreisen verlangt, und wir gingen daran, sie öffentlich zu verbreiten.

Von diesem Zeitpunkt an war das Mitteilungsblatt eine philosophische Rundschau, wie Organ der Modernen Schule. Und diesen Charakter behielt es bis zur Zeit der Verfolgung und des Schließens der Modernen Schule. Ein Beispiel für die bedeutende Aufgabe des Mitteilungsblattes bietet folgender Artikel, den ich in Nummer 5 des vierten Jahrganges schrieb, um die Ansicht gewisser weltlicher Lehrer zu korrigieren, die vom Wege abgeirrt waren:

> Eine gewisse Arbeiterschule hat die Neuheit einer Sparbank eingeführt, die von den Schülern verwaltet wird. Dieses Unternehmen, das von der Presse als ein Erziehungsmittel gerühmt wird, das würdig ist, nachgeahmt zu werden, fordert uns heraus zur Stellungnahme. Wenn andere das Recht zum Bestimmen und zum Handeln haben, haben wir das Recht zum Kritisieren, um so beitragen zu können an einer rationellen öffentlichen Meinung.
>
> Zu allererst wollen wir feststellen, dass das Wort „Ökonomie" sehr verschieden, wenn nicht sogar das Gegenteil von dem ist, was wir „Sparsamkeit" nennen. Man kann Kindern das Wissen und die praktische Anwendung der Ökonomie lehren, ohne notwendigerweise sie zur Sparsamkeit zu erziehen. Ökonomie bedeutet eine vorsichtige und methodische Verwendung seiner Güter; Sparsamkeit dagegen bedeutet die Beschränkung der Verwendung seiner Güter. Wenn wir ökonomisch handeln, vermeiden wir Verschwendung; beim Sparen aber beraubt derjenige, der keinen Überfluss besitzt, sich des Notwendigen.
>
> Haben die betreffenden Kinder, denen man Sparsamkeit lehrt, überflüssiges Eigentum? Der bloße Name der in Frage stehenden Gesellschaft versichert uns des Gegenteils. Die Arbeiter, die ihre Kinder in die Schule schicken, leben von

ihren Löhnen, d.h. von einer ihnen von ihren Arbeitgebern bezahlten Summe, die das Existenzminimum bedeutet. Und da dieser Lohn ihnen nichts Überflüssiges bietet und aller Reichtum der menschlichen Gesellschaft monopolisiert worden ist von den privilegierten Klassen, sind die Arbeiter weit davon ab, ein Leben in Harmonie mit dem Fortschritt der Zivilisation zu leben. Darum: wenn diesen Arbeiterkindern und zukünftigen Arbeitern zu sparen gelehrt wird (was eine freiwillige Beraubung zum Zwecke scheinbaren Vorteiles ist), wird ihnen gelehrt, sich vorzubereiten zur Unterwerfung unter die bestehenden Privilegien. Die Absicht ist, sie in die Betätigung der Ökonomie einzuführen, was aber tatsächlich getan wird, ist, sie zu Opfern und Stützen der bestehenden ungerechten Gesellschaftsordnung umzuwandeln.

Das Arbeiterkind, das wie alle andern ein Menschenkind ist, hat das Recht, alle seine Fähigkeiten zu entwickeln und alle seine Bedürfnisse, die physischen sowohl wie die psychischen zu befriedigen. Zu diesem Zwecke ist die Gesellschaft errichtet worden; ihre Aufgabe ist es nicht, das Individuum zu unterdrücken, wie es in selbstsüchtiger Weise von den privilegierten und reaktionären Klassen und allen jenen vorgegeben wird, die als Parasiten von den Kräften der arbeitenden Menschheit zehren. Aufgabe der Gesellschaft ist es, das Gleichgewicht zu halten zwischen den Rechten und Pflichten aller ihrer Mitglieder.

Heute aber sieht es so aus, dass man vom Einzelnen verlangt, alle seine Rechte, Bedürfnisse und Freuden der Gesellschaft zu opfern. Und da diese Ordnung uns nichts als Geduld und Leiden auferlegt und einer sophistischen Beweisführung zu ihrer Rechtfertigung bedarf, lasst uns eine wahre Ökonomie bejahen, das Sparen aber ablehnen. Wir denken nicht daran, Kinder so zu erziehen, dass sie sich als Arbeitssklaven in einer Gesellschaftsordnung voraussehen, in der die durchschnittliche Sterblichkeit der Armen, die ohne Freiheit, Erziehung und Freuden leben, im Vergleich zu jenen Parasiten, die vom Triumph der Arbeit leben, eine erschreckende Höhe erreicht hat. Jene, die daran denken, die Menschenrechte herabzuwürdigen, sollten die schönen und kraftvollen Worte von Pi y Margall lesen: „Wer bist du, mir den Gebrauch meiner Menschenrechte zu verwehren? Verräterische und tyrannische Gesellschaft, du bist geschaffen worden, uns zu verteidigen, nicht aber uns zu beherrschen. Zurück mit dir in die Tiefe, aus der du aufgestiegen bist!"

Von diesen Prinzipien ausgehend und sie in der Pädagogik anwendend, halten wir es für notwendig, Kindern zu lehren, dass die Verschwendung irgendwelcher Gegenstände im Gegensatz zur allgemeinen Wohlfahrt steht, dass z.B. ein Kind, wenn es Papier verdirbt, Federn verliert oder Bücher zerstört, es seinen Eltern und der Schule eine Ungerechtigkeit zufügt. Man mag den Kindern die Notwendigkeit einer Voraussicht klar machen, die verhindern soll, unvollständige Dinge zu erhalten; man mag sie auch an Arbeitslosigkeit, Krankheit oder Alter erinnern, aber es ist nicht recht, dass eine Entlohnung, die nicht zur Befriedigung der Lebensverhältnisse ausreicht, zur Bestimmung gemacht wird. Das ist eine schlechte Arithmetik.

Die Arbeiter haben keine akademische Bildung; sie besuchen keine Theater und Konzerte, fallen niemals in Ekstase der Bewunderung beim Anblick großartiger Schöpfungen der Kunst, Industrie oder Natur; sie haben keine Feiertage, an denen sie ihre Lungen mit dem lebenspendenden Ozon des Meeres oder reiner Bergluft voll pumpen können, und sie lesen keine erhebenden Bücher oder Zeitschriften; ganz im Gegenteil erdulden sie alle Arten von Entbehrungen und haben unter den Krisen einer übermäßigen Produktion zu leiden. Und es ist durchaus nicht die Aufgabe der Lehrer, diese betrübenden Wahrheiten vor den Kindern zu verbergen und ihnen zu sagen, dass eine kleinere Menge ebenso gut oder sogar besser ist als eine größere. Damit alle teilhaben können an der Macht der Wissenschaft und Industrie und alle einst teilhaben werden am Feste des Lebens, dürfen wir in den Schulen nicht im Interesse der Privilegierten lehren, dass die Armen Brosamen und Reste vorteilhaft organisieren sollen. *Wir dürfen die Erziehung nicht prostituieren.*

Bei einer anderen Gelegenheit hatte ich eine andere Abweichung von unseren Prinzipien zu berichten:

Traurigkeit und Unwille überkam uns beim Lesen einer Sammelliste des Stadtrates von Barcelona zur Unterstützung gewisser Gesellschaften, die am Werke der Erziehung interessiert sind. Wir lasen von Summen, die man der Republikanischen Bruderschaft und anderen verwandten Gesellschaften angeboten hat, und wir mussten sehen, dass anstatt das Geld abzulehnen, diese Vereinigung der Gemeindevertretung ihren Dank aussprach.

Was solche Dinge in einer katholischen und ultrakonservativen Nation bedeuten, ist klar. Die Kirche und das kapitalistische System können ihre Überlegenheit nur durch ein kluges System der Wohltätigkeit und Protektion aufrechterhalten. Durch Anwendung dieser Mittel verpflichtet sie die enterbte Klasse zur Dankbarkeit und erfreuen sich ihrer Beachtung. Aber wir können keine Republikaner handeln sehen wie demütige Christen, ohne einen Alarmruf auszustoßen.

Hütet euch! Und noch einmal hütet euch! Ihr erzieht eure Kinder schlecht und seid auf falschem Wege, wenn ihr Almosen annehmt. Ihr werdet weder euch selbst befreien, noch eure Kinder, wenn ihr an die Kraft anderer glaubt und euch auf offizielle oder private Hilfe stützt. Überlasst es den Katholiken, die unwissend sind gegenüber den Wirklichkeiten des Lebens, gegenüber allem, ausgenommen Gott, dem heiligen Joseph oder irgendwelchen anderen ähnlichen Wesen - überlasst es ihnen, die keine Sicherheit haben, dass ihre Gebete in diesem Leben erhört werden, an eine Belohnung nach dem Tode zu glauben. Überlasst es Lotteriespielern, nicht zu sehen, dass sie die moralischen und materiellen Opfer ihrer Regierungen sind, überlasst es ihnen, durch Zufall zu gewinnen, was ihre Energien nicht produzieren können. Traurig ist es, Männer, die in revolutionärem Protest gegen das bestehende System vereinigt sind, armselige Bettlerhände ausstrecken zu sehen; es ist traurig, sie Dank stammeln zu hören für demütigende Gaben, anstatt zu sehen, wie sie sich erheben und sich auf ihren eigenen Verstand und ihre eigenen Fähigkeiten stellen.

Darum noch einmal, hütet euch alle, die ihr guten Glaubens seid. Das ist nicht der Weg, der zu einer wahren Erziehung der Kinder führt; es ist der Weg zu ihrer Versklavung.

Nachdem die Moderne Schule ein Jahr hindurch geschlossen war, erschien während meines Prozesses und während meiner Gefangenschaft in Madrid das Mitteilungsblatt aufs neue und veröffentlichte in seiner ersten Nummer folgenden Artikel:

An alle! Niemals mehr, wie heute beim Erscheinen des ersten Heftes der zweiten Epoche unseres Mitteilungsblattes, können wir mit mehr Recht behaupten: Die Moderne Schule macht Fortschritte, ohne ihr Vorgehen, ihre Methoden und ihre Orientierung ändern zu müssen; sie entwickelt sich ihrem Ideal entgegen und sie hat die Gewissheit, dass ihre Mission eine erlösende ist und dazu beiträgt, vermittels einer rationellen und wissenschaftlichen Erziehung eine bessere, vollkommenere und gerechtere Menschheit vorzubereiten, als die gegenwärtige es ist. Diese schleppt sich dahin in Not und Elend; die andere aber wird die Frucht von jahrhundertelanger Arbeit für die Eroberung des Weltfriedens sein.

Bis zum heutigen Tage haben wir auch nicht das Tüpfelchen eines „i" an unserm Werke zu streichen. Es ist unsere inwendigste Überzeugung, die sich immer mehr festigt, dass ohne eine absolute Reform der Erziehungsmittel es der menschlichen Gesellschaft unmöglich ist, Wege zu finden, die in die Zukunft führen Das suchen wir zu verwirklichen vermittels unserer Schule, aus der sich weitere Schulen bilden können, vermittels unserer Bibliothek, deren Bücherzahl sich von Tag zu Tag vermehrt, vermittels von Vorträgen, die den Zuhörern das Licht der Wahrheit übermitteln gegenüber von traditionellen Irrtümern und vermittels dieses Mitteilungsblattes, in dem unsere Ansichten Ausdruck finden durch das geschriebene Wort.

Unsere Freunde, die während der Zeit von fünf Jahren in der Modernen Schule auf unserer Seite standen und sich solidarisch verbanden mit den fortschrittlichen Männern der ganzen Welt, um jene Ungerechtigkeit gegen den Begründer der Modernen Schule zu verhindern, haben es nicht nötig, rückwärts zu schauen; ganz im Gegenteil heben sie ihre Stirnen und wenden sie ihren Blick einem Morgen der Gerechtigkeit und der Liebe entgegen und helfen uns mit noch größeren Energien am Werke einer wirklichen und fruchtbaren Erlösung.

Der Presse sagen wir hiermit Grüße und drücken ihr unsere Solidarität aus, und allen unsern Freunden hiermit einen Händedruck im Zeichen des Friedens.

Als Beispiel des Wirkens des Mitteilungsblattes bringen wir folgenden Artikel, der die pädagogische Arbeit, vereint mit dem klaren Erschauen des Ideals der Erziehung zeigt:

Die Erziehung der Zukunft. Die Grundidee der Reform, auf der die Zukunft die Erziehung der Kinder aufbauen wird, besteht darin, in allen Arten von Tätigkeit die künstliche Disziplin von überkommenen Formen durch die natürliche Direktion von Taten zu ersetzen.

Man betrachte einmal, was gegenwärtig getan wird. Außerhalb der Notwendigkeiten des Kindes hat man ein Programm ausgearbeitet von Erziehungselementen, die für notwendig für die Kultur des Kindes betrachtet werden. Und allmählich und zwangsweise, ohne auch nur die Mittel einigermaßen anzupassen, hat das Kind dieses zu lernen.

Nur die Lehrer verstehen dieses Programm, kennen sein Objekt und sein Ziel, nicht aber das Kind. Und hierin sind alle Übel moderner Erziehung begründet. In Wahrheit wird allen Willensäußerungen und allen Taten ihr natürliches Recht genommen, d.h. der Zwang des Notwendigen oder des Wunsches wird ihnen genommen. Versuchend, dieses durch ein künstliches Recht und eine abstrakte Pflicht zu ersetzen, hat man ein System der Disziplin eingeführt, das die traurigsten Resultate hervorbringt: dauernde Empörung des Kindes gegenüber der Willkür der Lehrer, Unaufmerksamkeit, Faulheit und Böswilligkeit. Und zu welchen Mitteln müssen die Lehrer greifen, um die unvermeidlichen Schwierigkeiten zu überwinden! Zu allen Mitteln, seien es auch die unwürdigsten, wenn sie nur die Aufmerksamkeit, Tätigkeit und den Willen des Kindes gefangen nehmen. Solche abseitigen ungeistigen Praktiken werden für die besten Erziehungsmittel gehalten.

Man hält sich schon für glücklich, wenn es gelingt, den Schein eines Erfolges zu erringen, aber niemals gelangt man über den Schein hinaus, dorthin, wo das künstliche Objekt Vernunft und äußerste Anstrengung der Tat erfordert, wo Notwendigkeit Zwang des Notwendigen ist. Alle Welt hat erkennen können, dass nur diejenige Arbeit von Wert ist, die vom Wunsche bestimmt ist. Wenn diese Vernunft der Arbeit untergeht, überwiegt Nichtigkeit, Not, Mühe und Hässlichkeit.

In unserem Gesellschaftsleben trachtet eine künstliche Vernunft danach, allerwärts den Zwang einer logischen und gesunden Notwendigkeit den natürlichen Wunsch, ein Ziel zu erreichen, zu ersetzen: die Eroberung des Geldes ist in den Augen der Menschen unserer Epoche das wahrhafte Objekt der Anstrengungen. Und es ist gewiss wahr, dass die moderne Erziehung nichts tut, um dieser schädlichen Auffassung entgegen zu wirken, sondern dass sie in entgegengesetzter Richtung wirkt. Darum wird von Tag zu Tag die Jagd nach dem Gelde größer, statt dass die schönen Sinne der Ergänzung genährt und gefördert werden, die in einigen wenigen Menschen, deren Wollen nicht gefälscht ist, lebendig sind, die den natürlichen Sinn für Arbeit sich erhalten haben und die in edler Verachtung des Geldes arbeiten, einzig und allein um dem Form zu geben, was sie im Geiste empfangen haben.

Wie könnte es sein, dass Menschen, die von Kindheit an daran gewöhnt sind, unter fremdem Willen und unter dem Zwange von auswendigen Gesetzen an einem Werke, dessen Bedeutung sie nicht kennen, zu arbeiten - ganz besonders, da man Arbeit ja schon als Strafe und Entgeltung charakterisiert - wie wäre es möglich, dass solche Menschen sich für das Wirken der Schönheit, der großartigen Anstrengungen der Menschheit gegenüber den blinden Mächten der Natur interessieren könnten?

Die falsche Auffassung der Erziehung hat die organische Krankheit unserer Gesellschaften verursacht: die Notwendigkeit, dahin zu gelangen, jemand zu sein, der genießen kann, Verachtung und Hass gegenüber der Arbeit, der Geiz des Lebens, der nicht weiß, wie er sich sättigen soll, die spontane Feindschaft der Wesen, die einander hassen und sich zu vernichten suchen. Man hat vergessen, dass das, was im Menschen zu verteidigen und zu erhalten ist, gerade das natürliche Spiel seiner Kräfte ist, die sich alle in sozialem Sinne nach außen hin zu richten und zu betätigen haben. Der Existenzkampf! Wie ist dieses Wort missbraucht worden und wie hat man es angewendet, um alle Schändlichkeiten hiermit zu entschuldigen! Und wie schlecht ist es verstanden worden! Man versteht es so, als ob es sogar die natürlichen Prinzipien der Gesellschaft verneint, aber in keinem Falle bietet die Natur Beispiele für die Art, in der man dieses Wort anwendet. Es gibt weder einen Organismus, noch irgend eine Kolonie von Tieren, in dem oder in der die individuellen Elemente einander zu vernichten trachten; ganz im Gegenteil kämpfen alle gemeinsam gegen feindliche Einflüsse von außen und die funktionellen Übertragungen, die sie untereinander ausüben, sind notwendige Differenzierungen, ein gesunder Wechsel innerhalb der allgemeinen Organisationen, aber keine Zerstörung derselben.

Vor allem ist es so, sollte es so sein und muss es dahin kommen, dass der Mensch nur arbeitet und kämpft, um seinen Mitmenschen gegenüber nützlich zu sein. Dazu ist es notwendig, dass er in sich Verteidigungsinstinkte gegenüber den feindlichen Mächten der Natur stärkt und behütet; dass ihm gelehrt wird, die Arbeit zu lieben, der Vorteile wegen, die ihre Früchte bieten, dass er die weittragende Bedeutung und die großartige Schönheit menschlichen Wirkens erkennen lernt. Unsere großen Männer, Erfinder, Gelehrte, Künstler sind darum groß, weil sie die hervorragende Eigenschaft des Willens nicht gegen, sondern für ihre Mitmenschen erhalten haben. In den Augen ihrer Zeitgenossen scheinen sie seltsame Wesen zu sein, und sie tun doch weiter nichts, als sich in Verbindung zu halten mit dem ganzen harmonischen Komplex von Gesetzen der Existenz; noch ehe sie zum Erfolg gelangt sind, werden sie für Seher gehalten.

Eine rationelle Erziehung wird es sein, die dem Menschen die Fähigkeit des Willens, Denkens, des Idealisierens und Hoffens bewahrt, eine Erziehung, die nur auf den natürlichen Erfordernissen des Lebens sich aufbaut und die die Manifestationen solcher Notwendigkeiten auf das freieste gestattet, die soviel wie möglich die Entwicklung und Wirksamkeit der Kräfte des Organismus fördert die alle sich um ein und dasselbe notwendige Objekt herum konzentrieren müssen: den Kampf um die Arbeit für die Erfüllung alles dessen, was die Gedanken erheischen.

Das wird die Grundlagen des bestehenden Erziehungssystems vollständig erneuern. Statt alles auf theoretischer Belehrung aufzubauen, auf die Anerkennung von Erkenntnissen, die für das Kind noch keine Bedeutung haben, wird man sich dem praktischen Unterrichte zuwenden, d.h. der Unterricht wird mit Handarbeit beginnen.

Die Vernunft solchen Tuns ist einleuchtend. Der Unterricht hat an sich keine Bedeutung für das Kind. Dasselbe versteht nicht, warum man es lesen lehrt und schreiben und ihm den Kopf anfüllt mit Physik, Geographie und Geschichte. Alles das erscheint ihm völlig zwecklos und es wehrt sich hiergegen mit allen seinen Kräften. Man kann das Kind mit Wissenschaft anfüllen, sobald wie nur möglich wird es sich hiervon befreien, und man gebe nur gut Obacht, überall ist es dasselbe, in moralischer und physischer Erziehung sowohl wie in intellektueller Erziehung; die natürliche Vernunft wird von künstlicher ersetzt.

Man bestrebt sich, alles auf natürliche Vernunft aufzubauen. Hierzu genügt es, uns daran zu erinnern, dass der primitive Mensch, als er den Weg seiner Entwicklung, der Zivilisation entgegen, einschlug, er es durch Arbeit des Notwendigen für das Notwendige tat. Die Not hat ihn dazu gebracht, Mittel der Verteidigung und des Kampfes anzufertigen, aus welcher Betätigung nach und nach die einzelnen Berufe entstanden. Auch das Kind hat in sich eine ursprüngliche Notwendigkeit für Arbeit, die groß genug ist und die nur unterstützt zu werden braucht. Diese Arbeit braucht nur zu einer organischen gestaltet zu werden und in ihr ist die logische und ihr eigene Disziplin ihrer Erzeugung aufrechtzuerhalten und man kommt auf das direkteste zu einer vollständigen, leichten und naturgemäßen Erziehungsweise.

Wir haben nichts weiter zu tun, als zu warten, bis das Kind zu uns kommt. Es genügt, ein wenig das Leben des Kindes zu leben, um zu wissen, dass ein unwiderstehliches Verlangen es zum Arbeiten antreibt. Und was wird nicht alles getan, um diese gute Anlage in ihm zu vernichten! Und wer kann hier später noch von Laster und Faulheit reden?! Ein gesunder Mensch und ein gesundes Kind haben das Verlangen nach Arbeit, das lehrt die gesamte menschliche Geschichte. Das Kind gibt nach und nach das Spiel auf, das ihm nur eine Form der Arbeit ist, eine Manifestation des Arbeitsverlangens, das noch kein anderes Betätigungsfeld gefunden hat oder das sich auf die atavistische Form des Lebenskampfes der primitiven Perioden menschlichen Lebens aufbaut; getrieben von der Notwendigkeit, die sich allmählich einstellt und unter dem anziehenden Beispiel von andern gibt das Kind das Spiel auf; es arbeitet zunächst noch spielhaft und wendet sich mit allen sein Kräften wirklicher Arbeit zu.

Hier greift der Einfluss des Erziehers ein, verborgen und indirekt, aber geführt von Erkenntnissen des Lebens, von der Wissenschaft, die ihn befähigt, zu verstehen, was dem Kinde nötig ist, seine Wünsche zu unterscheiden, die Ungewissheit und das Unbewusstsein des Kindes zu klären; er weiß dem Kinde zu bieten, was es verlangt; es genügt vollständig, das primitive Leben der Wilden zu studieren, um zu wissen, was es zu tun wünscht.

Alles Folgende wird sich natürlich einfach und folgerichtig anschließen. Der Beruf hat seine unveränderliche Logik. Die beste Arbeit, die von der Höhe wissenschaftlicher Erfahrung aus hergestellt werden könnte, ist leitendes Moment; es genügt, wenn die Lehrer sich nicht von den Unvollkommenheiten primitiver Arbeit vom Wege abbringen lassen, sondern alles, was auf dem Wege menschlichen Fortschrittes von vorgeschrittenen Völkern entwickelt wurde, vor den Willen des Schülers stellen und ihn so veranlassen, diesen Vorbildern nachzueifern.

Es ist einleuchtend, dass alle Berufe unserer Tage, um nutzbringend ausgeübt werden zu können, von geistiger Arbeit begleitet sein müssen, die gerade ein Resultat jener Erziehung sein sollte, die heute auf ein rein theoretisches Gebiet beschränkt bleibt. In demselben Maße, in dem die Lehrlingsschaft des Kindes voranschreitet, präsentiert sich ihm die Notwendigkeit des Wissens und des sich Belehrens. Und in diesem Momente sollte man sich bemühen, diese Notwendigkeit nicht zu umgehen, sondern ganz im Gegenteil:

wenn Wissen verlangt wird, soll es gereicht werden; dann wird man logisch unterrichten und das Kind hat auf Grund der ureigenen Notwendigkeiten seiner Arbeit die Ziele seines Lernens immer lebendig vor Augen.

Es ist nutzlos, auf guter gleichartiger Arbeit zu bestehen und auf vorzüglichen Resultaten, die eine solche notwendigerweise hervorzubringen hat. Durch eine Verbindung der Berufe sind die notwendigen Bestandteile einer Erziehung viel besser zu erlangen und fester einzuprägen wie durch das Zusammenstellen von Erscheinungsformen, in welcher Weise man gegenwärtig unterrichtet.

Was bleibt überhaupt noch von allem übrig? Der Erzieher vertraut ganz einfach der Natur. Und wo immer er auf Schwierigkeiten stößt, forscht er dem nach, das sie verursacht haben können. Derjenige, der im Gesetze der Natur lebt, vertraut sich ihr an, und so bleibt ihr Wirken auf das beste gesichert.

Wenn man auf diese Weise bei der Erziehung von Menschen vorgeht, kann man ohne Zweifel auf das Werden einer besseren Menschheit hoffen, die sich ihrer Aufgabe bewusst ist, die sich alle ihre Willenskraft und moralische Gesundheit erhält, die immerwährend neuen Idealen entgegenmarschiert; eine Menschheit, die nicht kargerweise einem dumpfen Kampfe hingegeben ist und nicht den Härten ihres Hungers, die auf das erbärmlichste, trübe, entblößt und grollend, ihren Lastern und Lügen ausgeliefert ist, sondern eine Menschheit, die ein Leben der Liebe, Schönheit und des Frohsinns führen wird.

XVII. Kapitel

Das Schließen der Modernen Schule

Ich stehe auf der Höhe meines Lebens und meines Werkes. Meine Feinde, die Reaktionäre der ganzen Welt, vertreten durch die Reaktionäre Barcelonas und Spaniens, glaubten dadurch, dass sie mich in einen Fall versuchten Mordes verwickelten, über mich triumphiert zu haben. Aber ihr Triumph erwies sich nur als eine Episode im Kampf des praktischen Rationalismus gegen die Reaktion. Die schamlose Frechheit, mit der sie das Todesurteil gegen mich erhoben (ein Urteil, das mehr auf Grund meiner einwandfrei erwiesenen Unschuld, als auf Grund der Gerechtigkeit des Gerichtshofes abgelehnt wurde), gewann mir die Sympathie aller freidenkenden Männer, aller wahrhaft fortschrittlich Gesinnten in allen Teilen der Erde und zog die Aufmerksamkeit auf die Bedeutung und das Ideal der rationellen Schule. Eine umfassende und ununterbrochene Bewegung des Protestes und der Sympathie (vom Mai 1906 bis Mai und Juni 1907) hallte aus der Presse aller zivilisierten Länder, aus Versammlungen und anderen öffentlichen Manifestationen während eines ganzen Jahres wider.

Diese Bewegung bewies, dass die Todfeinde unseres Werkes letzten Endes in ganz bedeutender Weise an seiner Verbreitung beigetragen hatten; ihre Anklage gegen mich führte zur Errichtung des internationalen Rationalismus.

Angesichts dieser machtvollen Manifestation fühlte ich meine eigene Kleinheit. Immer geführt vom Lichte des in mir lebendigen Ideales wurde mir die Idee der Gründung einer internationalen Liga für rationelle Erziehung der Kinder, die ich dann in die Wirklichkeit umsetzte und in deren über die ganze Welt verbreiteten verschiedenen Zweigen nun Menschen zu finden sind, die in der ersten Reihe der Kultur stehen. (Anatole France, Ernst Haeckel usw.) Die Liga hat drei Organe: L'Ecole Renovée in Frankreich, das Mitteilungsblatt in

Barcelona und La Scuola Laica in Rom, welche Organe die neuesten Errungenschaften auf dem Gebiete der Pädagogik ausbauen, diskutieren und verbreiten, die Wissenschaft von den Erniedrigungen des Irrtums reinigen, alle Leichtgläubigkeit auflösen; eine vollkommene Harmonie zwischen Glauben und Wissen herstellen und so das Privilegium eines Wissens für Eingeweihte zerstören, das seit den ältesten Zeiten für die Masse immer eine Lehre für Uneingeweihte bedingte.

Diese Konzentration des Wissens muss zu einer machtvollen Aktion führen, die der zukünftigen Revolution den Charakter einer praktischen Manifestation der angewendeten Soziologie geben wird; leidenschaftslos, ohne das Verlangen nach Rache, ohne schreckliche Tragödien oder heroische Aufopferungen, ohne unfruchtbare Taten, ohne Entmutigung der Eiferer, ohne verräterische Rückkehr zur Reaktion wird diese Bewegung der Zukunft einsetzen; denn die wissenschaftliche und rationelle Erziehung wird die Massen durchdrungen haben und jeden Mann und jedes Weib zu einem bewussten aktiven und selbstverantwortlichen Wesen gestaltet haben, dessen Wille nur von eigenem Urteil geleitet wird und das für immer frei sein wird von Leidenschaften, die jene eingegeben haben, die den Respekt der Traditionen ausbeuteten, - und das gleichzeitig für immer frei sein wird von den Programmen politischer Scharlatane.

Wenn der Fortschritt so seinen dramatischen Charakter der Revolution verloren hat, wird seine Evolution an Festigkeit, Dauerhaftigkeit und Unaufhörlichkeit gewonnen haben. Die Vision einer vernunftmäßigen Gesellschaft, die die Revolutionäre aller Zeitalter vor sich sahen, und die die Soziologie unserer Zeit vertrauensvoll verheißt, wird vor den Augen unserer Nachkommen aufsteigen, nicht als die Fata Morgana träumerischer Utopien, sondern als der positive und wohlerrungene Triumph der Macht, der Vernunft und Wissenschaft.

Der neue Ruf des Erziehungswerkes der Modernen Schule zog die Aufmerksamkeit aller jener auf sich, die den Wert einer guten Erziehung zu schätzen verstanden. Es bestand ein allgemeines Verlangen, unsere Schulen kennen zu lernen. Es gab eine Anzahl von privaten weltlichen Schulen oder verwandten Instituten, die durch Gesellschaften ins Leben gerufen worden waren, deren Direktoren sich bei uns nach dem Unterschied zwischen ihren Methoden und der unseren erkundigten. Fortwährend wurde unsere Schule besucht und ich von den Besuchern konsultiert. Und ich war froh, die Fragesteller befriedigen zu können; ich beseitigte ihre Zweifel und führte sie auf den neuen Weg. Und bald wurden Versuche gemacht, die bestehenden Schulen zu reformieren, und andere neue wurden nach dem Vorbilde der Modernen Schule begründet.

Die Begeisterung war groß und sie hatte tatsächlich die Kraft in sich, große Dinge zu verwirklichen, aber eine Schwierigkeit stand uns hindernd im Wege: wir hatten nicht genug Lehrer und wir hatten keine Möglichkeit, solche heranzubilden. Die berufsmäßigen Lehrer hatten zwei Nachteile: traditionelle Gewohnheiten und Furcht vor den Möglichkeiten der Zukunft. Wenige gab es, die in selbstloser Liebe sich dem Ideal des Fortschrittes hingaben. Auf der anderen Seite hätten wir junge Menschen beiderlei Geschlechts finden können, die fähig gewesen wären, die Lücke auszufüllen; aber wie konnten wir diese einüben? Wo konnten sie ihre Lehrzeit zubringen? Hin und wieder hörten wir von Arbeiter oder politischen Klubs, die sich entschlossen hatten, eine Schule zu eröffnen; sie würden Schulräume und Schüler finden, und wir konnten darauf rechnen, dass sie unsere Schulbücher gebrauchen würden. Aber wenn wir fragten, ob sie auch Lehrer hätten, antworteten sie verneinend und dachten, dass es leicht sein würde, diese zu bekommen.

So hatten die Umstände mich zum Direktor der rationellen Erziehung gemacht; fortwährend und von allen Seiten wurde ich nach Lehrkräften gefragt, und ich sah bald, dass der Mangel an Lehrern eine schwache Stelle der rationellen Erziehung war, den ich durch die Erteilung von Privatunterricht und die

Zulassung junger Gehilfen in der Modernen Schule zu mildern suchte. Das Resultat war selbstverständlich verschieden: einige dieser jungen Menschen wurden wertvolle Lehrer und Träger der rationellen Erziehung: andere hingegen versagten aus moralischer und geistiger Unfähigkeit.

Da ich nicht warten wollte, bis die Schüler der Modernen Schule, die sich dem Lehrerberufe widmen wollten, herangewachsen waren, richtete ich die Normalschule, von der ich an anderer Stelle schon gesprochen habe, zur Ausbildung von Lehrern ein. Ich war überzeugt, dass, wenn die wissenschaftliche und rationelle Erziehung der Schlüssel des sozialen Problems ist, es sehr wesentlich für die Handhabung dieses Schlüssels ist, den Lehrern eine geeignete Ausbildung für ihre große Bestimmung zu geben.

Alles in allem: das praktische und positive Resultat der Modernen Schule berechtigt mich zu sagen, dass sie ein glückliches und erfolgreiches Werk war und man folgende beide Linien darin unterscheiden kann.

1. *Obgleich die Moderne Schule verbessernden Neuerungen immer offen war, bot und bietet sie der Lehrmethode in der erneuerten Gesellschaft einen Maßstab und eine Norm.*
2. *Sie gab der Verbreitung dieser Art Erziehung einen Anstoß.*

Bis dahin gab es keine Erziehung im wahren Sinne des Wortes. Selbst für die wenigen Privilegierten, die an Universitäten studieren konnten, wurden traditionelle Irrtümer, Vorurteile und autoritäre Dogmen mit den Resultaten moderner Forschung vermischt. Dem Volke aber gab und gibt man eine primitive Erziehung, die nichts weiter ist als das Zähmen von Kindern. Das Unterrichtswesen war eine Art Reitschule, in der die natürlichen Energien der Menschen gebändigt wurden; in den Schulen wurde den Kindern der Besitzlosen der Wille gebrochen; hier wurden sie bestimmt, später ihr Schicksal geduldig zu tragen.

Die wahre Erziehung, die losgelöst ist von allen Glaubenssätzen und die die Geister der Menschen mit dem Lichte und der Macht des Wissens durchwirkt, ist eine Schöpfung der Modernen Schule.

In ihrer kurzen vergänglichen Existenz schuf sie eine bemerkenswerte Menge Gutes. Wie ich sehr oft beobachtete, veränderte das der Schule anvertraute Kind sehr bald seine Gewohnheiten. Es kultivierte Reinlichkeit, vermied Streit, hörte auf, grausam gegen Tiere zu sein, beschäftigte sich in seinem Spiele nicht mehr mit dem, das man in Spanien das Nationalfest (Stierkampf) nennt; sein Geist wurde gehoben, sein Gefühl gereinigt und es bekam ein Auge für die sozialen Ungerechtigkeiten, die unser Gesellschaftsleben durchwirken. Es verabscheute den Krieg und konnte nicht zugeben, dass Glück und Wohlergehen des Volkes geopfert werde für den Ruhm der Nation, der auf Gewalt und Beherrschung aufgebaut wird.

Der Einfluss der Modernen Schule dehnte sich auf andere Schulen aus, die von Arbeitervereinigungen nach dem Vorbilde unseres Institut eingerichtet worden waren und durch die Kinder zog ihr Geist in das Leben der Familie. Einmal berührt vom Geiste der Vernunft und Wissenschaft, wurden Kinder in unbewusster Weise zu Lehrern ihrer Eltern, und diese trugen ihrerseits den Standard höherer Lebensauffassung in die Kreise ihrer Freunde und Verwandten.

Diese Verbreitung unseres Einflusses zog uns den Hass der Jesuiten aller Arten und aller Orte zu. Und dieser Hass inspirierte den Anschlag, der im Schließen der Modernen Schule sein Ziel fand.

Nun ist die Schule geschlossen; in Wirklichkeit aber konzentriert sie ihre Kräfte, verfeinert und verbessert ihren Plan und bereitet sich vor, in einem neuen Unternehmen der Sache des Fortschritts zu dienen.

Das ist die Geschichte dessen, was die Moderne Schule war, ist, und was sie sein wird.

Editorische Notiz

Der hier wiedergegebene Text folgt der deutschen Erstausgabe: *Francisco Ferrer: Die Moderne Schule. Nachgelassene Erklärungen und Betrachtungen über die rationalistische Lehrmethode*, erschienen im Verlag ‚Der Syndikalist', Berlin 1923 (116 Seiten), und geht zurück auf die spanische Erstausgabe „La Escuela Moderna. Postuma explicación y Alcance de la Ensenanza Racionalista. Por Francisco Ferrer Guardia. Barcelona (Borras, Mestres a Co.) 1912. Offensichtliche Druck- und Grammatikfehler in der deutschen Erstausgabe wurden für die vorliegende Neuausgabe korrigiert. Außerdem wurde der Text der neuen deutschen Rechtschreibung angepasst. An einigen Stellen wurden Zitate als solche mit Anführungszeichen gekennzeichnet, die im Original von 1923 nicht gekennzeichnet sind. Die Kursivschreibung wurde in den meisten Fällen übernommen. Wo diese über mehrere Sätze hinweg erfolgt und missverständlich wirkt, wurde sie weggelassen. Eine besondere Hervorhebung von längeren Artikeln aus Ferrers Schul-Bulletin, die immer wieder in den Text eingefügt wurden, erfolgt – wie im Original auch – nicht. Artikel, die nicht von Ferrer stammen, werden im Text – wie im Original auch – mit dem Autor gekennzeichnet. Die heterogene Sprache und Gliederung des Bandes, die an vielen Stellen neben den Texten Ferrers auch Beiträge aus dem Bulletin der Schule, Zitate von Schülern und auch Briefe enthalten, wurde beibehalten. Auf zusätzliche biografische oder bibliographische Anmerkungen zu Personennamen und Literaturangaben wurde verzichtet.

Nicht abgedruckt wurde der Anhang, der in der deutschen Erstausgabe von 1923 von S. 102-115 folgende Beiträge enthält: Herbert Spencer: Die Erziehung der Eltern (S. 102-106), Elisée Reclus: Die Erziehung (S. 106-109), Sebastian Faure: Die Erziehung – Freiheit oder Monopol (S. 109-110), A. Pratelle: Der Anschauungsunterricht (S. 111-113), Ein Brief Kropotkins (S. 113-115).

Neu hinzugefügt für diese Ausgabe wurde das Vorwort des Herausgebers Ulrich Klemm und sein Beitrag „Zum Kontext und zur Rezeption der libertären Reformpädagogik Francisco Ferrers".

Als *Reprint* der Auflage von 1923 erschien der vollständige Text bislang in folgenden zwei deutschen Ausgaben: Francisco Ferrer: Revolutionäre Schule. Berlin (Karin Kramer Verlag) 1970 (XVII + 115 S.) und Francisco Ferrer: Die moderne Schule. Betrachtungen über den Aufbau einer neuen Gesellschaft. Kampfansage gegen das staatliche Monopol der Erziehung. Über die rationalistische Lehrmethode. Berlin (Karin Kramer Verlag) erweiterte und ergänzte Ausgabe 1975 (14 + XVII + 159 S.).

Für die Bearbeitung des Textes danke ich ganz herzlich Manfred Poh.

Ulrich Klemm

Zum Kontext und zur Rezeption der libertären Reformpädagogik Francisco Ferrers

„Die Salve des Exekutionspelotons, die in den berüchtigten Festungsgräben von Montjuich am 13. Oktober den Freidenker Francisco Ferrer in den Sand streckte, hat tausendfältiges Echo in der ganzen zivilisierten Welt geweckt: nicht nur in den Brennpunkten politischen Lebens, in Paris, London und Berlin, sondern in Hunderten von anderen Orten flammten unzählige Herzen auf in Empörung und Scham, und aus Montevideo wie aus Saloniki klang der Widerhall der Verwünschungen gegen die feigen Mörder in Madrid."

(Hermann Wendel, SPD-Reichstagsabgeordneter, 1909)

1. Zum bildungshistorischen Kontext der Pädagogik Ferrers

1.1 Vorbemerkung

Wieder „entdeckt“ wird Ferrer in Deutschland im Kontext der antiautoritären Erziehungsbewegung Ende der 1960er Jahre. Als libertäre Variante wird er von der damaligen anarchistischen Bewegung in die Bildungsdiskussion eingebracht und erstmals wieder 1970 im Verlag *Karin Kramer* (Berlin) mit dem Titel „Revolutionäre Schule“ (Ferrer 1970) und einem Vorwort von Karl Schneider publiziert. Typisch für diese Zeit der „Revolution“ ist der Titel, der sich nicht am Original orientiert, nämlich „Die Moderne Schule“, sondern „Revolutionäre Schule“ und damit nicht nur publikationshistorisch gesehen falsch ist, sondern auch ideengeschichtlich. Ferrer vertrat keine „revolutionäre Pädagogik“, die aus Kindern „Revolutionäre“ machen sollte (auf dem Cover der ersten Reprintausgabe sind palästinensische Kinder mit Kalaschnikow-Schnellfeuergewehren in der Hand zu sehen). Im Gegenteil: Sein naturwissenschaftlich und rational orientierter Bildungsansatz ging von der Idee der Aufklärung und Emanzipation durch Evolution aus, nicht durch Revolution.

Im Vorwort von Schneider wird Ferrer im Vergleich mit der antiautoritären Erziehung marxistischer und bürgerlicher Ausprägung diskutiert und in Bezug zur Tiefenpsychologie gesetzt, die zu diesem Zeitpunkt für die Pädagogik und Politik insgesamt interessant war und von diesen Disziplinen wieder entdeckt wurde.

Die seitdem erfolgte Rezeption von Ferrer beschränkt sich in der Bundesrepublik auf eine mehr oder weniger sporadische und zufällige Analyse. Ein systematisches Forschungsinteresse an Ferrer ist in der Pädagogik bis heute nicht auszumachen[(3)]. Ein Grund dafür liegt nicht nur in der insgesamt geringen Tradition einer internationalen und vergleichenden Bildungsforschung in Deutschland, sondern vor allem auch an der evokativen Besetztheit des Forschungsfeldes Anarchismus, das in den sozial- und geisteswissenschaftlichen Disziplinen traditionell nur eine geringe Rolle spielt (vgl. Klemm 1995). Ein dritter Grund liegt im pädagogischen Label „antiautoritär“. Da Ferrer in diesem Zusammenhang wieder in die deutsche Diskussion eingebracht wurde und andererseits diese heute als abgeschlossen und ausdiskutiert gilt, gibt es nur wenig Anlass, sich mit der antiautoritären Bewegung und damit auch mit Ferrer auseinander zu setzen. Hier hat die deutsche Pädagogik scheinbar einen Schlussstrich unter das Kapitel „antiautoritäre Erziehung“ gezogen(4).

An dieser Stelle soll nun der Versuch unternommen werden, Ferrer für die Pädagogik erneut zu definieren. Zweifellos kann und muss Ferrer im Kontext der antiautoritären Bewegung diskutiert werden und ist hier ideengeschichtlich und auch systematisch gut platziert. Ergiebiger für eine pädagogikgeschichtliche und systematische Diskussion scheint mir jedoch die Herstellung des Bezugs zur Reformpädagogik zu sein.

In diesem Sinne soll im folgenden ein Blick auf den zeitgeschichtlichen Hintergrund der pädagogischen Diskussion im Anarchismus um die Jahrhundertwende geworfen werden, um Ferrer innerhalb der libertären Auseinandersetzung einordnen zu können. Die Darstellungen der Reformpädagogik und der antiautoritären Erziehungsbewegung bilden den Horizont, vor dem Ferrer für die Pädagogik heute diskutiert werden muss. Auf eine Beschreibung der gesellschaftlichen und (bildungs-) politischen Verhältnisse in Spanien zur Zeit Ferrers soll an dieser Stelle verzichtet werden (vgl. hierzu Bernecker 1990, Brenan 1978, Hole 1969).

1.2 Libertäre Pädagogik an der Wende vom 19. zum 20. Jahrhundert

Bei dem Versuch, eine historische Ortsbestimmung des pädagogischen Anarchismus vorzunehmen, bietet sich zur Analyse das 1898 in Paris zusammengekommene internationale anarchistische Initiativkomitee (Baumann 1982; Zoccoli 1909) an, um Aspekte und Schwerpunkte einer libertären Reformpädagogik an der Wende vom 19. zum 20. Jahrhundert festzustellen. Dieser Kongress war der erste seiner Art und hatte zum Ziel, Positionen und Strategien für eine internationale libertäre Schul- und Bildungsbewegung zu formulieren. Dem dabei verabschiedeten Programm lagen vier Merkmale zugrunde, die gleichsam idealtypisch libertäre Reformpädagogik repräsentieren:

- Bildung und Erziehung müssen einer ganzheitlichen Dimension („l'Éducation Intégrale") folgen, d.h., es bedarf einer Verbindung von intellektueller Entwicklung und Förderung praktischer Fertigkeiten sowie der Gesundheit. In diesem Sinne schrieb der anarchistische Sozialphilosoph Peter Kropotkin: „Was die Teilung der Gesellschaft in geistige Arbeiter und Handarbeiter angeht, so stellen wir dem die Vereinigung beider Arten von Tätigkeiten gegenüber. Und statt der ‚technischen Erziehung', die das Fortbestehen der bestehenden Teilung von Kopf- und Handarbeit bedeutet, vertreten wir die ‚l' éducation intégrale' oder die vollständige Erziehung, die das Verschwinden dieser verderblichen Trennung bedeutet" (Kropotkin 1976, S. 216).

Mit der Forderung nach einer „allseitigen", d.h. ganzheitlichen Bildung war auch der Aspekt einer für alle Menschen gleichen Bildung verbunden. Hierauf machte bereits Michael Bakunin in seinem Aufsatz von 1869, „Die vollständige Ausbildung" (Bakunin 1923), aufmerksam, wo er die Situation der ungleichen Bildungschancen für Arbeiter anprangert und sie als bewussten Schachzug der bürgerlichen Gesellschaft interpretiert: „Die erste Frage, die wir heute zu betrachten haben, ist die: Kann die Befreiung der Arbeitermassen eine vollständige sein, solange die Bildung, welche diese Massen erhalten, der den Bourgeois gegebenen inferior ist oder solange es im allgemeinen irgendeine Klasse gibt, zahlreich oder nicht, die durch ihre Geburt zu den Privilegien einer höheren Erziehung und vollständigeren Unterricht berufen ist? (ebd., S. 189).

- Das zweite Merkmal, welches das Komitee 1898 zur Grundlage einer herrschaftsfreien Organisation von Lernen und Bildung machte, ist das eines erfahrungsbezogenen Lernens. Anarchistische Denker wandten sich damit gegen die damals vorherrschende weltanschaulich einseitig geprägte Schulbildung, die Bildung zum Instrument von Kirche und Staat machte. William Godwin sprach bereits 1793 in seiner Studie „An Enquiry Concerning Political Justice and its Influence on Morals and Happiness“ über die „Übel eines Systems nationaler Erziehung“ (Godwin 1970) und wurde damit zu einem der ersten radikalen Kritiker der damals als Fortschritt gepriesenen Idee der staatlich verordneten Schulpflicht. Auch Leo N. Tolstoj machte Mitte des 19. Jahrhunderts ein erfahrungsbezogenes Lernen zur Grundlage seiner Modellschule von 1859-1862 und schrieb: „Erst wenn die Erfahrung zur Grundlage der Schule gemacht werden wird, erst wenn die Schule sozusagen ein pädagogisches Laboratorium geworden ist, dann erst wird die Schule nicht hinter dem allgemeinen Fortschritt zurückbleiben und dann wird auch die Beobachtung imstande sein, feste Grundlage für die Wissenschaft der Erziehung zu werden“ (Tolstoj 1907, S. 24).

- Ein weiterer Aspekt war das gemeinsame Lernen in gemischten Klassen, sowohl hinsichtlich des Geschlechts, der Konfession als auch der sozialen Herkunft der Kinder. Eine solche Praxis war Ende des 19. Jahrhunderts unüblich und bedeutete einen Angriff gegen die kirchliche Schulmoral.

- Den Anspruch einer freiheitlichen Bildung und Erziehung („l'Education Libertaire“), der vom Komitee als vierter Punkt genannt wurde, finden wir gleichsam als „roten Faden“ bei den verschiedenen Ansätzen anarchistischer Reformpädagogik.

Das Paradigma individueller Freiheit und Selbstbestimmung drückt sich in pädagogischer Hinsicht bei den Anarchisten sowohl auf anthropologischer Ebene als auch auf didaktischer und bildungspolitischer aus.

Geprägt von seinem individualanarchstischen Denken kam dies in extremer Form bereits bei Max Stirner 1842 zum Ausdruck: „Ist der Drang unserer Zeit, nachdem die Denkfreiheit errungen, diese bis zu jener Vollendung zu verfolgen, durch welche sie in die Willensfreiheit umschlägt, um letztere als das Prinzip einer neuen Epoche zu verwirklichen, so kann auch das letzte Ziel der Erziehung nicht mehr das Wissen sein, sondern das aus dem Wissen geborene Wollen, und der sprechende Ausdruck dessen, was sie zu erstreben hat, ist: der persönliche oder freie Mensch“ (Stirner 1986, S. 88).

Dieser Kongress mit seinem libertären Bildungsprogramm markierte in der anarchistischen Erziehungsbewegung einen Eckpunkt, der nicht nur die oftmals sporadischen, fragmentarischen und isoliert stehenden Thesen und Ansprüche von Anarchisten zusammenfasst, sondern auch Perspektiven und Strategien für einen weiterführenden und systematischen Einstieg in die Bildungs- und Erziehungsdiskussion des 20. Jahrhunderts lieferte.

Die dabei sich herauskristallisierten Elemente einer allseitigen, rationalen, koedukativen und freiheitlichen Bildung als Kontrapunkte zur damals gängigen Pauk- und Drill-Pädagogik, werden zum pädagogischen Programm libertärer Reformpädagogen.

Jedoch bereits vor diesem Pariser Treffen finden wir im 19. Jahrhunderts in der Geschichte der anarchistischen Bewegung zwei pädagogische Experimente, die die Ideen der Reformpädagogik antizipierten.

Einmal ist dies die im pädagogischen Sinne äußerst fruchtbare Phase L.N. Tolstojs der Jahre 1859-1862, wo er nicht nur ausgedehnte Bildungsreisen zur Erkundung des westeuropäischen Bildungssystems unternahm (1860/61), eine eigene pädagogische Zeitschrift „Jasnaja Poljana" gründete (1861/62), die in zwölf Ausgaben erschien und zum Sprachrohr einer Reformpädagogik im damaligen Russland wurde, sondern auch von 1859 bis 1862 eine Schule auf seinem Gut „Jasnaja Poljana" unterhielt, die als Vorläufer reformpädagogischer Schulpraxis und heutiger Alternativschulen zu sehen ist (vgl. Wittig/Klemm (Hg.) 1988). In seinen damals erschienenen Aufsätzen und Abhandlungen zu pädagogischen Fragen arbeitete er die Elemente der Freiheit und Erfahrung als zentrale Elemente von Bildungsprozessen heraus. Dabei lehnte er Erziehungsmaßnahmen als Zwang kategorisch ab und sprach sich für ein unabhängiges Bildungssystem aus, das wir heute als ein System „beiläufiger Erziehung" bezeichnen können.

Ein ebenfalls relativ unbekannt gebliebenes Schulmodell bestand zwischen 1880 und 1894 in Cempuis, ca. 100 km von Paris entfernt, wo der Anarchist und Pädagoge Paul Robin ein Waisenhaus leitete (vgl. Grunder 1986/1993).

Noch mehr wie Tolstoj verwendete Robin jene pädagogischen Elemente, die später für Anarchisten und Reformpädagogen so typisch wurden: Unterricht in der freien Natur, Gruppenarbeit, gegenseitige Hilfe, selbstverantwortliches Lernen und vor allem der Grundsatz des ganzheitlichen Lernens. Sowohl Tolstoj als auch Robin repräsentieren damit eine libertäre Reformpädagogik, die im oben beschriebenen Sinne zu den ersten Versuchen einer undogmatisch-sozialistischen Pädagogik ab Mitte des 19. Jahrhunderts zählen und heute klassischen Charakter bekommen.

Von einer Bewegung kann man zu diesem Zeitpunkt jedoch nicht sprechen. Erst mit dem Pariser Treffen versuchten Anarchisten, in diese Richtung international zu wirken.

Die weitere Geschichte des pädagogischen Anarchismus im 20. Jahrhundert ist eng mit den Zentren der anarchistischen Bewegung verbunden. Spuren und Zeugnisse finden wir denn auch in den folgenden 30 Jahren in Frankreich (z.B. Sébastian Faure), Spanien (z.B. Francisco Ferrer), Schweiz (Jean Wintsch), Italien (‚Scuolo Moderna' in Bologna und in Clivio), Deutschland (im Zusammenhang mit der ‚Weltlichen Schulbewegung' und dem Engagement der anarchosyndikalistischen Gewerkschaftsorganisation FAUD), den USA (‚Modern School Movement'), England (Bertrand Russel) und in der Sowjetunion (im Zusammenhang mit der Machno-Bewegung in der Ukraine), um nur einige bekanntere Experimente und Pädagogen zu nennen. Zum legendärsten und folgenreichsten Pädagoge der anarchistischen Bewegung im 20. Jahrhundert wurde jedoch der Spanier Francisco Ferrer y Guardia.

1.3 Die reformpädagogische Bewegung

Mit der Reformpädagogik wird sowohl eine zentrale Epoche der Pädagogikgeschichte der Neuzeit beschrieben als auch eine ihrer zentralen Leitideen. Die Vorstellung, „vom Kinde aus" Bildung und Erziehung zu definieren, ist nicht nur das Paradigma der reformpädagogischen Bewegung, sondern auch eines der gesellschaftlichen Leitbilder des 20. Jahrhunderts. Die schwedische Frauenrechtlerin und Reformpädagogin Ellen Key (1849-1926) hat dies in ihrem Buch „Das Jahrhundert des Kindes" (1900) als Programm auf den Punkt gebracht. Die Reformpädagogik muss in diesem Sinne als Epochenbegriff, als Dogmenbegriff und als Personenbegriff verstanden werden. Sie gilt als herausragende internationale pädagogische Erneuerungsbewegung, die alle Aspekte von Bildung und Erziehung umfasst: Das erzieherische Verhältnis zwischen Erwachsenen und Kindern wird neu definiert, (Schul)Bildung wird neu gedacht, die Pädagogische Anthropologie, d.h. das

Bild vom Kind, wird erneuert und Kindheit wird erstmals als eine eigenständige Entwicklungsstufe gesehen. Die Reformpädagogik ist Ausdruck einer Emanzipationsbewegung, die grundlegend das Bild des Kindes in der Gesellschaft verändert hat und als Reaktion auf die lebensferne, autoritäre und unmenschliche Schule des 19. Jahrhunderts zu sehen ist.

Das Kind wird in zweierlei Hinsicht zum Ausgangspunkt aller Erziehungs- und Bildungsmaßnahmen:

- Erstens wird das „Genius des Kindes“ entdeckt, d.h. die kreativen Potentiale und das Recht des Kindes auf Persönlichkeit und Souveränität; die Forderung an die Erwachsenen ist, „vom Kinde aus“ erzieherisch zu denken und zu handeln.
- Zweitens wird Erziehung und Lernen als eine Eigenaktivität des Menschen entdeckt. Das Prinzip der Selbsttätigkeit wird grundlegend für pädagogisches Handeln. Nicht der passive und gehorsame „Zögling“ ist das Ziel, sondern die reflexive und selbsttätige Persönlichkeit des Kindes.

Gleichsam als vorläufiger Endpunkt dieses gesellschaftlichen Bewusstseinsprozesses ist die Verabschiedung der Kinderrechtskonvention von 1989 durch die Vereinten Nationen zu werten, die die Idee vom besonderen Schutz und der Souveränität des Kindes völkerrechtlich verankert. Von besonderer Bedeutung für die Pädagogikgeschichte ist die Reformpädagogik auch deshalb, weil sie international auftritt und eine Globalisierung pädagogischer Innovationen einleitet (Röhrs 1965, 2001; Datta/Lang-Wojtasik 2002). Wir finden reformpädagogische Konzepte in Deutschland (z.B. Georg Kerschensteiner, Hermann Lietz) ebenso wie in den USA (z.B. John Dewey, Helen Parkhurst), in Frankreich (z.B. Adolphe Ferrière, Célestin Freinet), in Russland (z.B. Leo Tolstoi, Pawel P. Blonskij), in England (z.B. Alexander S. Neill) oder in Indien (z.B. Rabindranath Tagore, Mohandas K. Gandhi). Montessori verkörpert in diesem Kontext idealtypisch die Reformpädagogik: Sie gilt als die herausragende italienische Reformpädagogin; sie wirkte in der zentralen Epoche der Reformpädagogik in der ersten Hälfte des 20. Jahrhunderts und sie konkretisierte die Idee „vom Kinde aus“ mit einem eigenen und systematischen Konzept für die pädagogische Theorie und Praxis.

Auf Grund dieser Bedeutung erlebte die Reformpädagogik bereits sehr früh eine Aufarbeitung. In den 1920er und 1930er Jahren erfolgte eine erste wissenschaftliche Rezeption u.a. durch Hermann Nohl und Wilhelm Flitner. Nach 1945 kommt es zu einer erneuten Reflexion im Sinne einer Anschlussfähigkeit an eine deutsche Pädagogiktradition, die jenseits der nationalsozialistischen Vergangenheit und für eine demokratische Kultur steht. Zu nennen sind hier vor allem die bis heute als Standardwerke geltenden Sammelbände von Wilhelm Flitner/Gerhard Kudritzki (1961, 1962) und Hermann Röhrs (1965) sowie die Studie von Wolfgang Scheibe (1969). Neue Impulse für eine Interpretation der Reformpädagogik erfolgten ab den 1980er Jahren mit ergänzenden methodischen Zugängen. Sozialhistorische, ideologiekritische und rezeptionskritische Studien führen zu einer „realistischen Wendung“ (Rang 1989) in der Sichtweise. Reformpädagogik wird nun nicht länger als eine abgeschlossene Phase in der Pädagogikgeschichte und als Folge einer kulturkritischen Strömung Ende des 19. Jahrhunderts gesehen, sondern als eine permanente pädagogische Antwort auf Prozesse der Vergesellschaftung (z.B. Fitzner u.a. (Hg.) 1995; Oelkers 1989). Von Dietrich Benner und Herwart Kemper wird diese „Pädagogische Bewegung“ in den Kontext der Pädagogikgeschichte der letzten 200 Jahre gestellt und hierbei als eine von drei Reformepochen in Deutschland definiert, die allerdings nicht das Reflexionsniveau der Philanthropen und Neuhumanisten an der Wende vom 18./19. Jahrhundert erreichte (Benner/Kemper 2001, 2003).

Obgleich die „klassische Epoche“ der Reformpädagogik in den ersten dreißig Jahren des 20. Jahrhunderts angesiedelt wird, müssen wir den Zeitraum ihrer Wirkung und Bewegung wesentlich weiter fassen. Erste Anzeichen einer Reformpädagogik finden wir beim russischen Schriftsteller Leo N. Tolstoj, der mit seiner Bauernschule von „Jasnaja Poljana“ 1859-1862 jene reformpädagogischen Prinzipien realisierte, die später zum Kennzeichen innovativer Pädagogik werden sollten: Bildung statt Erziehung, Freiheit statt Zwang, Erfahrung statt Dogma. Und auch nach 1945 wird eine Fülle von reformpädagogischen Konzepten und Projekten sowohl in den Industriestaaten des Nordens als auch in Ländern des Südens realisiert. Vor allem in den 1960er und 1970er Jahren entstehen weltweit neue Orte reformpädagogischen Denkens und Handelns, die einen Wandel der Bildungs- und Lernkultur andeuten. Dazu zählt die *Alphabetisierungs- und Befreiungspädagogik* des Brasilianers Paulo Freire ebenso wie die *First Street School* in New York 1964/65 von George Dennison, *Summerhill* in England von Alexander S. Neill oder die *Schülerschule von Barbiana* in Italien. In Deutschland ist es die *Freie Schule Frankfurt*, die aus der Kinderladenbewegung heraus Anfang der 1970er Jahren entsteht und eine neue reformpädagogischen Bildungsidee repräsentiert. All diese Projekte verstehen sich als pädagogische Emanzipationskonzepte und erweitern jene aus dem ersten Drittel des 20. Jahrhunderts (vgl. Klemm/ Treml (Hg.) 1989). Zu dem Wechsel von „Normal- und Reformpädagogik“ in der modernen Pädagogikgeschichte bieten die Studien von Dietrich Benner und Herwart Kemper materialreiche und systematische Erkenntnisse (Benner/Kemper 2001, 2003).

Ein besonderes Merkmal der klassischen Epoche zu Beginn des 20. Jahrhunderts ist die Ausdifferenzierung in verschiedene Richtungen, die einerseits unterschiedliche Zielsetzungen und Strategien verfolgen, sich jedoch andererseits immer auch wieder „beim Kind“ treffen, d.h. Pädagogik „vom Kinde aus“

denken. Die Hauptrichtungen dieser klassischen Epoche kennzeichnen gleichzeitig auch zentrale inhaltliche und didaktische Leitideen der Reformpädagogik, die bis heute anzutreffen sind.

Die *Landerziehungsheimbewegung* wird von Hermann Lietz (1868-1919) Ende des 19. Jahrhunderts begründet und hat zum Ziel, Schule inhaltlich, institutionell und didaktisch neu zu strukturieren. Die Schule wird zu einer Heimgemeinschaft, sie ist außerhalb der Städte angesiedelt und steht in einem unmittelbaren Kontakt zur Natur. Die Jugendgemeinschaft wird zum Lebens- und Lernort der Schüler. Neben der Bildungsaufgabe steht die erzieherische Funktion der Landerziehungsheime im Vordergrund. Weitere wichtige Repräsentanten dieser Bewegung sind Gustav Wyneken (1875-1964), Paul Geheeb (1870-1961) und Kurt Hahn (1886-1974). International ist vor allem der Engländer Alexander S. Neill (1883-1973) zu nennen, der mit *Summerhill* (seit 1921) die weltweit bekannteste freie Internatsschule gründete. Eine weitere und bis heute einflussreiche Richtung ist die *Arbeitsschulbewegung*, d.h. die Idee von der Verbindung von Hand- und Kopfarbeit. Ziel ist eine lebenspraktische Ausbildung. Die Verbindung von Schule und Beruf steht im Mittelpunkt. Wichtigste deutsche Vertreter sind Georg Kerschensteiner (1854- 1932) und Hugo Gaudig (1860-1923). Schule soll zu einer „Schule der Arbeit“ werden, in der Handarbeit und geistige Arbeit verbunden werden und die Selbsttätigkeit im Mittelpunkt steht. Erfahrungsorientiertes Lernen und Selbststeuerung sollen die alte Didaktik des autoritären Frontalunterrichts ablösen. Ähnlich der Landerziehungsheimbewegung setzte auch diese Bewegung bis heute Impulse und lässt sich international verfolgen. Wichtige internationale Vertreter sind der Amerikaner John Dewey (1859-1952), der Russe Pawel P. Blonskij (1884-1941) und der Franzose Célestin Freinet (1896-1966). Eine stärker inhaltlich und weniger strukturell orientierte Richtung ist die *Kunsterziehungsbewegung*, die sich als kulturkritische Gegenbewegung gegen den Industrialismus und Rationalismus der Jahrhundertwende wendet. Die kreativen und schöpferischen Potentiale des Menschen werden in den Mittelpunkt gestellt. Ausgangspunkt ist das Buch von Julius Langbehn „Rembrandt als Erzieher“ (1889). Als Begründer gilt der Lehrer und Kunsthistoriker Alfred Lichtwark (1852-1914), der mit den „Kunsterziehungstagen“ 1901 (Dresden), 1903 (Weimar), 1905 (Hamburg) die Bewegung einleitete. Vor allem nach dem Ersten Weltkrieg wirkte in Deutschland eine weitere Reformidee sehr stark: die *Einheitsschulbewegung*. Sie ist geprägt durch den Gedanken an eine demokratische Schulstruktur, die Chancengleichheit durch ein einheitliches System der Bildungsplanung verwirklicht. Mentor dieser Bewegung wurde der Lehrer Johannes Tews (1860-1937). Schließlich muss in diesem Zusammenhang auch die *Volksbildungsbewegung* genannt werden, die Ende des 19. Jahrhunderts beginnt und den Anfang einer breiten Erwachsenenbildung in Deutschland markiert. 1871 wird nach der Reichsgründung die „Gesellschaft zur Verbreitung von Volksbildung“ ins Leben gerufen, die vor allem durch Vorträge zur allgemeinen Weiterbildung nach der Schule beiträgt. Erster Vorsitzender wird der liberale Reichstagsabgeordnete Hermann Schulze-Delitzsch (1808-1883). Einen ersten Höhepunkt erlebt diese Volksbildungsbewegung zwischen 1918 und 1933 mit der Gründung zahlreicher Volkshochschulen und einem neuen teilnehmerorientierten Verständnis von Erwachsenenbildung, der so genannten „Neuen Richtung“ (vgl. Olbrich 2001).

Auf der Grundlage der Idee von Gemeinschaft, eines humanistischen und biologistischen Verständnisses von Kind und Kindheit sowie gesellschafts- und kulturkritischer Positionen, versteht sich Reformpädagogik

1. als eine innere und äußere Schulreform. Bildung und Erziehung sollen in und durch die Gemeinschaft erfolgen. Schule soll sich von einer autoritären Paukschule zu einem Ort der *Lerngemeinschaft* entwickeln, in der *ganzheitli-*

ches Erfahrungslernen, Selbsterziehung und Lebensnähe möglich werden;
2. als eine Bewegung zur Überwindung des autoritären Lehrerbildes. Er soll zum *Partner* und zum *Führer* des Kindes werden. Er soll bilden und erziehen;
3. als ein Denkansatz „vom Kinde aus“, der sich in der Forderung nach einem neuen *pädagogischen* Bezug zwischen Lehrer und Zögling zeigt. *Selbsterziehung und Selbstentfaltung* werden als wichtige entwicklungspsychologische Ziele gesehen und führen zu einer neuen *Pädagogischen Anthropologie* des Kindes;
4. als eine *Emanzipationsbewegung* zur Schaffung einer „besseren“ Welt. Die Kulturkritik des ausgehenden 19. Jahrhunderts von Friedrich Nietzsche und Paul de Lagarde sowie die sozialistische Gesellschaftskritik werden zum politischen und philosophischen „Humus“ für die reformpädagogische Bewegung.

Im Mittelpunkt der reformpädagogischen Kritik steht die Schule. Diese soll zu einem lebens- und alltagsnahen Ort sowie als Lerngemeinschaft organisiert werden. Sie soll eine ganzheitliche Orientierung von „Kopf-Herz-Hand“ inhaltlich und methodisch erhalten und zu einem Ort der politischen und humanistischen Erziehung werden.

Die Reformpädagogik ist keine abgeschlossene Epoche; sie ist ein „permanentes Projekt“, das sich durch das ständige Bemühen auszeichnet, Bildung und Erziehung zu humanisieren, lebensnah zu gestalten und die Aufklärungsideen von Freiheit, Gleichheit und Brüderlichkeit zu realisieren.

1.4 Die antiautoritäre Erziehungsbewegung

Die Idee einer antiautoritären Erziehung tritt erstmals in der BRD Ende der 1960er Jahre über die Kinderladenbewegung an die Öffentlichkeit. Drei Entstehungsbedingungen sind dabei von Bedeutung:

- Ideengeschichtlich wird die *Psychoanalyse* und in der Kombination mit dem Marxismus neu für die Erziehung entdeckt. Neben Sigmund Freud ist es vor allem Wilhelm Reich, der eine Renaissance für Politik und Pädagogik erlebt. Die Begriffe „Emanzipation“, „Herrschaft“ und „Sexualität“ werden zentrale inhaltliche Diskurselemente bei der Formulierung eines antiautoritären Erziehungsmodells.
- Die Kinderläden sind Ausdruck eines *Bildungsstrukturproblems* in dem Sinne, dass adäquate Möglichkeiten gesucht wurden, wie sich junge Eltern außerparlamentarisch in die Politik einbringen und in ihrer Elternschaft entsprechende Freiräume schaffen können. Die Kinderläden werden zum Ausdruck einer neuen partizipatorischen Politikkultur vor dem Hintergrund des Mangels an vorschulischen Einrichtungen
- Schließlich sind die Kinderläden aber vor allem Ausdruck eines neuen *erziehungs- und bildungspolitischen Bewusstseins*. Pädagogisch und inhaltlich ist das Ziel eine zwangfreie, revolutionäre bzw. demokratische sowie kollektive Erziehung mit der Absicht der Solidarisierung gegen entfremdende kapitalistische Lebensverhältnisse.

In die allgemeine Öffentlichkeit gelangen diese neuen Erziehungsvorstellungen mit dem Film von Gerhard Bott „Erziehung zum Ungehorsam“ im Dezember 1969.

Im selben Monat erscheint auch in einer Taschenbuch-Ausgabe Alexander S. Neills Bericht über seine englische Reformschule Summerhill mit dem Titel „Theorie und Praxis der antiautoritären Erziehung“ (Neill 1969) und wird auf Anhieb zu einem Bestseller der antiautoritären Erziehungsbewegung. Der Jahreswechsel 1969/1970 markiert in diesem Sinne in der deutschen Pädagogikgeschichte einen Bruch im pädagogischen Weltbild und Selbstverständnis der Bundesrepublik. Von einem einheitlichen Konzept kann allerdings nicht gesprochen werden. Drei Richtungen müssen bei der antiautoritären Pädagogik unterschiedenen werden: die sozialistisch-marxistische, die liberale und die libertäre.

Die antiautoritäre Erziehungsbewegung beginnt als eine *politisch-pädagogische* Protestbewegung gegen die so genannte bürgerliche Erziehung und Pädagogik, die sie als „repressiv“ und „autoritär“ definiert. *Theoretisch* steht die antiautoritäre Erziehung von Anfang an in der wieder entdeckten Tradition des antiautoritären Sozialismus und Marxismus sowie in der ebenfalls wieder entdeckten Freudschen Psychoanalyse. Ihre Theorie des gesellschaftskritischen Ansatzes ist geprägt durch die Thesen zur „autoritären Persönlichkeit“ (Adorno u.a. 1969), zum „eindimensionalen Menschen“ (Marcuse 1967) sowie zum Verhältnis von „Autorität und Familie“ (Horkheimer u.a. 1936). Von hier aus wird der „Spätkapitalismus“ in der Bundesrepublik kritisiert und als eine „autoritäre Gesellschaft“ definiert. Das Ziel der antiautoritären Erziehungsbewegung besteht darin, diese Strukturen zu überwinden.

Praktisch wird diese antiautoritäre Erziehung vor allem mit der Kinderladenbewegung (z.B. Bott (Hg.) 1970) und einer Schülerbewegung (Hüffell 1978) in Verbindung gebracht.

Neben dieser sozialistisch und revolutionär orientierten Richtung exponierte sich eine zweite Richtung, für die exemplarisch die Schule Alexander S. Neills (1883-1973) „Summerhill“ steht und als antiautoritäre Erziehung „liberaler Prägung“ (Weber 1974, S. 37 ff.) bezeichnet wird.

Obwohl es beiden Varianten um eine antiautoritäre Veränderung herkömmlicher und traditioneller Erziehung geht und beide ein neues, sprich herrschaftsfreies und antiautoritäres erzieherisches Verhältnis zwischen Zögling und Erzieher anstreben, ergeben sich auf mehreren Ebenen Unterschiede:

- Zunächst ist offensichtlich, dass es sich bei A.S. Neill um einen weitgehend unpolitischen Ansatz handelt, der vom Kind in der Tradition der reformpädagogischen Bewegung ausgeht. Nicht der sozialistische „Klassenkampf“ steht als

Metatheorie hinter seinem Konzept, sondern der Gedanke an das Individuum und an seine *individuelle Befreiung*.

- Es geht A.S. Neill um eine *antiautoritäre Individualisierung* des „pädagogischen Verhältnisses", nicht um eine Kollektivierung.
- A.S. Neill betont neben dem „Prinzip Freiheit" in der Erziehung vor allem den emotionalen Aspekt. Der sozialistische Weg setzt dagegen stark auf Unterweisung und Unterricht, d.h. auf Aufklärung über gesellschaftliche Zusammenhänge. A.S. Neill betont außerdem die *individuelle Emanzipation über ein neues Generationen- und Erzieher-Zögling-Verhältnis*.
- Das Erziehungsziel ist bei A.S. Neill der glückliche Mensch. In der antiautoritären Erziehung sozialistischer Prägung ist das Ziel der Klassenkämpfer mit einem konkreten Feindbild.

Die dritte Richtung innerhalb der antiautoritären Erziehungsbewegung, die libertäre Orientierung, ist die, die am wenigsten praktisch in Erscheinung tritt und auch in der Rezeption nur eine marginale Rolle spielt, obgleich sie, ideengeschichtlich gesehen, einen entscheidenden Aspekt in die antiautoritäre Bewegung hinein trägt, nämlich die radikale Staatskritik bzw. die Idee der Entstaatlichung von Vergesellschaftungs- und Sozialisationsprozessen. Diese libertäre oder anarchistische Richtung entsteht historisch im Kontext des Anarchismus. Fragen der Bildung und Erziehung spielen im Anarchismus traditionell eine stärkere Rolle als im Marxismus und Kommunismus. Im Gegensatz zur sozialistisch-marxistischen und liberalen Richtung der antiautoritären Bewegung finden wir in den 1960er und 1970er Jahren allerdings nur eine geringe praktische Anschlussfähigkeit. Die Wirkung erfolgt vielmehr über die Wiederentdeckung anarchistischer Traditionen in der Pädagogik und ihren herrschaftskritischen und antietatistischen Aspekten. Im Mittelpunkt steht die Rezeption des Spaniers Francisco Ferrer, der als eine Schlüsselfigur in der anarchistischen Pädagogik-Tradition des 20. Jahrhunderts gilt (Ferrer 1970). Drei Positionen definieren die libertäre Richtung:

- Die Entfaltung kreativer und politischer Energien wird durch die traditionellen Bildungseinrichtungen verhindert;
- Verwaltungsapparate überlagern pädagogische Prozesse und machen Schule zu einem parapolitischen Konstrukt;
- Das Staats- und Kirchenmonopol verhindert Emanzipation und freies Lernen und instrumentalisiert Bildung und Erziehung.

Die wissenschaftliche Rezeption sowie die selbstkritische Reflexion aus der antiautoritären Bewegung selbst heraus scheint heute weitgehend abgeschlossen zu sein, zumindest findet derzeit nur selten eine weiterführende inhaltliche und systematische Auseinandersetzung statt. Die etablierte Pädagogik und Erziehungswissenschaft reagierte bereits Anfang der 1970er Jahre schnell und intensiv auf die Herausforderung durch die antiautoritär-revolutionäre Bewegung. Die Studien von F. Hartmut Paffrath (1972), Erich Weber (1974), Johannes Claßen (1973) und Wolfgang Brezinka (1972/1980) geben die heute noch gültige Einschätzung wieder.

Im erziehungswissenschaftlichen Diskurs besteht Konsens darüber, dass die antiautoritäre Erziehungsbewegung sowohl politisch als auch pädagogisch gescheitert ist - scheitern musste - jedoch andererseits „einen berechtigten Kern“ (Weber 1974, S. 179) besitzt, der „zur Aufdeckung zahlreicher Fehlentwicklungen und Unzulänglichkeiten in unserem Schulwesen beigetragen“ (ebd, S. 180) hat.

2. Leben und Werk Francisco Ferrers

Das Leben Ferrers und seine pädagogische Karriere sind bereits kurz nach seinem Tod von dem österreichischen Anarchisten Pierre Ramus dokumentiert worden (Raums 1910). An dieser Stelle sollen deshalb auch nur schlagwortartig einige Stationen aufgeführt werden, die für sein pädagogisches Profil von Bedeutung wurden.

Am 10. Januar 1859 in Alella, einem kleinen Dorf ca. 20 Kilometer von Barcelona in Nordostspanien, als Sohn eines Bauern geboren, besuchte er bis zum 10. Lebensjahr die Schule in seinem Heimatort. Mit 14 Jahren beginnt er eine Lehre als Buchhalter und kommt immer häufiger mit liberalen und sozialistischen Ideen in Berührung. 1883 wird er Freimaurer, schließt sich den radikalen Republikanern an und benützt eine Stelle als Streckenkontrolleur bei der Bahn zur Tätigkeit als Fluchthelfer nach Frankreich und Kurier. Schließlich nimmt er auch an Aufständen und Revolten teil und muss 1886 Spanien fluchtartig verlassen.

Während seines nun folgenden l5jährigen Exils in Frankreich lebt er vorwiegend in Paris, arbeitet als ehrenamtlicher Sekretär des spanischen Republikaners Ruiz Zorilla, als Weinhändler sowie als Privatlehrer. Er interessiert sich zusehends für pädagogische Fragen, veröffentlich 1895 ein Buch über Spanischunterricht, lernt eine Reihe von Anarchisten kennen, wie etwa Jean Grave, Elisée Reclus und den damals bekannten Pädagogen Paul Robin und nimmt am Kongress der 2. Internationale in London teil.

1901 kehrt er mit dem Geld aus einer Erbschaft sowie mit der Absicht, eine eigene Schule zu gründen, nach Barcelona zurück und eröffnet noch im gleichen Jahr jene bekannt gewordene Schule mit dem Namen „Escuela Moderna“, die von nun ab sein Leben und sein Wirken bestimmen sollten. Die „Escuela Moderna“, die von 1901 bis 1906 und nach einer Zwangspause von 1907 bis 1909 besteht, fand ihr Ende mit der Verhaftung Ferrers und seiner anschließenden Verurteilung und Hinrichtung wegen angeblicher Rädelsführerschaft bei einem Aufstand.

Parallel zum Unterricht erschien auch ein Mitteilungsblatt, das „Boletin de la Escuela Moderna", das in 62 Ausgaben von 1901 bis 1906 von Ferrer herausgebracht wurde.

1902 gründete er außerdem einen Schulbuchverlag, in dem neben wissenschaftlichen Arbeiten in erster Linie Bücher veröffentlicht wurden, die als Schulbücher in der „Escuela Moderna" und allen im Anschluss daran gegründeten ähnlichen Schulen Verwendung fanden (Knapp 1081). Bis zum Verkauf des Verlages 1915 erschienen ca. 60 Publikationen.

Neben dieser pädagogischen und publizistischen Tätigkeit schrieb Ferrer unter dem Pseudonym „Cero" von 1901 bis 1903 in der anarchistischen Wochenzeitung „La Huelga General" (Der Generalstreik) zahlreiche Beiträge.

Als Ferrer 1907 nach seiner ersten Festnahme wieder auf freien Fuß gesetzt wurde, widmete er sich vor allem der internationalen Ausbreitung seiner Schulbewegung. Hierzu gründete er 1908 die Monatsschrift „L'Ecole Renovée" (Brüssel). Unter gleichem Titel und zusammen mit Charles Albert erschien sie ab Januar 1909 als Wochenschrift in Paris (bis Dezember 1909). Ferrers wichtigster Schritt zur Ausbreitung seiner Reformen wurde die Gründung der „Internationalen Liga zur vernunftgemäßen Erziehung der Jugend" mit Sitz in Paris (1908). Ehrenpräsident wurde Anatole France. Diese Liga hatte Repräsentanten in Spanien, Italien, Belgien, Frankreich, England, der Schweiz und auch in Deutschland.

3. Zur Rezeption von Ferrers Leben und Werk im deutschen Sprachraum

3.1 Vorbemerkung

Die Rezeption Ferrers erfolgte unmittelbar nach seinem Tod international in unterschiedlichen politisch-gesellschaftlichen Kontexten und mit unterschiedlichen inhaltlichen

Schwerpunkten (vgl. z.B. Goldman 1909, Heaford 1909, Landauer 1910, McCabe 1909, Ramus 1910, Wendel 1909). Nicht geleistet werden kann an dieser Stelle ein Überblick und eine Bewertung dieser internationalen Rezeption insgesamt. Eine Auswahlbibliografie zur internationalen Diskussion für den Zeitraum von 1909 bis 1959 liegt mit dem Essay von Hem Day vor (Day 1960) und in der dritten Auflage von Ramus' Ferrer-Biografie (Ramus 1929) finden sich zwei Seiten mit Titelangaben zur Sekundärliteratur. Sowohl hinsichtlich der deutschen als auch der internationalen Diskussion gibt es bislang keine publizierte pädagogische und/oder politische Rezeptions- und Wirkungsgeschichte. Dies wäre jedoch von besonderem Interesse, da am Beispiel von Ferrer nicht nur der internationale Diskurs und die Ausbreitung einer reformpädagogischen Konzeption verfolgt werden kann, sondern sich auch die Bedeutung einer libertären Pädagogiktradition zu Beginn des 20. Jahrhunderts aufzeigen lässt.

3.2 Die politische Kritik und Rezeption im Anschluss an Ferrers Tod

Die Rezeption im Sinne einer libertär-sozialistischen Politik und Kritik fand vor allem in den ersten Jahrzehnten nach Ferrers Tod statt. Exemplarisch für eine anarchistische Zeitschrift sei hier aus dem „Organ für Anarchismus und Syndikalismus" der Region Hamburg, „KAMPF!", zitiert, die in einer Auflage von 2000 Exemplaren erschien und zum Jahrestag der Ermordung Ferrers in der Ausgabe vom Oktober 1912 folgenden Beitrag brachte:

„**Franzisko Ferrer** (13. Oktober 1909)

Alljährlich im Herbst, wenn raue Oktoberwinde durch die Lande brausen, am im Frühjahr und Sommer in der Natur entsprossenen neuen Leben rüttelnd, dasselbe gemahnend, dass die Zeit eines ewigen Frühlings und immer währenden Sommers noch nicht gekommen ist, schauen die Freiheitskämpfer nach jenem unglücklichen Lande im Süden Europas, wo ein rauer Herbstwind versuchte, die eben aufsprossende und gedeihende Freiheitssaat zu vernichten durch die Beseitigung des Mannes, der sich als Aufgabe die Pflege und Erziehung der Menschenknospen, der Jugend Spaniens gestellt hatte.

Am 13. Oktober 1909, auf dem Montjuïc, dem „verfluchten Berge", wie er im Volksmunde heißt, im Angesicht der spanischen Stadt der Arbeit, Barcelona, fiel Franzisko Ferrer, von Henkerskugeln durchbohrt.

„Im Namen des Gesetzes" wurde er erschossen. Im Namen desselben Gesetzes, das alle Scheußlichkeiten zu Werken der „Pflicht", des „Rechts" stempelt, wenn es in seinem Interesse nötig ist.

Wer war Franzisko Ferrer?

Wenn ein Land den unheilvollen Einfluss der Pfaffen, den mörderischen Sinn der Religion durchgekostet hat, dann ist es Spanien. Während Jahrhunderten den Pfaffen überliefert, die zu ihrem Schutz, ihrer Unterstützung die Macht des Staates hinter sich hatten, war es allen Scheußlichkeiten, die ein blutdürstiges Menschenhirn nur ausdenken kann, überliefert. Das Werk der Pfaffen kann nur durch die Verfinsterung menschlicher Vernunft, die Verblödung des menschlichen Verstandes geschehen. Und dieses haben die Pfaffen Spaniens im weiten Maße getan.

Mit Feuer und Schwert, Galgen und Scheiterhaufen wütete die Pfaffenbrut, um jedes freie Regen zu unterdrücken.

Die Scheußlichkeiten vergangener Jahrhunderte der Barbarei waren ein Kinderspiel gegen diese, mit allen Mitteln des Verstandes ausgeklügelten Folterungen. Und das fruchtbare Land wurde zur Wüste, das Volk verrohte. Und die Pfaffen, heute nicht mehr imstande, die Scheußlichkeiten der Inquisition anwenden zu können, versuchten nun, die Schulen an sich zu reißen, um durch Vergiftung der Kindesseele von frühester Jugend an, durch Verblödung des jugendlichen Gehirnes die Menschen sich zu blinden Sklaven zu machen. Das Wissen aus der Schule zu verbannen, niederdrückende Glaubensformeln, versklavende Gebote zu geben waren ihre Bestrebungen. So blieb das Volk in der Unwissenheit ein williges Opfer für Ausbeutung und Unterdrückung.

Dies sah Ferrer. Er erkannte, dass um die Freiheit für alle zu erringen, es notwendig ist, die Jugend den Klauen pfäffischer Erzieher zu entreißen. Vor dem Wissen flüchtet die finstere Macht des Pfaffentums.

Er gründete freie Schulen in Barcelona wie Umgebung. Sein Vorgehen fand Nachahmung. Eine freie Schule nach der andern wurde eröffnet. Das Pfaffentum wurde um seine Macht besorgt, sah es doch deren Grundlage, den Glauben, wanken: Es hasste Ferrer in blinder Wut. Ihn zu verderben war das Bestreben der Finsterlinge. Das Attentat des Morral 1906 schien die Gelegenheit dazu zu bieten, doch abgeblitzt, da er freigesprochen wurde, hassten sie ihn um so grimmiger.

Die Julirevolution 1909 in Barcelona brachte die erwünschte Gelegenheit.

Unter der Anklage, der Leiter des Aufstandes gewesen zu sein, wurde er vor das Kriegsgericht gestellt und zum Tode verurteilt. „Es lebe die moderne Schule" waren seine letzten Worte.

Heute hat der Gedanke der freien Schulen überall seine Anhänger. Schon gibt es in vielen Städten solche. Aber die Macht des Klerikalismus schwindet immer mehr, selbst in Spanien. Und eine moralische Niederlage für das Pfaffentum bedeutete die im Wiederaufnahmeverfahren erfolgte Freisprechung Ferrers.

Die Aufgabe aller Freiheitsfreunde aber ist, Ferrers Werk der Erziehung und des Kampfes gegen den Klerikalismus weiter zu führen.

‚Es lebe die moderne Schule!'

(anonym 1912)"

Eine diesbezügliche und über Jahre hin andauernde Rezeption finden wir in Deutschland bis Ende der 1920er Jahre, z.B. in der Zeitschrift „Der Syndikalist" (R.R. (Rudolf Rocker) 1919, 1929), in der von Ernst Friedrich herausgegebenen Zeitschrift „Freie Jugend" (Friedrich 1922) oder in Erich Mühsams „Fanal" (Mühsam 1929). In verschiedenen Fällen berichten Zeitschriften auch über Jahre hinweg immer wieder unregelmäßig über Ferrer, wie z.B. im Falle der von Gustav Landauer herausgegebenen Zeitschrift „Der Sozialist" (ab. 1909, Landauer 1910, Mühsam 1910, de Cleyre 1914).

Ungewöhnlich und erwähnenswert ist auch eine Rezeption für Kinder. Der niederländische Anarchist Domela Nieuwenhuis veröffentlichte in einer deutschen Ausgabe erstmals 1911 im Verlag Leon Hirsch (Berlin/Schönefeld) eine Broschüre „Francisco Ferrer" (Nieuwenhuis 1911), die für Kinder geschrieben wurde. Eine Neuausgabe als achtseitige Broschüre mit einer größeren Verbreitung erfolgte 1920 im Verlag Der Syndikalist (Berlin). Später erschien der Text auch nochmals in dem von Ernst Friedrich herausgegebenen Lesebuch „Proletarischer Kindergarten" (Nieuwenhuis 1929), das ebenfalls in der proletarischen (Jugend-)Bewegung der Weimarer Zeit eine weite Verbreitung fand.

Gemessen an den heutigen gestalterischen Standards für Kinder- und Jugendliteratur ist diese Publikation (Nieuwenhuis 1920), die als Heft 1 einer Reihe „Jugendliteratur" erschien, jedoch äußerst fantasielos gestaltet und gleichsam eine Zumutung für Kinder bzw. Jugendliche. Sie entspricht in Form und Layout den damals gebräuchlichen politischen Propagandabroschüren. Inhaltlich wird in einer für Kinder ansprechenden Sprache das Leben und Werk Ferrers heroisiert. Ferrer wird als „seltener Kinderfreund" (ebd., S. 8) beschrieben, der für seine um Aufklärung bemühte Bildungsarbeit sterben musste, weil er mit ihr für die Kirche, die ihre Macht und ihren Reichtum in Spanien erhalten wollte, eine Gefahr war. Die Darstellung des Lebens und des Todes Ferrers wird didaktisch genutzt, um Atheismus, Antiklerikalismus und Klassenkampf zu thematisieren. Der Kampf „arm gegen reich" ist ein Kampf gegen die Kirche und den Staat. Der „Fall Ferrer" wird für die sozialistische Bewegung gleichsam zum pädagogischen „Lehrbeispiel" für politische Ziele wie den Kampf gegen Staat und Kirche, gegen Ausbeutung und Unterdrückung des Volkes und gegen den Krieg. Abschließend heißt es in diesem Text: „Liebe Kinder, *vergesst darum nie den Kinderfreund Ferrer*, und was er *für euch getan* hat. Sorgt dafür, daß ihr auch ein klein wenig für ihn tut, und das könnt ihr vollbringen, indem ihr *Menschen von Überzeugung* werdet, die *selbständig denken* und *selbständig handeln*. Wenn ihr danach strebt, so wird Ferrer im Geiste unter uns fortleben" (ebd., S. 8)

Inwieweit diese Broschüre in die von der anarchistischen Bewegung in Deutschland mit getragenen „Weltlichen Schulen" (Klemm 1996, Klan/Nelles 1990) der Weimarer Republik als Unterrichtsmaterial Eingang gefunden hat, kann nicht belegt werden. Es muss jedoch davon ausgegangen werden, dass sie eine mehr oder weniger breite Bekanntheit erlebte, da sie im damals größten anarchistischen Verlag erschien und der deutsche Anarchosyndikalismus auf dem Höhepunkt seines Einflusses innerhalb der sozialistischen Bewegung Deutschlands war (vgl. Rübner 1994).

Neben dieser anarchistisch orientierten Erinnerungsarbeit finden wir auch aus dem sozialdemokratischen und liberalen Lager heraus eine intensive Rezeption(5). Beispielhaft sei hier der sozialdemokratische Reichstagsabgeordnete Herman Wendel (1884-1936) genannt, der im Rahmen von Protestveranstaltungen zwischen dem 17. und 25. Oktober 1909 einen Vortrag hielt, der in einer erweiterten Fassung als Broschüre im Verlag *Buchhandlung Volksstimme Maier & Co* (Berlin) 1909 mit dem Titel „Francisco Ferrer – Ein Kapitel Reaktion und Inquisition" erstmals erschien und bis 1911 eine Auflage von 30.000 Exemplare erreichte. Ferrer wird als liberaler Aufklärer und Pädagoge dargestellt, der zum Opfer einer autoritären spanischen Politik von Klerus und Staat wird. Wendel beschreibt die gesellschaftliche Situation Spaniens drastisch mit einem „Gemisch von Blutgeruch und Weihrauchduft" (Wendel 1909) und nennt Spanien „eine Leichengrube, gefüllt bis zum Rande, über der mit triumphierendem Gekrächz die Raben der Klerisei hinstreichen" (ebd.).

Neben dieser Kritik an der Hinrichtung Ferrers und des damit verbundenen spanischen Gesellschaftssystems zu Beginn des 20. Jahrhunderts – im Mittelpunkt der Auseinandersetzung steht der dominante Einfluss des Klerus' in Spanien mit seinem Machtanspruch und seinen rigiden und autoritären Formen der Politik – gibt es auch positive Stimmen, die die Verurteilung Ferrers für richtig halten. In einer nicht näher in der Herausgeberschaft gekennzeichneten Dokumentation von 1909 (Ferrer im Lichte der Wahrheit 1909) werden in offensichtlicher denunziatorischer Absicht „Tatsachen" über das Leben und die Person Ferrers dargestellt (Ferrer als Ehebrecher und Erbschleicher) und Verschwörungen von Anarchisten, Freidenkern und Freimaurern aufgedeckt. Es soll der Beweis eines internationalen Feldzuges „von Freimaurerei und Anarchismus gegen Altar und Thron" (so der Untertitel der Schrift) erbracht werden.

Eine historisch-wissenschaftliche Rekonstruktion der Pädagogik Ferrers erfolgt erstmals im Rahmen der siebenbändigen „Geschichte der Anarchie" von Max Nettlau[(6)] in Band 6 und 7, die allerdings im *Internationaal Instituut voor Sociale Geschiedenis* in Amsterdam nur als Manuskript vorliegen und bislang noch nicht publiziert sind. In Kapitel IV-VII von Band 6 beschäftigt sich Nettlau mit Ferrer im Kontext des spanischen Anarchismus und beschreibt seine Aktivitäten ab Anfang des 20. Jahrhunderts bis zu seinem Tod 1909. In Band 7 der „Geschichte der Anarchie" geht es in Kapitel IV um die Ferrer-Bewegung in den USA im Zeitraum von 1902 bis 1920 (vgl. die Inhaltsübersicht aller Bände 1-7 in Nettlau 1972, o. S.).

Diese Rezeption von Nettlau im Kontext einer Gesamtgeschichte der anarchistischen Bewegung unterscheidet sich deutlich in der Zielrichtung und im Aussagewert von der sonstigen, in diesem Zeitraum, erfolgten Rezeption. Nicht die politische Instrumentalisierung und politische Erinnerungsarbeit stehen im Mittelpunkt, sondern die faktenreiche Aufarbeitung im Kontext des spanischen Anarchismus um die Jahrhundertwende.

Diese erste Phase der politischen Reaktion und Rezeption ist geprägt durch eine Heroisierung der Person Ferrers und seines Werkes (mit Ausnahme von Nettlaus „Geschichte der Anarchie"). Es findet vor allem eine politische Einschätzung seines Todes statt, die sich im Tenor immer wiederholt: Justizmord und Folge eines verbrecherischen politischen Systems in Spanien, das durch die feste Allianz von Kirche und Staat jegliche Emanzipationsentwicklung verhindert. Ferrer wird durch diese politisierte und emotionalisierte Rezeption zum Märtyrer der Arbeiterbewegung und des Anarchismus gemacht und ist als solcher bis heute im Gedächtnis. Damit einher geht auch eine Instrumentalisierung der Hinrichtung Ferrers für politische Zwecke, die noch Jahrzehnte nach seinem Tod, und hier insbesondere in der anarchistischen Bewegung, zu beobachten ist (z.B. Friedrich 1922, Mühsam 1929).

3.3 Die erste Phase der pädagogischen Rezeption Ferrers

Eine zweite Rezeptionsrichtung verfolgte stärker den Blick zu Ferrers Pädagogik und stellte diese in den Mittelpunkt. Diese Verbindung von politischer und pädagogischer Rezeption führte Ende der 1960er Jahre auch zur Wiederentdeckung von Ferrers Pädagogik durch die antiautoritäre Bewegung der Studenten (Ferrer 1970, 1975).

Dieser pädagogische und politische Blick in der Rezeption ist im deutschen Sprachraum vor allem mit dem österreichischen Anarchisten, Antimilitaristen und Publizisten Pierre Ramus (d.i. Rudolf Großmann(7)) verbunden, der sich sehr engagiert in Wort und Tat für das pädagogische Erbe Ferrers einsetzte. Seine diesbezüglichen Vorträge und Veröffentlichungen führten u.a. auch zu einer Anklage und Verurteilung zu einem Monat Gefängnis in Österreich wegen „der öffentlichen Herabwürdigung des Eigentums und Gutheißung von ungesetzlichen oder unsittlichen Handlungen“ (Ramus 1911 (a)). Gleichsam zum Klassiker der deutschsprachigen Ferrer-Rezeption wurde der Text „Francisco Ferrer. Sein Leben und Werk“, der bis 1933 in insgesamt drei deutschsprachigen Auflagen in verschiedenen Verlagen und unterschiedlichen Ausstattungen (Ramus 1910(a), 1921, 1929) sowie in einer schwedischen (Ramus 1910(b)) und einer tschechischen Übersetzung (Ramus 1911(b)) erschien[(8)]. Außerdem erschien ca. 1980 eine Raubdruckausgabe im *Archiv Antiautoritäre Erziehung* (Osnabrück) nach der Erstauflage von 1910 (Ramus 1980).

Eine weitere Verwendung finden zwei Ausschnitte „Leben und Entwicklung“ (Ramus 1975(a)) und „Der Justizmord“ (Ramus 1975(b)) in der Reprintausgabe „Die Moderne Schule“ aus dem Karin Kramer Verlag (Ferrer 1975). In dem jüngsten Band zu Ferrer, einem unkommentierten Sammelband mit Texten von und über Ferrer (Archer/Poole/Ramus 1982), findet sich ebenfalls ein Auszug aus der Ramus-Ausgabe von 1910 (Ramus 1982). Damit wird dieser Text zusammen mit Ferrers Band „Die Moderne Schule“ bislang zur wichtigsten deutschsprachigen Quelle bei der Ferrer-Rezeption. Bis heute fehlt allerdings eine kritische Ramus-Ausgabe, die den zeit-, ideen- und biografiegeschichtlichen Kontext des Bandes kommentiert. In diesem Sinne ist die öffentliche Ferrer-Diskussion in den letzten Jahrzehnten auch nur unwesentlich weiter gekommen und hat nach wie vor diese Ramus-Ausgabe als einen wichtigen Bezugspunkt.

Zu Ramus’ Text ist anzumerken, dass er ursprünglich auf einer Veröffentlichung des *„Comité de défense des victimes de la répression espagnole“* (Paris) von 1910 basiert und mit weiteren Texten durch Ramus ergänzt wurde: Ein Vorwort sowie im Anhang ein Essay „Prinzipien des Internationalen Ordens für Ethik und Kultur“ von Alfred Knapp, dem deutschen Sekretär der von Ferrer gegründeten *„Internationale Liga für rationelle Erziehung der Jugend“* mit Sitz in Paris, einem Verzeichnis freiheitlicher pädagogischen Schriften von Eugen Heinrich Schmitt (1. Auflage) sowie, ebenfalls von Schmitt, in der 2. Auflage ein Nachwort „Ein Märtyrer der Gedankenfreiheit“ (das Literaturverzeichnis fehlt in der 2. Auflage). Beendet wird die zweite Auflage mit einem Auszug aus der Verteidigungsrede Ramus' vor dem Grazer Landgericht wegen eines Vortrags zu Ehren Ferrers.

Dieser Text ist jedoch keine kritische oder wissenschaftliche Analyse über das Leben und Werk von Ferrer. Er ist geprägt durch das Erkenntnisinteresse, Ferres unschuldige Verurteilung, sein Leben und sein pädagogisches Werk darzustellen. Ramus war libertärer und antimilitaristischer Agitator und griff diesen Justizskandal auf, um an ihm auch beispielhaft sowohl die Tyrannei von Staat und Kirche als auch den Erfolg und die Sinnhaftigkeit einer antimilitaristischen Erziehung aufzuzeigen.

3.4 Zur pädagogisch-erziehungswissenschaftlichen Rezeption nach 1945

3.4.1 Vorbemerkung

Eine explizit pädagogische bzw. erziehungswissenschaftliche Diskussion über Ferrer beginnt im deutschen Sprachraum erst ab Anfang der 1980er Jahre über einen pädagogischen und einen anarchistischen Diskurs und ist im Zusammenhang mit einer verstärkten bzw. erstmaligen Rezeption anarchistischer Bildungs- und Erziehungsvorstellungen zu sehen. Sowohl in pädagogischen/erziehungswissenschaftlichen Publikationen als auch in anarchistischen Veröffentlichungen findet ab diesem Zeitpunkt eine vermehrte Auseinandersetzung statt.

3.4.2 Zur Rezeption innerhalb der pädagogischen und erziehungswissenschaftlichen Diskussion

Die pädagogische und erziehungswissenschaftliche Diskussion beginnt Anfang der 1980er Jahre mit der Examensarbeit von Ilse Knapp (1981), die u.a. in spanischen Archiven recherchierte und erstmals über die Biografie von Pierre Ramus hinaus Quellen zur Pädagogik Ferrers auswertete. Diese Arbeit, die unveröffentlicht blieb, ist bis heute nach wie vor eine ergiebige Rezeptionsstudie nach 1945 zu Ferrer im deutschen Sprachraum. Nachfolgende Examensarbeiten (vgl. Literaturverzeichnis) und auch Dissertationen (z.B. Sturzenegger 1989), die Ferrer in der Analyse mit einbeziehen, erreichten bislang nicht die Tiefe von Knapps Recherche und basieren in der Auswertung zum großen Teil auf den bereits bekannten Publikationen. Neben diesen explizit Ferrer-orientierten Arbeiten, taucht er ab den 1980er Jahren auch hin und wieder im Kontext von Fragestellungen auf, die die anarchistische/libertäre Pädagogik insgesamt betreffen. So wird Ferrer in entsprechenden Studien, die als Monografien (Baumann 1982, Grunder 1986/1993, Klemm 1995) oder als Sammelbände (Baumann/ Klemm 1991, Linse 1988, Klemm 1989, Grunder 1988, 1993) publiziert werden, als ein wichtiger Eck- und Kristallisationspunkt des Verhältnisses von Anarchismus und Pädagogik diskutiert.

In pädagogischen bzw. erziehungswissenschaftlichen Periodika finden wir ebenfalls ab den 1980er Jahre verstreut Hinweise auf Ferrer (Knapp 1980, Grunder 1984(a), Steffens 1986, Baumann 1987, Klemm 1987).

Eingang in den allgemeinen bildungsgeschichtlichen und erziehungswissenschaftlichen Diskurs finden diese Impulse jedoch nicht. Auffällig ist dies vor allem bezüglich des neuerlichen Interesses an der reformpädagogischen Bewegung seit den 1990er Jahren und den in diesem Zusammenhang erschienenen Gesamtdarstellungen (vgl. hierzu Oelkers 1992, Röhrs 1991, 2001, Scheibe 1994, Benner/Kemper 2001, 2003, Winkel (Hg.) 1993).

Ferrer, aber auch der Franzose Paul Robin (siehe unten), werden dort weder diskutiert noch überhaupt erwähnt. Es kann festgestellt werden, dass Ferrer, obwohl er eine zaghafte Rezeption in der deutschen Nachkriegspädagogik erlebte, keinen

Eingang in eine entsprechende pädagogische Fachdiskussion fand.

3.4.3 Zur Rezeption innerhalb der anarchistischen Diskussion

Obgleich die Auseinandersetzung in den ersten Jahrzehnten nach Ferrers Tod zu einem großen Teil über den anarchistischen Zeitschriften- und Zeitungs-Diskurs erfolgte und sich hier gleichsam eine Kultur der Erinnerungsarbeit entwickelte, finden wir in Deutschland nach 1945 keine entsprechend intensive Fortsetzung(9). Auch wenn die Ferrer-Renaissance in der BRD nach 1945 durch einen Reprint aus dem anarchistischen Karin Kramer Verlag (Ferrer 1970) eingeleitet wurde, führte diese Wiederentdeckung zunächst zu keiner weiterführenden Analyse. In der anarchistischen Publikationslandschaft kam es vor allem zu verschiedenen Reprint(teil)ausgaben von Ferrers klassischem Pädagogik-Text (erstmals dt. 1923, dann 1970 und 1975) und von Ramus' Ferrer-Biografie (erstmals dt. 1910, dann ca. 1980 sowie in mehreren Ausgaben der von Ferdinand Groß herausgegebenen Zeitschrift *Befreiung*, Graz (Ramus 1984/86 und Ramus 1995/1996)). Und auch ein Sammelband aus dem Winddruck Verlag (Archer/Poole/Ramus 1982) bringt ausschließlich bereits veröffentlichte Beiträge, die an eine weiterführende Diskussion nicht anschlussfähig gemacht werden. Lediglich in der Zeitschrift der deutschen Anarcho-Syndikalisten, „direkte aktion", werden in drei Folgen 1982 (Nr. 33- 35) Abschnitte aus der Examensarbeit von Ilse Knapp abgedruckt (Knapp 1982(a),(b),(c)). Kurze Beiträge, die jedoch nicht den Anspruch haben, neue Erkenntnisse vorzustellen, erscheinen noch in der Ausgabe Nr. 10 der Schriftenreihe der Mackay-Gesellschaft, „Zur Sache" (Klemm 1986), in der Zeitschrift „Schwarzer Faden" (Klemm 1984) und im „Lexikon der Anarchie" von Hans-Ulrich Grunder (Grunder 1993(a)).

Auch wenn Ferrer als libertärer Reformpädagoge in der anarchistischen „Szene“ nach 1945 bekannt ist, so stammt das Erkenntnispotential nahezu ausschließlich aus Veröffentlichungen aus der ersten Hälfte des 20. Jahrhunderts. Eine weiterführende und aktualisierte Auseinandersetzung mit Ferrers Pädagogik fehlt bis heute weitgehend im originär anarchistischen Diskurs(10).

Sowohl die anarchistische Bewegung als auch die Pädagogik und Erziehungswissenschaft versäumten es bislang in der BRD nach 1945, Ferrer systematisch zu diskutieren und den Erkenntnisstand wesentlich weiter zu entwickeln. Einerseits fehlt eine pädagogische Ferrer-Forschung und andererseits scheint auch kein erkennbares Interesse vorzuliegen, Ferrer in einen bildungshistorischen Kontext in die Diskussion einzubinden. Ein oberflächliches Wissen über Ferrer liegt vor, eine tiefergehende Analyse fehlt jedoch.

4. Die internationale Ferrer-Bewegung

Um die internationale Ausbreitung seiner bildungspolitischen und schulpädagogischen Ideen kümmerte sich Ferrer vor allem und erstmals nach seiner Haftentlassung im Herbst 1907(11). Er gründete im April 1908 zusammen mit dem Belgier J.F. Elslander die Zeitschrift „L'Ecole Renovée“, die zunächst in Brüssel erschien und ab Januar 1909 in Paris. Ebenfalls im April 1908 gründete er in Paris die „Internationale Liga für die rationelle Erziehung der Jugend“, deren Ehrenpräsident Anatole França wurde. Sekretär für das deutsche Sprachgebiet war Alfred Knapp, der auch das kritische Vorwort zur Ferrer-Biografie von Ramus (1910) schrieb.

Die Gründungserklärung von 1908 fasst die Leitideen der bestehenden Ferrer-Schulen(12) zusammen und gibt der internationalen Ferrer-Bewegung ihren bildungspolitischen Rahmen. Die folgende Übersetzung stammt von Ilse Knapp (Knapp 1981, S. 68-71):

„Liga zur Rationalen Erziehung der Kindheit

Sitz: Boulevard Saint Martin, 21, Paris
Initiativ- und Leitungskomitee:

F. Ferrer Guardia	Spanien	Präsident
C.A. Laisant	Frankreich	Vizepräsident
Ernest Häckel	Deutschland	Mitglied
J.F. Elslander	Belgien	Mitglied
Giuseppe Sergi	Italien	Mitglied
William Heaford	England	Mitglied
H. Roorda van Eysinga	Schweiz	Mitglied
Enriqueta Meyer		Sekretärin

Diese Liga macht sich zur Aufgabe, die allgemeine traditionelle, dogmatische oder modernisierte oder auch laizistische Erziehung durch die rationale Erziehung zu ersetzen, mit dem Ziel, dem Irrtum, Kind der Unwissenheit und fortgesetzt durch die Routine und das privilegierte Interesse, ein Ende zu setzen und der bewiesenen Wahrheit freien Lauf zu lassen. Nur das Positive und Rationale wird akzeptiert. Ausgehend von der Freiheit physiologisch und moralisch ausgeglichener Individuen sollen die menschlichen Beziehungen ein Ausdruck der Gleichheit sein und den Charakter der Brüderlichkeit offenbaren. Man sagt zu Recht, dass alle politischen und sozialen Probleme im Grunde pädagogische Probleme sind, d.h. um die Auswirkungen des Irrtums auszurotten, muss man bei der Aufrichtigkeit des Kindes anfangen und von diesem menschlichen und natürlichen Punkt aus muss man sie (die Kinder) von den Konventionalismen und Lügen des Zeitgeistes trennen, man muss sie von Hochmut und Untertänigkeit befreien, von der Eitelkeit und der Heuchelei, indem man sie den Tatsachen gegenüberstellt und ihre Fähigkeiten zur Beobachtung und zum Verstehen methodisch entwickelt, damit sie in wirklich experimenteller und rationaler Art und Weise sehen, urteilen, wissen und schaffen, niemals beeinflusst durch die Autorität eines Lehrers, bekannter Autoren oder gar der öffentlichen Meinung. Bis heute ist man davon ausgegangen, dass Unterrichten und Erziehen gleichwertige Vorstellungen sind, ohne zu bedenken, dass Unterricht die Vermittlung erworbener Kenntnisse und vorherrschender Ideen ist, insofern als der Unterricht die Entwicklung der physischen, intellektuellen und moralischen Fähigkeiten ist. Im Unterricht kann es und gibt es sicherlich immer Gewalt, denn der Lehrer, der einer Doktrin und einer Autorität dient, verlangt Glauben und Unterordnung, lehrt zu glauben und zu gehorchen. In der Erziehung kann und muss es den Respekt der menschlichen Persönlichkeit geben, denn der Erzieher ist immer bestrebt dass der zu Erziehende seine Kenntnisse durch eigene Beobachtungen erlangt, und so lässt er der Aufmerksamkeit des zu Erziehenden freien Lauf. Diese Aufmerksamkeit ist zunächst unzusammenhängend, später an Wünsche und Bedürfnisse gebunden und schließlich, bei einem ausreichenden Entwicklungsstand der verschiedenen Kenntnisse, ist der zu Erziehende in der Lage, Verbindungen zu schaffen, Gesetzmäßigkeiten zu entdecken und bestimmte, spezielle Fähigkeiten zu entwickeln.

In diesem wesentlichen Unterschied liegt unsere Daseinsberechtigung (die Grundlage unserer Existenz): Die Internationale Liga für die Rationale Erziehung der Kindheit will sich direkt der Wahrheit zuwenden und Verwirrungen und falsche Analogien vermeiden, denn sie sind die Grundlagen zukünftiger, antifortschrittlicher und irrationaler Abweichungen, und um die Grenze noch einmal ganz deutlich zu ziehen, bestehen wir darauf, dass: (wiederholen wir:)

Der Unterricht reglementiert das Wissen, er unterwirft die unendlichen Möglichkeiten der individuellen Fähigkeiten einer systematischen Einheit, er lässt die geistige Initiative des Schülers außer Acht, er lässt ihn veraltete Lehren lernen und wie viel muss der Schüler vergessen, weil es unnütz und unangemessen ist. Aber der Unterricht rettet die Defizite mit der Farce eines Examens und mit einem Titel, der oft dazu dient, ein Privileg auszunutzen, denn die offiziellen Fähigkeiten sind oft den positiven entgegengesetzt.

In der Erziehung wird das Kind durch den Erzieher und in dem breiten Umfeld der modernen Pädagogik dazu gebracht, sich aus dem universellen Schatz der Wissenschaft frei genau die Kenntnisse herauszusuchen, die es gemäß seiner Entwicklung und seiner Fähigkeiten braucht. Dieser universelle Schatz ist heute monopolisiert durch die Schulsysteme, anstatt ihn allen zugänglich zu machen für das private und kollektive Glück des Individuums und der Gesellschaft.

Mit dieser Grundlage und mit diesen Vorschlägen wenden wir uns an alle Liebhaber der Wahrheit und der Gerechtigkeit und fordern sie auf, der Internationalen Liga für die Rationale Erziehung der Kindheit beizutreten.

Angesichts der Tatsache, dass nur durch eine rationale Erziehung der Kindheit Generationen entwickelt werden können, die zur religiösen, politischen und ökonomischen Befreiung fähig sind, wollen wir unsere Kräfte auf die Propagierung, Stärkung und Verteidigung dieser Erziehung konzentrieren, so weit wie unser Aktionsradius reicht.

Wir fordern den Beitritt, denn wir wollen eine zahlreiche und starke Liga, aber wir verschweigen nicht, dass man hart arbeiten und kämpfen werden muss, denn unsere Gegner sind nicht nur die Rückschrittlichkeit des Volkes und die klassischen Gegner jeden Fortschrittes, sondern unser Vormarsch wird erschwert durch die Industriellen des Unterrichts und die Träger einiger Schulen, die den französischen Laizismus kopieren. Denn trotz ihres attraktiven Namens und trotz einiger scheinbar wissenschaftlicher und liberaler Praktiken unterscheiden sie sich kaum von den offiziellen und traditionellen Schulen, die alle darauf aus sind, Geisteshaltungen zu produzieren, die den sozialen Vorurteilen unterworfen sind. Diese Schulen verhindern, dass die Kinder (Jungen) von heute, Menschen (Männer) von morgen in der Lage sind, frei und rational die Konflikte des privaten und sozialen Lebens zu beurteilen und zu lösen. Unsere Mission ist klar und eindeutig:

- Propagierung der Bücher, die mit der rationalistischen Erziehung übereinstimmen,
- die Lehrer unterstützen, die solche Bücher in ihren Schulen benutzen,
- andere Lehrer zum Gebrauch dieser Bücher zu ermuntern,
- die existierenden rationalistischen Schulen zu unterstützen,
- Schulen, die noch nicht rationalistisch sind, zu solchen zu machen,
- rationalistische Schulen zu gründen, wo immer das möglich ist,
- und zum Schluss, Mitglieder für die Liga zu werben und Gruppen zu bilden, damit nach und nach die rationalistische Erziehung in keinem Ort mehr unbekannt ist.

(Veröffentlicht im Boletin de la Escuela Moderna, Nr. 7, 1.11.1908.

In: Boletin de la Escuela Moderna, Edición de Albert Mayol, Barcelona 1978, S. 214 ff.)"

Ferrers „Moderne Schule" war nicht die erste weltliche und rationalistische Schule in Spanien, jedoch die erste, die in einem systematischen pädagogischen Kontext dazu arbeitete.

Sein Konzept erlebte deshalb auch in Spanien trotz erheblicher Widerstände seitens Staat und Kirche eine schnelle Verbreitung und Pierre Ramus berichtet von 60 Schulen nach dem Vorbild Ferrers, die es 1906 in Spanien insgesamt gegeben haben soll (Ramus 1921). In der Studie von Pere Solà über die Verbreitung der rationalistischen Schulen in Katalonien (Solà 1976) werden allein für den Zeitraum von 1906 bis 1909 für die Region Barcelona 26 Schulen genannt, die nach der Ferrer-Methode arbeiteten. Bis zur endgültigen Machtübernahme des faschistischen Franco-Regimes 1939 im Anschluss an den Spanischen Bürgerkrieg (1936-1939), kam es zu weiteren zahlreichen Schulgründungen. Vor allem während der 2. Spanischen Republik (1931-1936) wurden erneut „Moderne Schulen" gegründet und Ilse Knapp spricht für Katalonien von etwa 100 Ferrer-Schulen mit 12.000 Schülern, die in der Föderation Rationalistischer Schulen in Katalonien zusammengeschlossen waren (Knapp 1981, S. 46). Während des Spanischen Bürgerkrieges waren es wieder vor allem Anarchisten und Anarcho-Syndikalisten, die nach Ferrers Konzept Schulen gründeten.

Die umfangreiche internationale Ferrer-Bewegung ab Beginn des 20. Jahrhunderts kann hier nur in groben Umrissen angedeutet werden. Umfangreiche Rezeptionsstudien dazu liegen bislang nur für einzelne Länder und für bestimmte Zeiträume vor.

Beispielhaft dafür sei die nordamerikanische Ferrer-Bewegung – die „Modern School Movement" – erwähnt, die bereits kurz nach Ferrers Tod begann (vgl. Veysey 1973, Avrich 1980). Im Zeitraum von 1910 bis in die 1960er Jahre entstanden und wirkten in den USA 33 Schulen, die der „Modern School Movement“ zuzurechnen sind (Überblick über alle Schulen vgl. Avrich 1980, S. 48-49), im Zusammenhang mit der am 12. Juni 1910 von 22 Anarchisten in New York (Veysey 1973, S. 77) gegründeten „Francisco Ferrer Association“ stehen und sich als libertäre und pazifistische Bildungsprojekte verstehen. Die erste Ferrer-Schule wurde in den USA von dem Anarchisten Alexander Berkmann 1910 in New York City gegründet. Die Schulen selbst hatten ganz unterschiedliche Strukturen. Es gab Sonntagsschulen, Schulen die über einen regelmäßigen täglichen Unterricht verfügten und auch Wochenendschulen. Einige bestanden nur wenige Monate und andere arbeiten einige Jahre oder sogar Jahrzehnte. Die am längsten bestehende Schule war die „Ferrer Modern School“ von Stelton in der Nähe von New Brunswick, New Jersey, die von 1915 bis 1953 existierte und mit den Anarchisten und Pädagogen Alexis und Elizabeth Ferm eng verbunden ist. Das gleichsam „jüngste“ Schulprojekt in diesem Kontext ist die „Walden School“ in Berkeley, Kalifornien, die 1958 gegründet wurde und über die 1988 David Koven im Rückblick schrieb: „Der Gedanke, dass Walden nun schon 30 Jahre lang ohne Direktor oder zentrale Autorität funktioniert, erfüllt mich mit dem Gefühl sowohl der Ehrfurcht als auch des Stolzes. Hier sind in der Tat unsere anarchistischen Ideale verwirklicht. Wenn ich an all die lebhaften, eifrigen und begabten Kinder, die über Jahre in Walden waren, denke und wie viele von ihnen zu schöpferischen, aufrechten, bescheidenen und angesehenen Erwachsenen wurden, dann kann ich nicht anders als darauf bestehen, dass hier unsere ursprünglichen Vorstellungen über die Erziehung von Kindern bestätigt wurden. Und ich empfinde die höchste Ehre, dass ich in der Gruppe, die Walden schuf, mitarbeiten durfte. Ich erinnere mich mit Herzlichkeit, Freundschaft und Anerkennung der visionären Gründergruppe von Walden: Denny und Ida Wilcher, Audrey Goodfriend, Lee und Alan McRae, Stan und Marylou Gould und

Barbara Moskowitz. (...) Immer noch lebt der Geist, der vor 30 Jahren Walden schuf. Erst kürzlich meinte eine der neuen Lehrerinnen zu mir: ‚Ich bin zuversichtlich, dass sich Walden weiter entwickeln und entfalten wird, und eines Tages, wenn es die Zeiten wieder stärker erfordern, wird der anarchistisch/pazifistische Geist, der einst Walden schuf, wieder zu seiner entscheidenden Triebkraft werden!'" (Koven 1988, S. 16)

In diesem Sinne finden wir in den USA eine pädagogische Ferrer-Tradition, die von 1910 bis in die Gegenwart zu verfolgen ist, sich als Impulsgeber für die Alternativschulbewegung in den 1960er und 1970er Jahren zeigt (vgl. z.B. die „First Street School" 1964/65 in New York von George Dennison (1969/1971)) und ideengeschichtlich in nachfolgenden angelsächsischen schulkritischen Positionen sichtbar wird (Goodman 1964/1975, Blankertz 1989).

Drei Ziele verfolgte die Ferrer-Vereinigung unmittelbar nach ihrer Gründung 1910 (vgl. Avrich 1980, S. 44):

1. Die Verbreitung und Übersetzung von Schriften Ferrers
2. Die Organisation von Gedenkveranstaltungen zu Ferrers Todestag
3. Die Einrichtung von Ferrer-Schulen.

Die nordamerikanische Ferrer-Bewegung verstand sich als eine pädagogische *und* politische Bewegung, die Bildung und Erziehung vor allem in ihrem gesellschaftlichen und politischen Kontext diskutierte und sich hierbei von verschiedenen anderen reformpädagogischen Bewegungen und Initiativen der damaligen Zeit unterschied.

Anarchisten, die sich in den ersten Jahren der Bewegung besonders in dieser „Modern School Movement" engagierten, waren u.a. Leonhard Abbott (erster Präsident der Ferrer Association), Alexander Berkman, Emma Goldman, Alexis und Elizabeth Ferm, Joseph Cohen und Voltairine de Cleyre. Neben Anarchisten waren es aber auch Freidenker und ihre Organisationen sowie Pazifisten (z.B. Tolstoianer), die in der Ferrer-Bewegung aktiv wurden.

Im Gegensatz zu der Modern School Movement in den USA blieben alle Ferrer-Initiativen in Deutschland im ersten Drittel des 20. Jahrhunderts in den Anfängen stecken. Obgleich es nach 1918 in Deutschland zu einem „Schulkampf" im Sinne einer grundlegenden Reform des Bildungswesens kam und sich in diesem Zusammenhang auch Anarchisten daran beteiligten, kam es zu keiner „Ferrer-Bewegung" im Sinne eines breiten und kontinuierlichen Engagements. Im Mittelpunkt der Diskussion deutscher Anarchisten stand die Forderung nach einer „Weltlichen Schule", d.h. nach einem konfessionsfreien und von der kirchlichen Kontrolle befreiten Bildungswesen (Klemm 1996). Hier beteiligten sich Anarchisten und vor allem Anarcho-Syndikalisten an zahlreichen Schulkämpfen und Schulprojekten (Klan/Nelles 1986/1990). Obgleich hier Ferrer als anarchistischer Ideenträger eine Rolle spielte, kam es zu keiner Gründung expliziter Ferrer-Schulen. Ulrich Linse berichtet in dem einzigen dazu bislang vorliegenden Forschungsbeitrag lediglich von Ansätzen zu einer Schulgründung nach Ferrer in Thüringen (Linse 1988, S. 121-130), die jedoch Anfang der 1930er Jahre erfolglos abgebrochen wurden. Geldmangel und ein fehlender Unterstützerkreis ließen das Projekt scheitern. Und auch Ulrich Klan und Dieter Nelles berichten in ihrer Studie über den rheinische Anarcho-Syndikalismus in der Weimarer Republik (Klan/Nelles 1986/1990) von gescheiterten Versuchen, Ferrer-Schulen zu gründen. Nach den bislang zur Verfügung stehenden Quellen kann festgestellt werden, dass, obwohl Ferrers Konzept durchaus positiv von Anarchisten als Schulalternative in Deutschland diskutiert wurde – vor 1918 war es vor allem Gustav Landauer, der in seiner Zeitschrift „Der Sozialist" immer wieder an Ferrer erinnerte und nach 1918 die Anarcho-Syndikalisten mit ihren Zeitschriften und ihrem Verlag „Der Syndikalist", kann man weder von einer Ferrer-Schulbewegung in Deutschland sprechen, noch kam es zur Gründung explizierter Ferrer-Schulen. Im Mittelpunkt des anarchistischen Schulkampfes stand die Forderung nach der „Weltlichkeit" von Schule und Bildung. Die Umsetzung von Ferrers libertärer Reformpädagogik blieb in Deutschland in einer konzeptionellen Diskussion stecken und brach Anfang der 1930er Jahre ab.

Neben Spanien lassen sich überall in Europa, wenn auch in wesentlich geringerem Umfang, Spuren einer Ferrer-Schul-Bewegung bis in die 1920er Jahre hinein verfolgen.

So berichtet Peter Wienand beispielsweise in seiner Biografie (Wienand 1981) über den bekannten und für die libertäre Bewegung Europas zu Beginn des 20. Jahrhunderts wichtigen Anarchisten Rudolf Rocker (1873-1958) von einer anarchistischen Sonntagsschule im Geiste Ferrers, die im jüdischen Milieu von Londons East End entstand und in Verbindung mit dem pädagogischen Engagement Rockers stand (ebd., S. 202-203). Bereits im Februar 1906 wurde in diesem vor allem jüdisch geprägten Viertel Londons ein „Club & Institut Arbeiter Freund" (Becker 1999, S. 605) als Bildungs- und Kulturzentrum eröffnet. Rocker veröffentlichte außerdem im Londoner Verlag „Arbeiterfreund" bereits 1910 ein umfangreiches Buch mit über 200 Seiten in jiddischer Sprache über Ferrer (Rocker 1910) und zeigte seine Verbundenheit mit Ferrer auch in späteren Veröffentlichungen: Einmal im Zusammenhang mit der Festschrift zum 25 jährigen Bestehen der Stelton Ferrer-Schule in den USA (Rocker 1940) und in zwei Beiträgen in der deutschen Zeitschrift „Der Syndikalist" im Oktober 1919 und 1929 anlässlich der Jahrestage von Ferrers Ermordung.

In Italien steht das Interesse am rationalistischen Schulkonzept Ferrers im Zusammenhang mit einer libertären Volkshochschulbewegung, die etwa ab 1900 einsetzte und aus der heraus sich in den folgenden Jahren Initiativen für Ferrer-Schulen entwickelten (vgl. hierzu Grunder 1988 (13)). Die italienischen Initiativen für eine „Scuola Moderna" sind eng mit dem pädagogischen Engagement des Juristen Luigi Molinari (1866-1918) verbunden und beginnen mit der ersten Verhaftung Ferrers 1906. In Clivio bei Como bestand von 1909 bis 1914 und von 1920 bis 1922 die wahrscheinlich einzigste konkret arbeitende „Scuola Moderna" Italiens. In Mailand entstand 1913 eine Initiative aus Anarchisten, Freimaurern und Arbeiterorganisationen zur Gründung einer „Scuola Moderna Ferrer". Zur Schuleröffnung kam es allerdings nicht, wie Hans-Ulrich Grunder (1988) recherchierte. Schließlich ist Bologna die dritte italienische Stadt, für die Grunder eine Ferrer-Initiative nachweisen kann, in der ebenfalls vor allem Anarchisten ab 1910 mit einer eigenen Zeitschrift für eine „Scuola Moderna" warben und sensibilisierten. Zu konkreten Schulgründung kam es ebenfalls nicht.

Die vermutlich „erfolgreichste" und am längsten arbeitende europäische Ferrer-Schule außerhalb Spaniens war die „Ecole Ferrer" in Lausanne (Schweiz). Grunder (1986/1993) berichtet ausführlich über diese von 1910-1918 bestehende Schule, die auf den Arzt und späteren Professor für angewandte Psychologie an der Universität Lausanne sowie Präsident der Lausanner Ärzte, Jean Wintsch (1880-1943), zurückgeht und eingebettet ist in die libertäre Handwerker- und Arbeitertradition der Romandie. Das Ende der „Ecole Ferrer" in Lausanne hängt mit dem Niedergang der revolutionären und libertären Bewegung im Zuge des Ersten Weltkrieges zusammen. Grunder zitiert hierzu aus dem von der Schule herausgegebenen *Bulletin* von 1919, dass die Schule deshalb schließen musste, weil „die Bewegung, woraus sie entstanden ist, seit dem Krieg fast bis zum Verschwinden abgeschwächt ist. Die Handwerker, die bei der Gründung mitarbeiteten, sind verschwunden, die Gewerkschaften widmen sich nicht mehr Fragen der Erziehung" (nach Grunder 1993, S. 157).

Sehr viel weniger weiß man über Ferrer-Initiativen und -Schulen in der Ukraine Anfang der 1920er Jahren. In den Jahren 1917-1922 waren weite Teile der Ukraine durch die so genannte „Machno-Bewegung“ kontrolliert, eine bäuerlich-anarchistische Volksbewegung, die nach ihrem Mentor, dem Ukrainer Nestor Machno (1889-1935), als „Machnotschina“ bezeichnet wurde und ein Gebiet von 70.000 qkm mit etwa sieben Millionen Einwohner in der südöstlichen Ukraine und der Stadt Gulaj-Pole als Zentrum umfasste. Geprägt waren diese Jahre und dieses Gebiet durch das Kriegsende 1918 und die darauf folgende Bürgerkriegssituation im Anschluss an die Russische Revolution von 1917 sowie durch ständige Kämpfe gegen die Rote Armee und gegen so genannte konterrevolutionäre zarentreue Verbände, ukrainische Nationalisten und ihre Verbündeten. In diesem Klima der Gewalt und Revolution wurde von der Machno-Bewegung der Versuch unternommen, anarchistische Strukturen herzustellen (vgl. hierzu Stowasser 1982, Volin, Bd. III 1976/1977, Archinoff 1973). Hinsichtlich der Bildungsfrage griff man auf Ferrer und sein Konzept der rationalistischen Schule zurück. Bei Volin (d.i. W.M. Eichenbaum), einem Chronisten der russischen Revolution, heißt es dazu: „Es gab in Gulai-Pole einige intellektuelle Vertreter der Prinzipien der freien Schule von Francisco Ferrer. Unter ihrem Einfluss entwickelte sich eine starke Bewegung und führte schnell zu einem sehr interessanten Entwurf eines umfassenden Bildungsprojekts. (…) Eine gemischte Kommission, bestehend aus Bauern, Arbeitern und Lehrern übernahm die Aufgabe, sich um alle für das Schulleben notwendigen Mittel – wirtschaftliche oder pädagogische – zu kümmern. Die Kommission arbeitete in kürzester Zeit einen Plan für die Unterrichtung nach den Prinzipien Francisco Ferrers aus“ (Volin, Bd. III 1976/1977, S. 128-129). Entsprechende Bemühungen wurden jedoch ständig durch Bürgerkriegskämpfe überschattet und behindert, in denen die Machnotschina verwickelt wurde, so dass es vermutlich nur in geringem Ausmaß zur Realisierung von „Modernen Schulen“ kam.

Dieser kursorische und unvollständige Überblick über die internationale Verbreitung von Ferrer-Schulen zeigt, dass, obwohl im ersten Drittel des 20. Jahrhunderts in zahlreichen Ländern und an verschiedenen Orten – in Städten ebenso wie in ländlichen Regionen – Initiativen zur Gründung von „Modernen Schulen“ erfolgten und wir hier durchaus von einer „Bewegung“ sprechen können, es schließlich jedoch nur zu einer begrenzten Anzahl von konkreten Schulgründungen kam, die über einen längeren Zeitraum bestanden. Nach den bislang vorliegenden Informationen und Hinweisen müssen wir davon ausgehen, dass die Ferrer-Bewegung vor allem in den USA die größte internationale Verbreitung neben Spanien erlebte und dort über einen Zeitraum von etwa 50 Jahren existent war. In vielen anderen Fällen kam es jedoch gar nicht erst zu Schulgründungen, wie Beispiele aus Deutschland und Italien zeigen, und es blieb bei propagandistischen und publizistischen Initiativen.

Die Gründe für das Scheitern der Initiativen waren vielfältig und hingen in vielen Fällen mit Aspekten der nicht ausreichenden Finanzierung, mit organisatorischen Schwierigkeiten, mit einer mangelnde Unterstützung und für Europa auch mit dem Umstand zusammen, dass der Erste Weltkrieg von 1914-1918 zum Zusammenbruch vielfältiger proletarischer und sozialistischer Kommunikations- und Organisationsstrukturen führte und eine Krise der Arbeiterbewegung nach sich zog.

Andere Schulen konnten dagegen mehrere Jahre arbeiten und mussten dann auf Grund politischen Drucks wieder schließen (z.B. Clivio).

Schließlich liegen über eine Reihe von Projekten nur ungenügende Informationen vor (z.B. über Ferrer-Schulen in der Ukraine in den 1920er Jahren im Zuge der Machno-Bewegung).

Festzuhalten bleibt, dass an Ferrers Schulkonzept der rationalistischen Bildung und Erziehung vor allem Anarchisten, Freidenker, Freimaurer und sozialistische Arbeiterorganisationen Interesse zeigten und dieses zu vielfältigen Aktivitäten hinsichtlich von Schulgründungen führte. Auch wenn das rationalistische Schulkonzept Ferrers in der internationalen Wirkung nicht vergleichbar ist mit der, die von Reformpädagoginnen und -pädagogen wie Maria Montessori, Rudolf Steiner oder Célestin Freinet ausging, kann festgestellt werden, dass die Idee einer rationalistischen „Modernen Schule“ im Sinne Ferrers eine weltweite Verbreitung fand, zu einer öffentlichen Diskussion führte und bei proletarischen, freidenkerischen und antiklerikalen gesellschaftlichen Kreisen und Gruppierungen Schulgründungsaktivitäten anregte.

Noch wissen wir viel zu wenig über die Ferrer-Rezeption und -Bewegung insgesamt und haben nur einen eingeschränkten Kenntnisstand. Hier wird ein offensichtlicher Bedarf an einer weiterführenden regionalen und internationalen Rezeptionsforschung deutlich.

5. Libertäre Reformpädagogik als Pädagogischer Rationalismus

5.1 Die „Education intégrale“ als Ausgangspunkt der Pädagogik Ferrers

Von besonderer Bedeutung für Ferrers Bildungskonzept ist die Idee der „Education intégrale“, wie sie für die libertäre Bewegung erstmals von Michael Bakunin 1869 in einer Aufsatzserie in der Zeitschrift „Égalité“ formuliert wurde – in der deutschen Übersetzung von Max Nettlau von 1923 wird der Originaltitel, „L’Instruction intégrale“, mit „Die vollständige Ausbildung“ wiedergegeben (Bakunin 1923, S. 105). Ob Ferrer diesen Aufsatz Bakunins kannte, der als sein wichtigster Beitrag zu Fragen der Bildung und Erziehung gilt (Klemm 2002), ist ungewiss. Als sicher gilt jedoch, dass Ferrer mit dem französischen Anarchisten und Pädagogen Paul Robin (1837-1912) Ende des 19. Jahrhunderts Kontakt hatte und sein praktisches Modell einer „Education intégrale“ im Waisenhaus von

Cempuis 1880-1894 kannte (vgl. Grunder 1984(b), 1987, 1991, 1986/1993, 1993(b)). Der pädagogische Kerngedanke der „Modernen Schule“ Ferrers ist die Idee der Integration und Rationalität.

Ferrer schließt damit ideengeschichtlich an die Pädagogik Paul Robins an, der erstmals dieses Konzept pädagogisch umsetzte und damit nicht nur für die libertäre Pädagogik zu einem Klassiker wird, sondern insgesamt für die reformpädagogische Bewegung (vgl. Grunder 1991, 1986/1993).

Es macht an dieser Stelle Sinn, näher auf Paul Robin einzugehen, da er als zentraler pädagogischer Impulsgeber für Ferrer gilt und als erster die Idee einer „Education intégrale“ realisierte. Obgleich Robin in der deutschen Bildungsgeschichte und -forschung bislang keine ausführliche Rezeption erlebte (die Studien von Grunder sind erfreuliche Ausnahmen), gilt er als ein maßgeblicher Pionier der reformpädagogischen Bewegung, dessen Waisenhaus in Cempuis mit Pestalozzis Iferten verglichen wird (Grunder 1991, S. 72). Robin, 1837 in Toulon geboren, arbeitet u.a. als Lehrer in Brest, lässt sich beurlauben und geht nach Brüssel. Dort gründet er eine pädagogische Zeitschrift, lebt als Privatlehrer, wird Mitglied des belgischen Generalrats der Internationalen Arbeiterassoziation und bringt das Thema der „Education intégrale“ in die politische Diskussion ein. Im Zusammenhang mit politischen Protestaktionen muss er als Franzose Belgien verlassen und siedelt nach Genf über, wo er Michael Bakunin kennen lernt. In London hat er Kontakt zu Karl Marx und lebt dort als Hochschullehrer. 1879 geht er nach Frankreich zurück, wo er zum Schuldirektor von Blois ernannt wird und ein Jahr später zum Direktor des neu gegründeten Waisenhauses von Cempuis. Auf Druck klerikaler Kräfte wird er auf Grund seiner fortschrittlichen und innovativen Methoden, die ihn von Anfang an in Schwierigkeiten brachten, entlassen und muss die Leitung 1894 abgeben. Im Anschluss daran siedelt er nach Brüssel über, wo er Professor für Pädagogik an der dortigen

Universität wird, die Zeitschrift „L'Education intégrale" gründet und sich um eine internationale Diskussion und Verbreitung seines pädagogischen Ansatzes kümmert. Robin nimmt sich 1912 das Leben.

Im Mittelpunkt seiner Pädagogik, die für Ferrer zum Vorbild wird, steht der Aspekt der Ganzheitlichkeit und Koedukation. Ganzheitlichkeit bedeutet die Verbindung von körperlicher, intellektueller und moralischer Erziehung und Bildung sowie die Orientierung an rationalem, wissenschaftlichem und experimentellem Lernen. Bildung und Erziehung müssen zu einer Wissenschaft werden und sich von politischen und religiösen Dogmen lösen.

Robin realisiert das Prinzip der polytechnischen Bildung, wie wir es später u.a. bei Adolphe Ferrière mit seiner „Tatschule" oder Georg Kerschensteiner mit der „Arbeitsschule" wieder finden (vgl. Anweiler (Hg.) 1969, Reble (Hg.) 1979). Hier muss Robin als ein wichtiger Wegweiser und Begründer der Reformpädagogik interpretiert werden, der weitgehend in der deutschen Rezeption ohne Beachtung blieb (vgl. Grunder 1986/1993).

Robin praktizierte, was in den 1880er Jahren in der Schule nicht nur unüblich war, sondern auch abgelehnt wurde: Sinnesschulung, Handarbeit, berufliche Ausbildung und Werkunterricht. Die praktische Bildung in der Werkstatt, das Kennen lernen von Handwerkstechniken und die Vorbereitung auf den späteren Beruf wurden zu Hauptakzenten der Schule. Selbsttätigkeit, Förderung der Kreativität und Solidarität sowie Gruppenarbeit bestimmten die Methodik und Didaktik.

Hier setzte Ferrer mit seinem Schulkonzept an und führte die Arbeit von Robin zunächst in Barcelona und später in weiteren Schulen fort.

5.2 Bildungspolitische Ziele: Über das Verhältnis von Politik und Pädagogik

Für den Zeitraum von Ferrers Wirken stellt Voltairine de Cleyre für Spanien fest, dass 1907 von einer Gesamtbevölkerung von ca. achtzehneinhalb Millionen sechs Millionen lesen und schreiben konnten (de Cleyre 1914, Nr. 18, S. 139). Hinzu kommt, dass die herrschende Klasse in Spanien, d.h. der Klerus (er besaß zwei Drittel des im Lande befindlichen Geldes und ein Drittel des Grundeigentums), gar kein Interesse an einer Schulreform hatte und zum heftigsten Gegner aller Reformbestrebungen wurde. „Sie richtet Schulen ein, deren Hauptbestimmung ist, den Aberglauben zu stützen, einem mittelalterlichen Lehrplan zu folgen, wissenschaftliche Aufklärung fernzuhalten, – und die Errichtung anderer und besserer Schulen zu verhindern (ebd. S. 139).“ Ferrer wusste, dass er in diesem Sinne mit größten Schwierigkeiten von Seiten des Staates und der Kirche zu rechnen hat, ging jedoch dieses Risiko ein und gründete seine Schule in Barcelona. Sie war als nichtstaatliche Ganztagesschule konzipiert, in der entsprechend dem spanischen Schulgesetz in drei Klassenstufen (5-7 Jahre, 9-12 Jahre, 13-17 Jahre) unterrichtet wurde.

Bei der Gründung waren es 12 Mädchen und 18 Jungen, und bis 1906 stieg die Schülerzahl auf ca. 100 im Alter von 5 bis 17 Jahren. Der Unterricht selbst war freiwillig, Noten und Zeugnisse gab es nicht. Auf Wunsch wurden jedoch staatlich anerkannte Prüfungen durchgeführt.

Die Klassenstärke lag bei ca. 10 Schülern. Obwohl Schulgeld in unterschiedlicher Höhe erhoben wurde, finanzierte sich die „Escuala Moderna“ hauptsächlich aus der Erbschaft Ferrers, die er 1901 nach Spanien mitbrachte.

Ferrers Schule war nicht die erste dieser Art in Spanien. Bereits einige Jahre zuvor engagierten sich erstmals spanische Freidenker für eine religionsfreie Staatsschule. Ferrer war jedoch der erste, der eine entsprechende Bildungs- und Schulstrategie systematisierte und ihr ein alternativpädagogisches Profil gab. Zur Eröffnung seiner Schule schrieb er über die Grundlagen seiner Pädagogik:

„Die eigentliche Frage besteht für uns darin, sich der Schule als des wirksamsten Mittels zu bedienen, um zur vollständigen, geistigen, intellektuellen und wirtschaftlichen Befreiung der Arbeiterklasse zu gelangen. Wenn wir alle darüber einig sind, dass die Arbeiter; oder besser gesagt, die ganze Menschheit, nichts von irgend einem Gott oder irgend einer übernatürlichen Macht erwarten darf, können wir diese Macht durch eine andere, z.B. durch den Staat, ersetzen?

Nein, die Befreiung des Proletariats kann nur das unmittelbare und selbstbewusste Werk der Arbeiterklasse selbst, ihres Willens zu lernen und zu wissen, sein. (...) Begründen wir ein Erziehungssystem, durch das das Kind rasch und leicht dazu gelangen kann, den Ursprung der wissenschaftlichen Ungleichheit, der religiösen Lüge, der verderblichen Vaterlandsliebe und der althergebrachten Gewohnheiten in der Familie und anderswo, die es in Sklaverei erhalten, zu erkennen.

Wenn ihr gute Kaufleute, geschickte Buchhalter, fähige Beamte haben wollt – mit einem Wort Leute, die bloß daran denken, sich ihre eigene Zukunft zu sichern, ohne sich um andere zu kümmern – dann wendet euch an den Staat, an die Handelskammern, an alle patriotischen Vereine und Gesellschaften. Wenn ihr aber eine Zukunft der Brüderlichkeit, des Friedens und des Glücks für alle vorbereiten wollt – wie ihr es wollen müsst! – dann wendet euch an euch selber, an jene, die unter dem bestehenden System leiden, und gründet Schulen, wie die unsere, in der ihr alle Wahrheiten, die die Menschheit erworben hat, lehren könnt (...)“ (Ramus 1910(a), S. 17/18).

Mit dieser politischen Begründung macht Ferrer deutlich, welche Bedeutung er seiner Pädagogik im Kampf um die Emanzipation des Volkes im damaligen Spanien gibt und wie er seine Pädagogik verstanden wissen will: als Beitrag und Bestandteil der Arbeiterbewegung.

An bildungspolitischen Zielen können wir bei Ferrer folgende ausmachen, die sich bei ihm in programmatischen Äußerungen immer wieder finden:

- Seine Zielgruppe sind die Arbeiter, sowohl Kinder als auch Erwachsene, denen er in seiner Schule nicht nur Hilfen zur Elementarbildung geben will, sondern auch eine Weiterbildung – in so genannten *Sonntagsvorträgen*.
- Ihm geht es bildungspolitisch um die Erneuerung der Schule im Sinne der Trennung von Kirche und Staat. Seine Parole und These: wider die Staatsschulpädagogik.
- Seine Schule soll Bestandteil des Emanzipationskampfes der Arbeiter werden, also ein Teil der revolutionären Bewegung.
- Ferrer strebte eine umfassende, politisch motivierte Schulbewegung an. Ihm geht es nicht um die Gründung einer einzelnen Schule; sie sollte vielmehr zum Focus einer internationalen Freiheitspädagogik werden.

Ferrers politischer Anspruch wird an einer Stelle seiner nachgelassenen Schriften besonders deutlich: „Zwei Wege stehen jenen offen, die es unternehmen wollen, die Erziehung der Kinder zu erneuern: Sie können versuchen, die Schule dadurch zu verändern, dass sie die Anlagen des Kindes studieren und wissenschaftlich nachweisen, dass das bestehende Unterrichtsschema mangelhaft ist und verändert werden muss, oder sie können neue Schulen gründen nach den Grundsätzen und im Dienste jenes Ideals, das aufgestellt worden ist von allen jenen, die die Bestimmung, die Grausamkeiten, den Betrug und die Unwahrheit, die die Basis der modernen Gesellschaft geworden sind, ablehnen.

Die erste Methode bietet große Vorteile und steht in Harmonie mit der evolutionären Auffassung, die Männer der Wissenschaft als den einzigen wirksamen Weg zur Erreichung dieses Zieles ansehen. In der Theorie haben diese Männer recht, wie wir vollständig zugeben. Es ist selbstverständlich, dass der Fortschritt in Psychologie und Physiologie zu bedeutenden Veränderungen der Erziehungsmethoden führen muss, dass Lehrer, die nun besser in der Lage sind, das Kind zu verstehen, ihre Erziehungsweise mehr in Einklang bringen werden mit den Naturgesetzen. (…)

Jedoch glaube ich nicht, dass jene, die an einer Erneuerung der Menschheit arbeiten, viel von dieser Seite zu erwarten haben. Die Herrscher und Regierungen haben sich immer bemüht, die Erziehung der Völker zu kontrollieren. Sie wissen besser als irgend jemand sonst, dass die Grundlage ihrer ganzen Macht in der Schule liegt, und darum bestehen sie darauf, das Monopol der Schule zu behalten" (…) (Ferrer 1923, S. 43).

Neben diesen bildungspolitischen Begründungen sind es auch seine pädagogischen Reformen und Ansichten, die Ferrer zum *Enfant terrible* der spanischen Schulpädagogik machten.

Zusammengefasst können wir folgende Elemente feststellen:

- Ferrer strebte die Weltlichkeit der Schule, d.h. einen ideologie- und dogmenfreien Unterricht, an, der sich nicht an den Vorstellungen der Kirche orientiert.
- Die gemeinschaftliche Erziehung der Geschlechter und der sozialen Klassen sowie
- die Ganzheitlichkeit des Lernens, das heißt die intellektuelle, emotionale und körperliche Förderung, sind für ihn Grundelemente einer
- rationalen Erziehung. Er versteht darunter in erster Linie einen naturwissenschaftlich orientierten Unterricht, der zur Grundlage die Erkenntnisse der modernen Wissenschaften hat und von der Vernunft und nicht von Dogmen geleitet wird.
- Die Freiwilligkeit sowie Selbstverantwortung und
- Selbstständigkeit sind in der „Escuela Moderna" didaktische Grundprinzipien, die zu Erziehungszielen wurden.
- Inhaltlich waren zahlreiche Unterrichtsthemen an der Grundhaltung des Antimilitarismus und Antietatismus orientiert und entsprachen damit dem politischen und gesellschaftskritischen Standpunkt der anarchistischen Bewegung.

- Hinzu kommt der nach modernen entwicklungspsychologischen Erkenntnissen aufgearbeitete Unterrichtsstoff.
Über sein pädagogisches Programm schreibt Ferrer selber: „Aufgabe der modernen Schule ist es, alle ihr anvertrauten Knaben und Mädchen gut, wahr, gerecht und frei von Vorurteilen zu erziehen. Zu diesem Zweck wird die alte dogmatische Erziehungsweise ersetzt von einer rationellen naturwissenschaftlichen Unterrichtsmethode. (…) Rationelle Erziehung ist vor allem anderen ein Verteidigungsmittel gegen Irrtum und Unwissenheit“ (ebd., S. 49).

5.3 Pädagogischer Rationalismus als Leitidee

In den Statuten seiner „Internationalen Liga“ heißt es programmatisch und zusammenfassend zu seinem Konzept einer „rationellen (vernunftgemäßen) Erziehung“:

„1. Die Erziehung, die man den Kindern gibt, muss auf einer wissenschaftlichen und vernunftgemäßen Grundlage beruhen und jede übernatürliche oder mystische Idee ausschließen;
2. Der Unterricht ist nur ein Teil dieser Erziehung. Außer diesem muss die Erziehung in sich schließen: das Bilden der Intelligenz, das Entwickeln des Charakters, die Kultivierung des Willens, das Vorbereiten eines geistig und körperlich im richtigen Gleichgewicht stehenden menschlichen Wesens, dessen Fähigkeiten harmonisch vereint und zu ihrer größten Leistungsfähigkeit entwickelt sind;
3. Die ethische Erziehung, viel weniger theoretisch als praktisch, muss hauptsächlich aus dem vorbildlichen Beispiel hervorgehen und sich auf das große Naturgesetz der Solidarität stützen;
4. Es ist notwendig, dass, besonders beim Unterricht der allerjüngsten Kinder, die Programme und Mittel so genau wie möglich der Psychologie des Kindes angepasst sind, was jetzt beinahe nirgends der Fall ist, weder im öffentlichen noch im Privatunterricht“ (Ferrer 1907, zit. nach Ramus 1910(a), S. 45-46).

Diese Grundsätze libertärer Bildung und Erziehung, die von Ferrer gleichsam eklektizistisch aus der Theorie des Anarchismus des 19. Jahrhunderts herausgefiltert wurden, bestimmen in weiten Teilen die Theorie und Praxis anarchistischer Pädagogik in Europa im 20. Jahrhundert bis Ende der 1930er Jahre.

Folgende Elemente von Ferrers Bildungs- und Erziehungskonzept lassen sich dabei herausarbeiten:

- Bildung und Erziehung in Theorie und Praxis müssen von religiösen Dogmen befreit werden und auf die Basis von *naturwissenschaftlichen Erkenntnissen und vernunftgemäßen Entscheidungen* gestellt werden;
- Bildung und Erziehung müssen den Menschen *ganzheitlich* erfassen;
- das „Naturgesetz der Solidarität" muss zum zentralen Wert jeglicher ethischen Erziehung werden. Die so genannte „gegenseitige Hilfe" als gesellschaftliches Grundprinzip wird zur normativen Leitlinie;
- zu einer wichtigen Grundlage bei der Erneuerung der Schule wird sowohl die *Koedukation* von Jungen und Mädchen als auch die gemeinschaftliche Erziehung der sozialen Klassen;
- eine *Psychologie des Kindes* muss zum Ausgangspunkt der neuen Pädagogik werden;
- Bildung und Erziehung erhalten einen politischen Charakter im Kontext der Arbeiterbewegung und sind hierbei von zentraler Bedeutung für revolutionäre Prozesse.

Im Kontext einer Prinzipiengeschichte libertärer Pädagogik erhält Ferrer vor allem Bedeutung auf Grund seiner Praxis einer freiheitlichen Schulpädagogik. Sein Konzept einer „vernunftgemäßen" und „rationellen" Bildung setzt am konkreten Schulsystem seiner Zeit an. Er wendet sich gegen eine religiös und weltanschaulich geprägte Paukschule und konkretisiert einen

- inhaltlich an naturwissenschaftlichen Erkenntnissen,
- didaktisch an einer Psychologie des Kindes und

- politisch an der Befreiung der Arbeiterklasse orientierten Unterricht.

Neben Tolstoi und Robin wird Ferrer damit zum wichtigsten Impulsgeber für eine Praxis libertärer Bildung und Erziehung zu Beginn des 20. Jahrhunderts.

Ferrers Leitidee in der Nachfolge von Robin kann als Pädagogischer Rationalismus bezeichnet werden. Er wendet sich gegen den Dogmatismus und gegen die Ideologisierung in der Bildung. Rationalismus bedeutet

- hinsichtlich der *Methodik und Didaktik* eine Orientierung an lernpsychologischen Grundlagen und wissenschaftlichen Erkenntnissen. Diese Orientierung war zu diesem Zeitpunkt für die Schule neu und findet sich bei verschiedenen reformpädagogischen Ansätzen (z.B. auch bei Maria Montessori). Damit verbunden ist auch die Einführung von Lehrbüchern, die lernpsychologischen Kriterien entsprechen und nicht normativ-politischen;
- hinsichtlich der *Bildungsinhalte* eine Orientierung an naturwissenschaftlichen Themen und eine Befreiung des Unterrichts von dogmatischen und normativen Inhalten, wie sie in Spanien vor allem durch die katholische Kirche vorgegeben wurden;
- hinsichtlich der *Institutionalisierung* von Bildung einen hohen Grad an Selbstorganisation. Schule muss sich aus der politischen Abhängigkeit von Staat und Kirche lösen, um eine emanzipatorische Bildung ermöglichen zu können.

Ramus fasst diesen pädagogischen Rationalismus folgendermaßen zusammen:

„Mit einem Wort, der Rationalismus in der Schule muss aus dem Kind einen selbstbewussten Menschen machen, der seine eigene Natur und die Natur, die ihn umgibt, kennt, so dass er, getreu den Prinzipien, von welchen er durchdrungen ist, im Leben seiner Vernunft folgen und zum besten Wohle aller handeln kann“ (Ramus 1921, S. 25/26).

Mit dem Konzept des Pädagogischen Rationalismus ist Ferrer im Kontext seiner Zeit und der Bildungsgeschichte anschlussfähig an die reformpädagogische Bewegung zu Beginn des 20. Jahrhunderts. Sein Rationalismus hinsichtlich Bildung und Erziehung äußert sich methodisch-didaktisch, inhaltlich und strukturell. In diesem Sinne muss die oben getroffene Differenzierung der Reformpädagogik mit einer libertär-rationalen Variante ergänzt werden. Libertäre Reformpädagogik als Pädagogischer Rationalismus ist vor dem Hintergrund der libertären/anarchistischen Weltanschauung systematisch und historisch nachvollziehbar. Der Anarchismus als eine antiautoritäre soziale Bewegung wendet sich gegen autoritäre gesellschaftliche Strukturen in allen Lebens- und Alltagsbereichen und begründet das „Prinzip Freiheit" als Gesellschaftsprinzip über einen anthropologisch begründeten humanen Individualismus, der die „Gegenseitige Hilfe in der Tier- und Menschenwelt" (Kropotkin 1975) als dominantes Sozialverhalten sieht. Er lehnt hierarchische und dogmatische Vergesellschaftungsstrukturen ab und strebt - im Sinne von Ferdinand Tönnies (1988) - einen Wandel von der „Gesellschaft" zur „Gemeinschaft" an.

5.4 Fazit

Einschränkend muss zu Ferrer gesagt werden, dass er nicht der erste libertäre Reformpädagoge war. Er verarbeitete Elemente und Erfahrungen einer freiheitlichen Alternativpädagogik, die bereits vor seinen Initiativen vorlagen. Sein Verdienst liegt in der pragmatischen und systematischen Bündelung verschiedener Erfahrungen und Leitideen zu einem libertären Konzept für Pädagogik, d.h. zu einer libertären Reformpädagogik, die als pädagogischer Rationalismus in der Bildungs- und Erziehungslandschaft zu verorten ist. Ihm ist mit seinem Organisationstalent und seinem libertären Anspruch die Entstehung einer internationalen Schul- und Bildungsbewegung zu verdanken, und dies auch nicht zuletzt durch seinen spektakulären und tragischen Tod, der weltweit für Aufsehen sorgte und Ferrers Ideen multiplizierte. Eine kritische Auseinandersetzung mit seiner Pädagogik fand jedoch in den wenigsten Fällen statt. Seine Vorstellungen einer „Modernen Schule" wurden zwar zum Maßstab für internationale Gründungen, jedoch nur selten zum Anstoß für weiterführende Diskussionen. Dieser Vorbildcharakter für nachfolgende libertäre Reformpädagogen und Anarchisten, das Talent zur Übertragung pädagogischer Zweifel an der bestehenden Schulpädagogik in eine neue Schulpraxis sowie sein Charisma lassen zusammen mit den pädagogisch-didaktischen Parallelen zur bürgerlichen Reformpädagogik die Feststellung zu, dass Ferrers Pädagogik als Ausdruck der reformpädagogischen Epoche des 20. Jahrhunderts gesehen werden muss; konkreter: als anarchistische Variante eines neuen pädagogischen Bewusstseins.

Epilog

Nach langer und kontroverser Diskussion wurde am 13. Oktober 1990 auf Initiative der Stadtverwaltung Barcelona und der „Stiftung Ferrer“ ein Ferrer-Denkmal - geschaffen von dem Bildhauer Robert Ghysels - im Park von Montjuïc unter Beisein des Bürgermeisters von Barcelona, Pasqual Maragall, eingeweiht. Die Skulptur zeigt eine vier Meter hohe Bronzestatue in Gestalt eines Menschen, der eine Fackel zum Himmel empor hält. Am Fundament ist folgende Inschrift angebracht: „Für Francisco Ferrer i Guardia, Gründer der Modernen Schule. Barcelona macht hiermit viele Jahre des Vergessens und der Ignoranz an einem Menschen wieder gut, der starb, um die Gerechtigkeit zu verteidigen, die Brüderlichkeit und Toleranz“.

Es bleibt zu hoffen, dass dieses Denkmal länger erhalten bleibt als jenes Ferrer-Mahnmal in Brüssel aus den 1920er Jahren, das während des Überfalls der Deutschen Wehrmacht auf Belgien im Zweiten Weltkrieg von Deutschen zerstört wurde.

Anmerkungen

(1) Voltairine de Cleyre, 1862-1912, Anarchistin aus den USA, schrieb diesen Aufsatz erstmals 1910 im Rahmen ihres Engagements für Ferrer-Schulen in Chicago („Ferrer Sunday School" und „Chicago Modern School"). Er erscheint 1914 erstmals in einer deutschen Übersetzung in der Zeitschrift „Der Sozialist" in fünf Folgen ((I) 6. Jg., Nr. 17/1914, (II) 6. Jg., Nr. 18/1914, (III) 6. Jg., Nr. 19/1914, (IV) 6. Jg., Nr. 20/1914, (V) 6. Jg., Nr. 21/1914). Sie gilt als eine Mentorin der „Modern School Movement" in den USA im Anschluss an Ferrer; vgl. auch Blankertz 1993, de Cleyre 2001.

(2) Die bekanntesten Justizmorde an Anarchisten fanden in den USA statt: Die Verurteilung zum Tode von sieben Anarchisten – unter ihnen auch der aus Hessen stammende Sozialrevolutionäre August Spies – am 20. August 1886, die zu Unrecht beschuldigt wurden, ein Bombenattentat mit mehrerer Toten bei einer Arbeiter-Kundgebung in Chicago auf dem Haymarket am 4. Mai 1886 verübt zu haben (vgl. Karasek 1975, Nuhn 1992) und die Hinrichtung der beiden Italiener Nicola Sacco und Bartolomeo Vanzetti am 23. August 1927, sechs Jahre nach ihrer Verurteilung, die beschuldigt wurden, einen Geldtransporter überfallen zu haben. Beide verweigerten den Wehrdienst, waren Gewerkschaftsmitglieder und standen der anarcho-syndikalistischen Bewegung nahe (vgl. Hetmann 1978, Lyons 1981).

(3) Anders dagegen im angelsächsischen Raum, der sich der wissenschaftlichen Rezeption libertärer Pädagogik-Traditionen wesentlich intensiver und früher widmete; vgl. z.B. Laurence Veysey 1973, Joel Spring 1975, Paul Avrich 1980, Michael P. Smith 1983.

(4) Im Sinne einer kritischen Erziehungswissenschaft können folgende Bücher beispielhaft genannt werden, die eine Rekonstruktion und Anschlussfähigkeit des pädagogischen Diskurses aus den frühen 1970er Jahren an die Gegenwart suchen: Bernhard/Rothermel (Hg.): „Handbuch Kritische Pädagogik" (1997) und Bernhard/Kremer/Rieß (Hg.): „Kritische Erziehungswissenschaft und Bildungsreform" (2 Bde. 2003).

(5) Über unmittelbare Reaktionen in Form von Presseberichten und Demonstrationen nach dem Tod Ferrers informiert eine nicht namentlich in der Herausgeberschaft bezeichnete Dokumentation, die von den Befürwortern der Hinrichtung Ferrers nach den ersten internationalen Protesten zusammengestellt wurde: „Ferrer im Lichte der Wahrheit. Ein internationaler Feldzug von Freimaurerei und Anarchismus gegen Altar und Thron – Aktenmäßig dargestellt". Berlin (Verlag und Druck der Germania, Aktien-Gesellschaft für Verlag und Druckerei) 1909.

(6) Max Nettlau (1865-1944) gilt als wichtigster Historiker und Chronist des Anarchismus. Er bezeichnete sich selbst als „freiheitlichen Sozialisten", war bekannt und befreundet mit namhaften Anarchisten seiner Zeit wie Peter Kropotkin, Gustav Landauer, Elisée Reclus, Errico Malatesta, Rudolf Rocker, William Morris und führte ein sehr mobiles Leben in Europa als Privatgelehrter und Historiker des Anarchismus. Immer wieder hielt er sich z.B. in Wien, London, Amsterdam, Barcelona zu Studienzwecken auf. Seine „Geschichte der Anarchie", eine ideen-, organisations- und personenorientiert angelegte Chronologie von den Anfängen im Altertum bis in die 1930er hinein, die insgesamt 7 Bände umfasst und von denen bislang aber nur 5 in unterschiedlichen Auflagen seit den 1920er Jahren publiziert wurden (Nettlau 1925, 1927, 1931, 1981, 1984), zählt zum zentralen Geschichtswerk über die Idee der Anarchie und die Bewegung des Anarchismus. Neben diesem Hauptwerk, das zusammen mit dem Nachlass und anderen unpublizierten Materialien im Amsterdamer Institut für Sozialforschung liegt, trat er als Übersetzer wichtiger anarchistischer Werke hervor (z.B. von Bakunin) und als Autor verschiedener Biografien über Anarchisten, wie z.B. über Bakunin und Reclus. Nettlau war allerdings kein organisierter Anarchist. Er nannte sich selbst bescheiden in einer autobiografische Skizze von 1940 als „Bearbeiter historischen sozialistischen Materials" (Nettlau 1972). Seine materialreichen Publikationen und unveröffentlichten Studien stellen bis heute einen wichtigen „Steinbruch" für jegliche historische Anarchismusforschung dar. Er gilt als „Herodot der Anarchie" (de Jong 1972, S. 18). Einschränkend muss erwähnt werden, dass ich die angegebenen

Kapitel zu Ferrer in Nettlaus „Geschichte der Anarchie" nicht einsehen konnte und die Angaben aus der Gesamtübersicht der sieben Bände übernommen wurden (Nettlau 1972). Zu Leben und Werk vgl. Rocker 1978.

(7) Pierre Ramus, der mit bürgerlichem Namen Rudolf Großmann heißt, wurde am 15. April 1882 als Sohn eines jüdischen Kaufmanns aus Wien geboren und musste wegen sozialdemokratischer Propaganda das Gymnasium verlassen. Als Sechzehnjähriger geht er nach New York. Unter dem Einfluss des deutschen Anarchisten Johannes Most entwickelt er seine anarchistische Gesinnung und flieht 1903 nach London, wo er intensiven Kontakt zur anarchistischen Bewegung bekommt und für sie publizistisch und als Vortragsredner aktiv wird. In diesem Zeitraum legt er sich auch das Pseudonym Pierre Ramus zu, unter dem er seitdem spricht und publiziert. 1907 kehrt er nach Wien zurück und setzt dort seine anarchistische Propagandatätigkeit mit Publikationen (u.a. auch Gründung verschiedener Zeitschriften), Vorträgen und mit der Initiierung anarchistischer Organisationen fort. Er wird zum profiliertesten Vertreter eines kommunistischen und pazifistischen Anarchismus in Anlehnung an Peter Kropotkin und Leo Tolstoi in Österreich. 1914 wird er als Kriegsdienstverweigerer verurteilt. In der Zeit des Nationalsozialismus flieht er nach Frankreich und von dort über Spanien nach Marrakesch. Am 27. Mai 1942 stirbt er auf der Überfahrt nach Mexiko zu seiner Familie, die 1938 emigrierte, an einem Herzschlag (die biografischen Daten wurden in Anlehnung an die Dissertation von Ilse Schepperle (1987) zusammengestellt; vgl. auch „Die Neuen Humanisten" (2000)).

(8) Die hier genannten bibliographischen Angaben basieren weitgehend auf der Bibliographie von Reinhard Müller (2000a) und seinem Artikel über Ferdinand Groß (Müller 2000b).

(9) Vgl. hierzu auch die beiden Dissertationen zur anarchistischen Presse nach 1945 in Deutschland für den Zeitraum 1945-1985 (Jenrich 1988) und 1985-1995 (Drücke 1998), die keine Hinweise auf eine Ferrer-Diskussion in diesem Zeitraum geben. Auch die ideen- und personengeschichtlich angelegten Studien über den deutschen Nachkriegsanarchismus ab 1945 von Günter Bartsch (1972, 1973) und Hans Jürgen Degen (2002)

belegen, dass eine Aufarbeitung und Aktualisierung nicht stattfand.

(10) Die verdienstvolle Diplomarbeit von Katalin Stang zur sonderpädagogischen Bedeutung libertärer Bildungskonzepte (Stang 2000) geht nicht auf Ferrer ein und die Einführung in die libertäre Pädagogik von Kerstin Steinicke (Steinicke 1993) fasst bekanntes Wissen zusammen.

(11) Ferrer wurde im Sommer 1906, nach einem Attentat auf das spanische Königspaar in Madrid, das von einem ehemaligen Mitarbeiter seiner Schule verübt wurde, verhaftet. Seine Schulen und sein Verlag wurden geschlossen und vorhandene Materialien und Bücher beschlagnahmt. Im Herbst 1907 wurde Ferrer nach internationalen Interventionen und Protesten wieder freigelassen.

(12) Ramus berichtet von 60 Schulen nach dem Vorbild Ferrers, die es 1906 in Spanien gegeben haben soll (Ramus 1921).

(13) Der aus der Schweiz stammende und derzeit an der Universität Tübingen lehrende Erziehungswissenschaftler Prof. Dr. Hans-Ulrich Grunder ist der einzige Pädagoge im deutschsprachigen akademisch-wissenschaftlichen Kontext, der sich über Jahre hinweg mit der anarchistischen Tradition in der Bildungs- und Erziehungsgeschichte befasst hat und dazu umfangreich publizierte. Im Mittelpunkt seiner Studien und Recherchen stehen anarchistische Schulprojekte in Frankreich, der Schweiz und in Italien; siehe Quellenverzeichnis.

Quellenverzeichnis

1. Bibliografische Hilfsmittel und allgemeine Hinweise

Die bislang ausführlichste internationale (Auswahl-) Bibliografie zur Primär- und Sekundärliteratur zu Ferrer legte Hem Day 1960 mit dem „Essai de Bibliografie sur L'Oeuvre de Francisco Ferrer" (Paris-Bruxelles) vor. Weitere und nennenswerte internationale Literaturhinweise finden sich in der Examensarbeit von Ilse Knapp (1981) und in der Einleitung von Karl Schneider (1970) zur Reprintausgabe von Ferrers „Modernen Schule" im Karin Kramer Verlag (Ferrer 1970).

Als internationale erziehungswissenschaftliche Bibliografie bietet sich jene von Peter Birke vom *Deutschen Institut für Internationale Pädagogische Forschung* zum Thema „Bildung und Erziehung in Spanien" (Birke 1987) an. Sie erfasst deutsche, englische und französische Bücher, Artikel und Forschungsberichte aus dem Zeitraum 1960-1986 und dokumentiert nicht nur die zurückhaltende Rezeption des spanischen Bildungswesens insgesamt, sondern auch jene von Ferrer im Besonderen.

An Bibliografien zum Anarchismus wurde u.a. jene allgemeine von Hans Manfred Bock (1973) sowie die Zeitschriften-Inhaltsbibliografie zur Libertären Pädagogik für die Weimarer Republik von Heribert Baumann (1987) verwendet. Recherchiert wurde auch in den Presse-Studien von Jochen Schmück (1986), Holger Jenrich (1988), Arno Maierbrugger (1991) und Bernd Drücke (1998). Hinsichtlich der „Wiederentdeckung" von Ferrer Ende der 1960er Jahre wurde u.a. auch die vom *Zentralrat der sozialistischen Kinderläden West-Berlin* (1969) herausgegebene Bibliografie verwendet.

In dem folgenden Literaturverzeichnis werden „historische" Titel, die im Zusammenhang mit Ferrer stehen, auch mit dem Namen des Verlages genannt; bei „sonstiger" und aktueller Literatur wurde die Verlagsnennung weggelassen. Bei der Primärliteratur zu Ferrer werden diejenigen Titel und Übersetzungen aufgeführt, die überwiegend in der Diskussion erwähnt werden. Weitere internationale Ausgaben, die oftmals als „Graue Literatur" von Vereinen und Vereinigungen herausgegeben wurden, sind nicht aufgeführt. Dasselbe gilt auch für die Sekundärliteratur, die als Auswahlbibliografie zu werten ist.

2. Primärliteratur von Ferrer

Boletin de la Escuela Moderna. Barcelona (Bartoli), Monatsschrift, 1901 bis 1907

L'Ecole Rénovée. Revue d'élaboration d'un plan d'éducation moderne. Brüssel (Organ der „Liga zur Rationalen Erziehung der Kindheit"), Monatsschrift, 1. Jg., Mai 1908 bis Dezember 1909

L'Ecole Rénovée. Revue d'élaboration d'un plan d'éducation moderne. Paris (Organ der „Liga zur Rationalen Erziehung der Kindheit"), Wochenschrift, 2. und 3. Jg., Januar bis November 1909

Ferrer y Guardia, F.: The Modern School. New York (Mother Earth Publishing Association, n. d.) 1909

Ferrer, F.: La Scuola Moderna. Piccolo Biblioteca Sociologica, Nr. 13. Bologna (Il Pensiero) 1910

Ferrer Guardia, F.: La Escuela Moderna. Postuma explicación y Alcance de la Ensenanza Racionalista por F. Ferrer Guardia. Barcelona (Borras, Mestres a Co.) 1912

Ferrer y Guardia, F.: The Origins and Ideals of the Modern School. London (Watts) 1913

Ferrer, F.: Die Moderne Schule. Nachgelassene Erklärungen und Betrachtungen über die rationalistische Lehrmethode. Berlin (Verlag Der Syndikalist) 1923

Ferrer, F.: La Escuela Moderna. Montevideo 1960

Ferrer, F.: Revolutionäre Schule. Berlin (Karin Kramer Verlag) 1970

Ferrer, F.: Die moderne Schule. Betrachtungen über den Aufbau einer neuen Gesellschaft - Kampfansage gegen das stattliche Monopol der Erziehung - Über die rationalistische Lehrmethode. Berlin (Karin Kramer Verlag) 2., erweiterte und ergänzte Auflage 1975

Ferrer Guardia, F.: La Escuela Moderna. Madrid (Zyx) 1976

Ferrer, F.: Boletin de la Escuela Moderna. Barcelona (edicion de Albert Mayol) 1978

3. Sekundär- und Rezeptionsliteratur zu Ferrer

3.1 Veröffentlichte Bücher und Beiträge

ab.: Ferrer. In: Der Sozialist. Organ des Sozialistischen Bundes. 1. Jg., Nr. 17, 15. Oktober 1909, S. 1-2

(anonym) Franzisko Ferrer (13. Oktober 1909). In: KAMPF! Organ für Anarchismus und Syndikalismus. I. Jg., Nr. 4, Oktober 1912, Beiblatt zum KAMPF! (Hamburg), S. 2

Archer, W.: The Life, Trial, and Death of Francisco Ferrer. London (Moffat, Yard and Company) 1911

Archer, W.: Leben und Tod Francisco Ferrers. In: Archer, W./Poole, D./Ramus, P.: Francisco Ferrer. Über den Begründer der anarchistischen modernen Schule. Wilndorf-Anzhausen (Winddruck Verlag) 1982, S. 18-86

Archer, W./Poole, D./Ramus, P.: Francisco Ferrer. Über den Begründer der anarchistischen modernen Schule. Wilndorf-Anzhausen (Winddruck Verlag) 1982

Avrich, P.: The Modern School Movement. Anarchism and Education in the United States. Princeton (Princeton University Press) 1980

Baumann, H.: Wider die Staatspädagogik. Die Escuela moderna. In: Zeitschrift für Entwicklungspädagogik, 10. Jg., 2/1987, S. 13-15

Baumann, H./Klemm, U.: Wider die Staatspädagogik! Die „Escuela Moderna" von Francisco Ferrer. In: U. Klemm (Hg.): Anarchismus und Pädagogik. Studien zur Rekonstruktion einer vergessenen Tradition. Frankfurt a.M. 1991, S. 85-92

Cleyre, V. de: Francisco Ferrer. In: Der Sozialist, (I) 6. Jg., Nr. 17/1914, S. 133-135; (II) 6. Jg., Nr. 18/1914, S. 138-141; (III) 6. Jg., Nr. 19/1914, S. 148-150; (IV) 6. Jg., Nr. 20/1914, S. 156-157; (V) 6. Jg., Nr. 21/1914, S. 164-166

Cohen, J. J./Ferm, A. C.: The Modern School of Stelton. Stelton (The Modern School Association of North America) 1925

Day, H.: Essai de Bibliographie sur L'Oeuvre de Francisco Ferrer. Paris-Bruxelles (Editions Pensee et Action) 1960

Ferrer im Lichte der Wahrheit. Ein internationaler Feldzug von Freimaurerei und Anarchismus gegen Altar und Thron – Aktenmäßig dargestellt. Berlin (Verlag und Druck der Germania, Aktien-Gesellschaft für Verlag und Druckerei) 1909.

Friedrich, E.: Ehret Francisco Ferrer durch die Tat! In: Freie Jugend, 4. Jg., Nr. 14, 1922, o. S.

Goldman, E.: Francisco Ferrer and the Modern School. In: Mother Earth, London 1909, Nr. 9, S. 275 ff.; ebenfalls in: E. Goldman: Anarchism and Other Essays. New York 1969, S. 145-166

Grunder, H.-U.: Francisco Ferrer: Anarchist und Schulreformer. In: Sektor Erziehung, Nr. 3/1984(a), S. 17-19

Grunder, H.-U.: Paul Robin: Erzieher in Cempuis. In: Ch. Büttner/A. Ende (Hg.): Kinderleben in Geschichte und Gegenwart. Weinheim/Basel 1984(b), S. 111-120

Grunder, H.-U.: Theorie und Praxis anarchistischer Erziehung. Grafenau 1986, 2., überarbeitete Aufl. Grosshöchstetten und Bern 1993

Grunder, H.-U.: Paul Robin. Libertärer Reformpädagoge. Vorkämpfer für die Koedukation. In: päd. extra, Nr. 2/3, 14. März 1987, S. 33-36

Grunder, H.-U.: „Universita Populare" und „Scuola Moderna" – oder zwei Facetten des pädagogischen Anarchismus in Italien. In: H. Baumann/U. Klemm (Hg.): Anarchismus und Schule. Werkstattbericht Pädagogik, Bd. 2. Grafenau-Döffingen 1988, S. 63-75

Grunder, H.-U.: Paul Robin – libertärer Reformpädagoge, anarchistischer Erzieher, Kämpfer in Cempuis. In: U. Klemm (Hg.): Anarchismus und Pädagogik. Studien zur Rekonstruktion einer vergessenen Tradition. Frankfurt a.M. 1991, S. 73-84

Grunder, H.-U.: Francisco Ferrer. In: H. J. Degen (Hg.): Lexikon der Anarchie. Loseblattsammlung. Bösdorf 1993(a) ff. (2 Seiten)

Grunder, H.-U.: Paul Robin. In: H. J. Degen (Hg.): Lexikon der Anarchie. Loseblattsammlung. Bösdorf 1993(b) ff. (3 Seiten)

Heaford, W.: L'Ecole Moderne (La Escuela Moderna) de Barcelona. Bruxelles. Bibliothèque de Propagande 1909

Klan, U./Nelles, D.: „Es lebt noch eine Flamme". Rheinische Anarcho-Syndikalisten/-innen in der Weimarer Republik und im Faschismus. Grafenau-Döffingen 2. überarbeitete Aufl. 1990, erstmals 1986

Klemm, U.: Francisco Ferrer und die „rationalistische Lehrmethode". In: Schwarzer Faden, Nr. 15, 3/1984, S. 24-25

Klemm, U.: Auf den Spuren anarchistischer Schulpädagogik: Francisco Ferrer. In: Mackay-Gesellschaft (Hg.): Zur Sache. Freiburg, Nr. 10, 1986, S. 21-23

Klemm, U.: Reformpädagogik und Anarchismus. Zum pädagogischen Anarchismus von Francisco Ferrer y Guardia. In: Pädagogik und Schule in Ost und West, 35. Jg., H. 2, 2. Quartal 1987, S. 47-55

Klemm, U.: Entwürfe libertärer Alternativschulpraxis. In: U. Klemm/A. K. Treml (Hg.): Apropos Lernen. Alternative Entwürfe und Perspektiven zur Staatsschulpädagogik. München 1989, S. 213-237

Klemm, U.: Libertäre Pädagogik. Die pädagogische Rezeption des modernen Anarchismus und das Problem der Freiheit. Hamburg 1995

Klemm, U.: Anarchisten als Pädagogen. Profile libertärer Pädagogik. Frankfurt a.M. 2002

Klemm, U./Treml, A.K. (Hg.): Apropos Lernen. Alternative Entwürfe und Perspektiven zur Staatsschulpädagogik. München 1989

Knapp, I.: Francisco Ferrer: „Es lebe die moderne Schule". In: J. Beck/H. Boehncke (Hg.): Jahrbuch für Lehrer 5. Reinbek 1980, S. 356-371

Knapp, I.: Die Moderne Schule – Francisco Ferrer, Teil 1: Die schulische Erziehung in Spanien um 1900. In: direkte aktion, Nr. 33/1982(a), S. 14-15

Knapp, I.: Die Moderne Schule – Francisco Ferrer, Teil 2: Die rationale Erziehung. In: direkte aktion, Nr. 34/1982(b), S. 10-12

Knapp, I.: Die Moderne Schule – Francisco Ferrer, Teil 3: Das Leben in der modernen Schule. In: direkte aktion, Nr. 35/1982(c), S. 9-11

Landauer, G.: Lieber Freund Ferrer! In: Der Sozialist. Organ des Sozialistischen Bundes. 2. Jg., Nr. 20, 13. Oktober 1910, S. 1-3

Linse, U.: „Deutsche Ferrer-Schule" – „Schule der Gegenseitigen Hilfe". Ein libertäres Erziehungsprojekt der Weimarer Zeit. In: H. Baumann/U. Klemm (Hg.): Werkstattbericht Pädagogik, Band 2: Anarchismus und Schule. Grafenau-Döffingen 1988, S. 121-130

McCabe, J.: The martyrdom of Ferrer being a true account of his life and work. London 1909

Mühsam, E.: Zum 13. Oktober. In: Der Sozialist. Organ des Sozialistischen Bundes. 2. Jg., Nr. 20, 13. Oktober 1910, S. 1

Mühsam, E.: Ferrers Tod. In: Fanal. Anarchistische Monatsschrift, 4. Jg., Nr. 2, November 1929, S. 44-45

Nieuwenhuis, D.: Francisco Ferrer. Sozialistische Bibliothek III. Berlin/Schönefeld (Verlag Leon Hirsch) 1911

Nieuwenhuis, D. F.: Francisco Ferrer. Jugendliteratur – Heft 1. Berlin (Verlag „Der Syndikalist“ , Fritz Kater) 1920

Nieuwenhuis, D. F.: Francisco Ferrer. In: Proletarischer Kindergarten – ein Märchen- und Lesebuch für Kinder und Erwachsene. Hrsg. von Ernst Friedrich. Berlin 1929

Ramus, P.: Francisco Ferrer (10. Jänner 1859 - 13. Oktober 1909). Sein Leben und sein Werk. Nach authentischen Quellen und Materialien, insbesondere nach den dokumentarischen Veröffentlichungen des „Comité de défense des victimes de la répression espagnole“, bearbeitet von Pierre Ramus. Paris (Verlag Die Freie Generation) 1910(a)

Ramus, P.: Francisco Ferrer (10. jan. 1859 til 13. okt. 1909). Hans liv och vark. Utarbetad efter autentiska kallor och material, särskilt efter de av „Comité de défense des victimes de la répression espagnole“ offentliggjorda handlingama av Pierre Ramus. Nybro (Hallsén & Slätts bokförlag) 1910(b)

Ramus, P.: Ferrer und seine Mission vor österreichischen Gerichtsschranken. Erkenntnisverhandlung gegen Rudolf Großmann (P. Ramus) über die Anklage der Herabwürdigung des Eigentums und die Gutheißung von ungesetzlichen oder unsittlichen Handlungen etc. begangen zu haben durch einen Vortrag im Grazer Verein Freie Denker und durchgeführt vor dem Grazer Landesgericht am 8. April 1911. Mit einem Geleitwort von F. Domela Nieuwenhuis. Paris (Verlag Ligue Internationale Pour L’Education Rationelle De L’Enfance) 1911(a) (anonym erschienen)

Ramus, P.: Francisco Ferrer (10. leden 1859 - 13. 9ijen 1909). Jeho zivot a jeho dilo. Dle autentickych pramenti a zvlaste dle dokumentárnich publiknoi „Komitétu pro obranu obetl reakce spanelské“ zpracoval Pierre Ramus. Cesky upravil: Jan Kosa. Praha (Volné Myslenky) 1911(b)

Ramus, P.: Francisco Ferrer (10. Jänner 1859 - 13. Oktober 1909). Sein Leben und sein Werk. Nach authentischen Quellen und Materialien, insbesondere nach den dokumentarischen Veröffentlichungen des „Comité de défense des victimes de la répression espagnole“ dargestellt von Pierre Ramus. Mit einem Nachwort von Dr. Eugen Heinrich Schmitt. Zweite, vermehrte Auflage Wien-Klosterneuburg (Verlag Erkenntnis und Befreiung) 1921

Ramus, P.: Francisco Ferrer (10. Jänner 1859 - 13. Oktober 1909). Sein Leben und sein Werk. Nach authentischen Quellen und Materialien, insbesondere nach den dokumentarischen Veröffentlichungen des „Comité de défense des victimes de la répression espagnole“ dargestellt von Pierre Ramus. Dritte Auflage Nürnberg (Kultur Verlag E. Winterstein) 1929

Ramus, P.: Francisco Ferrer – Die Moderne Schule. In: Befreiung (Mülheim/Ruhr), Nr. 7 ff. 1966 (Ramus 1966)

Ramus, P.: Leben und Entwicklung. In: F. Ferrer: Die moderne Schule. Berlin (Karin Kramer Verlag) 2., erweiterte und ergänzte Auflage 1975(a), S. 5-13

Ramus, P.: Der Justizmord. In: F. Ferrer: Die moderne Schule. Berlin (Karin Kramer Verlag) 2., erweiterte und ergänzte Auflage 1975(b), S. 117-159

Ramus, P.: Francisco Ferrer – Die Moderne Schule. Meppen/Ems (EMS-Kopp Verlag) 1979

Ramus, P.: Francisco Ferrer (10. Jänner 1859- 13. Oktober 1909). Sein Leben und sein Werk. Nach authentischen Quellen und Materialien, insbesondere nach den dokumentarischen Veröffentlichungen des „Comité de défense des victimes de la répression espagnole“, bearbeitet von Pierre Ramus. Osnabrück (Archiv Antiautoritäre Erziehung) o. J. (ca. 1980)

Ramus, P.: Die Moderne Schule. In: W. Archer/D. Poole/P. Ramus: Francisco Ferrer. Über den Begründer der anarchistischen modernen Schule. Wilndorf-Anzhausen (Winddruck Verlag) 1982, S. 102-123

Ramus, P.: Francisco Ferrer – ein Märtyrer der freien Jugenderziehung und modernen Kulturschule. 7 Folgen in: Befreiung (Graz) Nr. 36, 9. Jg., 1984 - Nr. 43, 11. Jg., 1986 (Ramus 1984/86)

Ramus, P.: Francisco Ferrer – ein Märtyrer der freien Jugenderziehung und modernen Kulturschule. 2 Folgen in: Befreiung (Graz) Nr. 80, 20. Jg., 1995 – Nr. 81, 21. Jg., 1996 (Ramus 1995/1996)

Rocker, R.: Francisco Ferrer un di freie Erzihung fun der Jugend. London (Ferlag Arbeiter Freund) 1910 (jiddisch)

Rocker, R.: Precursors of Ferrer in Spain. In: Modern School of Stelton Twenty-Fifth Anniversary 1915-1940. Francisco Ferrer 1859-1909, Educator, Rebel, Martyr. Stelton, N.J. (Modern School of Stelton) 1940

R.R. (Rudolf Rocker): Der Märtyrer von Montjuich (Ermordet am 12. Oktober 1909). In: Der Syndikalist. Organ der sozialrevolutionären Gewerkschaften Deutschlands, I. Jg., Nr. 44, 1919, S. 1-2

R.R. (Rudolf Rocker): Francisco Ferrer zum Gedanken: Vor 20 Jahren. In: Der Syndikalist. Organ der sozialrevolutionären Gewerkschaften Deutschlands, 11. Jg., Nr. 41, 1929, S. 1-2

Schneider, K.: Einleitung. In: F. Ferrer: Revolutionäre Schule. Berlin (Karin Kramer Verlag) 1970, S. I-XVII

Smith, M. P.: The Libertarians and Education. London (George Allen & Unwin) 1983

Solà, P.: Las Escuelas Racionalistas en Cataluna (1909-1939). Barcelona 1976

Spring, J.: A Primer of Libertarian Education. New York (Free Life Editions) 1975

Steffens, K.: Die Schule des Anarchisten. In: päd. extra, 9/1986, 17. Sept. 1986, S. 40-43

Veysey, L.: The Communal Experience. Anarchist and Mystical Counter-Cultures in America. New York u.a. (Harper & Row) 1973

Volin (W.M. Eichenbaum): Die unbekannte Revolution III. Hamburg 1976/1977

Wendel, H.: Franciso Ferrer. Ein Kapitel Reaktion und Inquisition. Erweiterter Vortrag. Frankfurt a.M. (Buchhandlung Volksstimme Maier & Co.) 1909; ebenfalls enthalten als Reprint zusammen mit 5 weiteren Texten in: H. Wendel: Reden. Hermann Wendel (1884-1936) „Kometengleich in die Höhe“, einleitende Notizen von Dieter Schneider. Frankfurt a.M. (Union-Druckerei) 1991

3.2 Unveröffentlichte Examensarbeiten und Dissertationen

Bauer, Brunhilde: Die libertäre Erziehung in Spanien seit 1870 unter besonderer Berücksichtigung des Einflusses M. Bakunins und P. Robins. Dissertation, Universität Gießen 1987, 168 Seiten

Baumann, Heribert: Libertäre Erziehung von 1919-1933. Ein Beitrag zur Sozialgeschichte des Kindes 1900-1933. Dissertation, Universität Oldenburg 1982 (Mikrofish)

Heer, Klaus-Dieter: Schulen im Zeichen der Schwarzen Fahne. Tolstoi und Ferrer, ihre ungewöhnlichen Schulen und der Einfluß anarchistischer Ideen auf sie. Diplomarbeit, Universität Tübingen 1982, 184 Seiten

Herzer, Jürgen: Francisco Ferrer und seine anarchistische Schule. Diplomarbeit, Universität Würzburg 1986, 109 Seiten

Karl, Markus: Vergleich der libertären und der konstruktivistischen Pädagogik. Perspektiven für eine veränderte Bildungspraxis. Diplomarbeit, Universität Augsburg 2003, 136 Seiten

Käser, Monika/Käser, Markus/Minelli, Maria: Francisco Ferrer. Die Moderne Schule auf dem Hintergrund geschichtlicher und philosophischer Aspekte. Universität Zürich 1984, 82 Seiten

Knapp, Ilse: Francisco Ferrer und die Bewegung der Modernen Schule in Spanien um 1900. Schriftliche Hausarbeit, Universität Bremen 1981, 85 Seiten

Keuerleber, Andreas: Die ‚escuela moderna' des Francisco Ferrer – das Konzept einer anarchistischen Pädagogik. Diplomarbeit, Fachhochschule München 1996, 63 Seiten + 11 Seiten Anhang

Paul, Gabriele: Die Moderne Schule von Francisco Ferrer. Theorie und Praxis einer rationalistischen Erziehung in Spanien um 1900. Wissenschaftliche Hausarbeit, Pädagogische Hochschule Karlsruhe 1987, 68 Seiten

Sturzenegger, Barbara: Die Free School Bewegung in der Tradition libertärer Schulkritik und Reformversuche. Dissertation, Universität Zürich 1989, 293 Seiten

4. Allgemeine Literatur

Adorno, Th., W. u.a.: Der autoritäre Charakter 2. Bde. Amsterdam 1969 (erstmals engl. 1950)

Anweiler, O. (Hg.): Polytechnische Bildung und technische Elementarerziehung. Bad Heilbrunn 1969

Archinoff, P.: Geschichte der Machno-Bewegung. Berlin 1973 (erstmals dt. 1922)

Bakunin, M.: Die vollständige Ausbildung: In: M. Bakunin: Gesammelte Werke. Band II. Berlin (Verlag Der Syndikalist) 1923, S. 105-122, erstmals franz. 1869

Baumann, H.: Libertäre Pädagogik in der Weimarer Republik. Zeitschriften-Inhaltsbibliographie. Literaturrundschau Anarchismus & Pädagogik, H. 2, April 1987. Ulm 1987

Bartsch, G.: Anarchismus in Deutschland - Band 1 1945-1965. Hannover 1972

Bartsch, G.: Anarchismus in Deutschland - Band 2/3 1965-1973. Hannover 1973

Becker, H.M.: Der Autor und sein Werk. In: R. Rocker: Nationalismus und Kultur. Münster 1999, S. 601-612

Benner, D./Kemper, H.: Theorie und Geschichte der Reformpädagogik. Teil 1: Die pädagogische Bewegung von der Aufklärung bis zum Neuhumanismus. Weinheim/ Basel 2001

Benner, D./Kemper, H.: Theorie und Geschichte der Reformpädagogik. Teil 2: Die pädagogische Bewegung von der Jahrhundertwende bis zum Ende der Weimarer Republik. Weinheim/Basel 2003

Bernecker, W.L.: Sozialgeschichte Spaniens im 19. und 20. Jahrhunderts. Frankfurt a.M. 1990

Bernhard, A./Rothermel, L. (Hg.): Handbuch Kritische Erziehungswissenschaft. Weinheim 1997

Bernhard, A./Kremer, A./Rieß, F. (Hg.): Kritische Erziehungswissenschaft und Bildungsreform. 2 Bände. Bd. 1: Theoretische Grundlagen und Widersprüche; Bd. 2: Reformimpulse in Pädagogik, Didaktik und Curriculumentwicklung. Baltmannsweiler 2003

Birke, P.: Bildung und Erziehung in Spanien. Internationale Bibliographie der Literatur in deutsch, englisch, französisch. Internationale Bibliographien zur Bildungsforschung, Band 2. Deutsches Institut für Internationale Pädagogische Forschung. Herausgegeben von H. Müller und W. Mitter. Berlin 1987

Blankertz, St.: Legitimität und Praxis. Öffentliche Erziehung als pädagogisches, soziales und ethisches Problem. Studien zur Relevanz und Systematik angelsächsischer Schulkritik. Wetzlar 1989

Blankertz, St.: Voltairine de Cleyre. In: H. J. Degen (Hg.): Lexikon der Anarchie. Loseblattsammlung. Bösdorf 1993 ff. (2 Seiten)

Bock, H.M.: Bibliographischer Versuch zur Geschichte des Anarchismus und Anarcho-Syndikalismus in Deutschland. In: C. Pozzoli (Hg.): Jahrbuch Arbeiterbewegung, Band 1: Über Karl Korsch. Frankfurt a.M. 1973, S. 294-334

Bott, G.: Erziehung zum Ungehorsam. Kinderläden berichten. Frankfurt a.M. 1970

Brenan, G.: Die Geschichte Spaniens. Berlin 1978

Brezinka, W.: Die Pädagogik der Neuen Linken. Stuttgart 5. neu bearbeitete Aufl. 1980 (erstmals 1972)

Claßen, J. (Hg.): Antiautoritäre Erziehung in der wissenschaftlichen Diskussion. Heidelberg 1973

Cleyre, V. de: Anarchismus. Bern 2001 (erstm. engl. 1901)

Datta, A./Lang-Wojtasik, G. (Hg.): Bildung zur Eigenständigkeit. Reformpädagogische Ansätze aus vier Kontinenten. Frankfurt a.M. 2002

Degen, H.J.: Anarchismus in Deutschland 1945-1960. Die Föderation Freiheitlicher Sozialisten. Ulm 2002

Dennison, G.: Lernen und Freiheit. Frankfurt a.M. 1971 (erstmals engl. 1969)

Die Neuen Humanisten (Hg.): Ein großer freiheitlicher Erzieher: Pierre Ramus (1882-1942). Hommage à la non-violence. Lausanne 2000

Drücke, B.: Zwischen Schreibtisch und Straßenschlacht? Anarchismus und libertäre Presse in Ost- und Westdeutschland. Ulm 1998

Fitzner, T./Stark, W./Schubert, Ch. (Hg.): Summerhill und danach: Ein neuer Start in die Reformpädagogik. Bad Boll 1995

Flitner W./Kudritzki, G. (Hg.): Die deutsche Reformpädagogik, Bd. I. Düsseldorf/München 1961, 5. Aufl. 1995, Bd. II. Düsseldorf/München 1962, 2. Aufl. Stuttgart 1982

Godwin, W.: Über die Übel eines Systems nationaler Erziehung. In: A. v. Borries/I. Brandies (Hg.): Anarchismus. Theorie – Kritik – Utopie. Frankfurt a.M. 1970, S. 46-51 (erstmals engl. 1793)

Goodman, G.: Das Verhängnis der Schule. Frankfurt a.M. 1975 (erstmals engl. 1964)

Heinlein, M.: Klassischer Anarchismus und Erziehung. Libertäre Pädagogik bei William Godwin, Michael Bakunin und Peter Kropotkin. Würzburg 1998

Hetmann, F.: Freispruch für Sacco und Vanzetti. Baden-Baden 1978

Hole, N.: Das öffentliche Elementarschulwesen Spaniens – Entwicklung und gegenwärtiger Stand. Ratingen 1969

Horkheimer, M. u.a.: Studien über Autorität und Familie. Forschungsberichte aus dem Institut für Sozialforschung. Paris 1936; 2. Aufl. Lüneburg 1987

Hüffell, A.: Schülerbewegung 1967-77. Gießen 1978

Jenrich, H.: Anarchistische Presse in Deutschland 1945-1985. Grafenau-Döffingen 1988

Jong, R. de: Biographische und bibliographische Daten von Max Nettlau, März 1940. In: M. Nettlau: Geschichte der Anarchie – Ergänzungsband. Glashütten/Taunus 1972, S. 18-20

Karasek, H. (Hg.): 1886, Haymarket. Die deutschen Anarchisten von Chicago. Reden und Lebensläufe. Berlin 1975

Key, E.: Das Jahrhundert des Kindes. Berlin 1902, erstmals schwedisch 1900, aktuell Weinheim/Basel 1991

Koven, D.: Walden. In: TRAFIK/Anarchismus & Bildung, Nr. 29, 3/1988 – H. 3/1988 (Schwerpunkt: Prinzip: Freiheit. Internationale Praxis der libertären Pädagogik), S. 5-16

Klan, U./Nelles, D.: „Es lebt noch eine Flamme“. Rheinische Anarcho-Syndikalisten/-innen in der Weimarer Republik und im Faschismus. Grafenau-Döffingen 1986, 2., überarbeitete Aufl. 1990

Klemm, U.: Schulen, Weltliche. In: H.J. Degen (Hg.): Lexikon der Anarchie. Bösdorf, 4. Ergänzungslieferung 1996, 5 Seiten

Kropotkin, P.: Gegenseitige Hilfe in der Tier- und Menschenwelt. Mit einem Nachwort neu herausgegeben von Henning Ritter. Frankfurt a.M. 1975, erstmals eng. 1902, erstmals dt. Leipzig 1904

Kropotkin, P.: Landwirtschaft, Industrie und Handwerk oder die Vereinigung von geistiger und körperlicher Arbeit. Berlin 1976, erstmals engl. 1899, erstmals dt. Berlin 1921

Lösche, P.: Anarchismus. Darmstadt 1977, 2., unveränderte Aufl. 1987

Lyons, E.: Sacco und Vanzetti. Zürich 1981

Maierbrugger, A.: „Fesseln brechen nicht von selbst“. Die Presse der Anarchisten 1890-1933 anhand ausgewählter Beispiele. Grafenau-Döffingen 1991

Marcuse, H.: Der eindimensionale Mensch. Neuwied/Berlin 1967

Müller, R.: Bibliographie Pierre Ramus. In : Die Neuen Humanisten (Hg.): Ein großer freiheitlicher Erzieher: Pierre Ramus (1882-1942). Hommage à la non-violence. Lausanne 2000(a), S. 109-116

Müller, R.: Von Ferdinand Groß verlegte Druckschriften. In: Die Neuen Humanisten (Hg.): Ein großer freiheitlicher Erzieher: Pierre Ramus (1882-1942). Hommage à la non-violence. Lausanne 2000(b), S. 70-75

Neill, A.S.: Theorie und Praxis der antiautoritären Erziehung. Reinbek 1969

Nettlau, M.: Geschichte der Anarchie, Bd. I: Der Vorfrühling der Anarchie. Berlin (Verlag Der Syndikalist) 1925, Reprint Glashütten/Taunus 1972, Bremen o. J. (ca. 1980), Neudruck hrsg. von H. Becker, o.O. 1993

Nettlau, M.: Geschichte der Anarchie, Bd. II: Der Anarchismus von Proudhon zu Kropotkin. Seine historische Entwicklung in den Jahren 1859-1880. Berlin (Verlag Der Syndikalist) 1927, Reprint Glashütten/Taunus 1972, Bremen o. J. (ca. 1980), Neudruck hrsg. von H. Becker, o.O. 1993

Nettlau, M.: Geschichte der Anarchie, Bd. III: Anarchisten und Sozialrevolutionäre. Die historische Entwicklung des Anarchismus in den Jahren 1880-1896. Berlin (ASY-Verlag) 1931, Reprint Glashütten/Taunus 1972, Bremen o. J. (ca. 1980), Neudruck hrsg. von H. Becker, o.O. 1996

Nettlau, M.: Geschichte der Anarchie – Ergänzungsband zu Bd. I-III. Glashütten/Taunus 1972

Nettlau, M.: Geschichte der Anarchie, Bd. IV: Die erste Blütezeit der Anarchie. Ihre historische Entwicklung 1886-1894. Vaduz/Liechtenstein (Topos Verlag) 1981

Nettlau, M.: Geschichte der Anarchie, Bd. V, Teil 1: Anarchisten und Sozialrevolutionäre. Der französische Anarchismus bis 1909 – Der Anarchismus in Deutschland und Russland bis 1914 – Die kleineren Bewegungen in Europa und Asien. Vaduz/Liechtenstein (Topos Verlag) 1984

Nuhn, H.: August Spies. Ein hessischer Sozialrevolutionär in Amerika. Opfer und Tragödie auf dem Chicagoer Haymarket 1886/87. Kassel 1992

Oelkers, J.: Reformpädagogik. Eine kritische Dogmengeschichte. Weinheim 1989, 2. Aufl. 1992, 3. Aufl. 1996

Paffrath, F.H.: Das Ende der antiautoritären Erziehung? Bad Heilbrunn 1972

Rang, A.: Zum Bildungskonzept der Reformpädagogik. In: O. Hansmann/W. Marotzki (Hg.): Diskurs Bildungstheorie II. Weinheim 1989, S. 273-304

Reble, A. (Hg.): Die Arbeitsschule. Bad Heilbrunn 4., verbesserte Aufl. 1979

Rocker, R.: Max Nettlau. Leben und Werk des Historikers vergessener sozialer Bewegungen. Berlin 1978

Röhrs, H. (Hg.): Die Reformpädagogik des Auslands. Düsseldorf 1965, 2. Aufl. Stuttgart 1982

Röhrs, H.: Die Reformpädagogik. Hannover 1979, 6. Aufl. Weinheim 2001

Röhrs, H.: Die Reformpädagogik und ihre Perspektiven für eine Bildungsreform. Donauwörth 1991

Rübner, H.: Freiheit und Brot. Die Freie Arbeiter-Union Deutschlands. Eine Studie zur Geschichte des Anarchosyndikalismus (Archiv für Sozial- und Kulturgeschichte, Bd. 5). Berlin 1994

Scheibe, W.: Die reformpädagogische Bewegung. Weinheim 1969, 10. Aufl. 1994, TB-Ausgabe ab 1999

Schepperle, I: Pierre Ramus. Marxismuskritik und Sozialismuskonzeption. München 1987

Schmück, J.: Der deutschsprachige Anarchismus und seine Presse. Von ihren Anfängen in den vierziger Jahren des 19. Jahrhunderts bis zu ihrem Niedergang im Zweiten Weltkrieg. Eine historische Skizze und der Versuch einer bibliographischen Bestandsaufnahme. Magisterarbeit, Freie Universität Berlin 1986

Stang, K.: Freiheit und Selbstbestimmung als behindertenpädagogische Maxime (Wissenschaftliche Schriftenreihe des Archiv für libertäre-historische Hermeneutik, Materialsammlung 3). Frankfurt a.M. 2000

Steinicke, K.: Erziehung und Bildung ohne Herrschaft. Theorie und Praxis anarchistischer Erziehung. Hrsg. von „Freie Arbeiter und Arbeiterinnen Union Frankfurt“ (F.A.U. – Frankfurt). Frankfurt a.M. 1993

Stirner, M.: Das unwahre Prinzip unserer Erziehung, oder: Humanismus und Realismus. In: M. Stirner: Parerga – Kritiken – Repliken. Hrsg. von B. A. Laska. Nürnberg 1986, S. 75-97; erstmals in den Beiblättern Nr. 100, 102, 104, 109 der „Rheinischen Zeitung“ 1842

Stowasser, H.: Die Machnotschina. Wetzlar und Anzhausen 3. Aufl. 1982

Tönnies, F.: Gemeinschaft und Gesellschaft. Grundbegriffe der reinen Soziologie. Darmstadt Neudr. d. 8. Aufl. von 1935, 2., unveränd. Aufl. 1988 (erstmals 1887)

Tolstoj, L.N.: Pädagogische Schriften. Bd. 2. Herausgegeben von R. Löwenfeld. Jena 1907

Weber, E.: Autorität im Wandel. Donauwörth 1974

Wienand, P.: Der „geborene“ Rebell. Rudolf Rocker – Leben und Werk. Berlin 1981

Winkel, R. (Hg.): Reformpädagogik konkret. Hamburg 1993

Wittig, H.E./Klemm U: (Hg.): Studien zur Pädagogik Tolstojs. München 1988

Zentralrat der sozialistischen Kinderläden West-Berlin (Hg.): Erziehung und Klassenkampf. Oder deren Geschichte nebst einer relativ vollständigen Bibliographie unterschlagener, verbotener, verbrannter Schriften zur revolutionären sozialistischen Erziehung. Berlin 1969

Zoccoli, H.: Die Anarchie und die Anarchisten. Leipzig/Amsterdam 1909, Neuauflage Berlin 1976